普通高校"十三五"规划教材·旅游管理系列

酒店职业礼仪

李　成◎主　编
李章鹏　王　涛◎副主编

清华大学出版社
北　京

内 容 简 介

礼仪是待人接物的一种惯例,是人际交往中必须遵行的律己敬人的习惯形式,是人际交往中约定俗成的待人以尊重、友好的习惯做法。

酒店职业礼仪是职业礼仪的一种,它是指在酒店服务工作中形成的,并得到共同认可的礼节和仪式,是酒店从业者在对客服务和人际交往中应当遵守的律己敬人的行为规范。酒店职业礼仪是酒店从业者对宾客表示尊重和实现良性沟通的方式。它贯穿于酒店接待的全过程,涵盖了酒店日常工作中的方方面面,需要酒店从业者平时不断地实践和应用才能够逐渐熟练起来。

本书介绍了现代礼仪的特征与原则、酒店礼仪服务的基本原则;着重从酒店从业者的职业形象、酒店从业者的礼貌语言艺术、酒店从业者的日常交际礼仪、仪餐与宴请礼仪、酒店主要岗位接待礼仪五个方面介绍了酒店从业者从事酒店行业所应具备的职业礼仪规范。

本书资料翔实,内容丰富,专业性强,具有很强的实用性、针对性和可操作性。本书既可作为高职酒店管理专业开设职业礼仪课的教材,也可作为酒店提升员工职业素养、开展礼仪培训的辅导教科书。

本书封面贴有清华大学出版社防伪标签,无标签者不得销售。
版权所有,侵权必究。举报:010-62782989,beiqinquan@tup.tsinghua.edu.cn。

图书在版编目(CIP)数据

酒店职业礼仪/李成主编. —北京:清华大学出版社,2017(2022.6重印)
(普通高校"十三五"规划教材·旅游管理系列)
ISBN 978-7-302-46204-0

Ⅰ. ①酒… Ⅱ. ①李… Ⅲ. ①饭店-商业服务-礼仪-高等学校-教材 Ⅳ. ①F719.2

中国版本图书馆 CIP 数据核字(2017)第 020011 号

责任编辑:彭　欣
封面设计:汉风唐韵
责任校对:宋玉莲
责任印制:沈　露

出版发行:清华大学出版社
网　　址:http://www.tup.com.cn, http://www.wqbook.com
地　　址:北京清华大学学研大厦 A 座　　　邮　编:100084
社 总 机:010-83470000　　　邮　购:010-62786544
投稿与读者服务:010-62776969, c-service@tup.tsinghua.edu.cn
质量反馈:010-62772015, zhiliang@tup.tsinghua.edu.cn

印 装 者:北京国马印刷厂
经　　销:全国新华书店
开　　本:185mm×260mm　　　印　张:11.5　　　字　数:259千字
版　　次:2017年4月第1版　　　印　次:2022年6月第5次印刷
定　　价:35.00元

产品编号:072492-02

前 言

礼仪是人际交往中约定俗成的行为规范,是人与人之间沟通的桥梁,礼仪对规范人们的社会行为、协调人际关系、促进人类社会发展具有积极作用。人们可以根据各式各样的礼仪规范,正确把握与外界的人际交往尺度,合理地处理好人与人的关系。如果没有这些礼仪规范,人们在交往中往往会感到手足无措,乃至失礼于人,闹出笑话。熟悉和掌握礼仪,就可以做到触类旁通,待人接物恰到好处。

礼仪是塑造形象的重要手段。在社会活动中,交谈讲究礼仪,可以变得文明;举止讲究礼仪,可以变得高雅;穿着讲究礼仪,可以变得大方;行为讲究礼仪,可以变得美好;只要讲究礼仪,事情都会做得恰到好处。由此可知,礼仪在现代交往中的重要性不言而喻。

作为从事服务行业的酒店从业者,礼仪对其个人的职业发展和日常生活至关重要。酒店从业者只有树立正确的职业意识,掌握酒店服务和人际交往中必备的礼仪规范并能熟练运用,才能做到得心应手。本书基于新时代礼仪需要,结合职业特点编写而成,逻辑鲜明,简单易懂,实用性强。

本书分为酒店职业礼仪概述、酒店从业者的职业形象、酒店从业者的礼貌语言艺术、酒店从业者的日常交际礼仪、仪餐与宴请礼仪、酒店主要岗位接待礼仪六个章节,突出了学生从事酒店行业所必备的礼仪规范的学习与训练。本书具有以下特点:

1. 案例引入,增加趣味性和可读性

本书采用大量案例,启发学生思考,思学融合。深入浅出地介绍酒店服务中会用到哪些礼仪规范以及这些礼仪规范如何使用,从而增加了内容的生动性,既便于接受也便于理解。

2. 目标明确,实用性强

本书设置教学目标、概念解读、课外资料链接,环节逻辑清晰,层层相扣,把理论和实操相结合,学与做相结合。其中,把教学目标设置在开始,并围绕目标编写教学内容,体现了"任务驱动"的教学模式。

本书由青岛职业技术学院李成担任主编,青岛职业技术学院李章鹏、王涛担任副主编。具体分工如下:李成负责编写第一章、第二章、第四章,李章鹏负责编写第三章、第五章,王涛负责编写第六章。

本书在编写过程中借鉴和参考了大量国内外的相关书籍、教材和案例选编,在此谨向相关作者表示真挚的感谢!尽管我们在编写过程中做出了许多努力,但难免存在疏漏和不足之处,敬请专家、学者和广大读者批评指正,我们将不胜感激。

编 者

目 录

第一章 酒店职业礼仪概述 1
引导案例 1
第一节 礼仪 2
一、礼仪的起源与演变 2
二、礼仪的概念与含义 5
三、现代礼仪的特征 7
四、现代礼仪应遵守的基本原则 8
第二节 酒店职业礼仪 16
一、酒店职业礼仪的概念 16
二、酒店职业礼仪的总体要求 17
三、酒店从业者的行为规范要求 17
四、酒店礼仪服务的基本原则 18
第三节 跨文化礼仪的差异 28
一、情感式与规则式 28
二、含蓄、内敛与开放、直接 29
三、强调共性与注重个性 29
四、讲究尊卑等级与提倡平等、民主、自由 30

第二章 酒店从业者的职业形象 33
引导案例 33
第一节 仪容仪表礼仪 33
一、仪容、仪表的概念 34
二、酒店从业者注重仪容仪表的意义 34
三、酒店从业者仪容仪表的总体要求 35
四、仪容礼仪 36
五、化妆礼仪 38
六、饰品佩戴礼仪 40
七、着装的礼仪规范 41
第二节 仪态礼仪 52
一、仪态的含义 52

二、酒店从业者仪态的基本要求 …………………………………………… 53
　　三、礼仪手势 …………………………………………………………………… 58
　　四、控制"界域" ………………………………………………………………… 59
　　五、礼貌注视 …………………………………………………………………… 60
　　六、微笑训练 …………………………………………………………………… 61

第三章　酒店从业者的礼貌语言艺术 ……………………………………… 65

　引导案例 …………………………………………………………………………… 65
　第一节　礼貌用语 ………………………………………………………………… 66
　　一、礼貌用语的概念 …………………………………………………………… 66
　　二、礼貌用语的分类 …………………………………………………………… 66
　　三、礼貌用语的应用 …………………………………………………………… 67
　　四、酒店从业者礼貌用语要求 ………………………………………………… 70
　第二节　称呼、问候与应答礼节 ………………………………………………… 72
　　一、称呼礼节 …………………………………………………………………… 72
　　二、问候礼节 …………………………………………………………………… 75
　　三、应答礼节 …………………………………………………………………… 79
　第三节　交谈礼仪 ………………………………………………………………… 80
　　一、交谈的举止 ………………………………………………………………… 80
　　二、交谈的语言 ………………………………………………………………… 80
　　三、交谈的内容 ………………………………………………………………… 81
　　四、交谈的注意事项 …………………………………………………………… 81

第四章　酒店从业者的日常交际礼仪 ……………………………………… 88

　引导案例 …………………………………………………………………………… 88
　第一节　会面礼仪 ………………………………………………………………… 89
　　一、握手礼 ……………………………………………………………………… 89
　　二、介绍礼 ……………………………………………………………………… 89
　　三、鞠躬礼 ……………………………………………………………………… 90
　　四、合十礼 ……………………………………………………………………… 92
　　五、拥抱礼 ……………………………………………………………………… 92
　　六、亲吻礼 ……………………………………………………………………… 92
　　七、名片礼 ……………………………………………………………………… 93
　第二节　拜访与接待礼仪 ………………………………………………………… 94
　　一、拜访礼仪 …………………………………………………………………… 94
　　二、接待礼仪 …………………………………………………………………… 96
　第三节　通信礼仪 ………………………………………………………………… 100
　　一、电话礼仪 …………………………………………………………………… 100

二、手机礼仪……………………………………………………………… 103
　　三、网络礼仪……………………………………………………………… 104
第四节　位次礼仪……………………………………………………………… 106
　　一、行进中的位次………………………………………………………… 107
　　二、乘车的位次…………………………………………………………… 108
　　三、会谈的位次…………………………………………………………… 109
　　四、会议的位次…………………………………………………………… 110
　　五、签字仪式的位次……………………………………………………… 110

第五章　仪餐与宴请礼仪……………………………………………………… 113

引导案例………………………………………………………………………… 113
第一节　中餐礼仪……………………………………………………………… 114
　　一、用餐方式……………………………………………………………… 114
　　二、时空选择……………………………………………………………… 115
　　三、席位安排……………………………………………………………… 115
　　四、点菜礼仪……………………………………………………………… 117
　　五、餐具使用……………………………………………………………… 118
　　六、用餐举止……………………………………………………………… 120
第二节　西餐礼仪……………………………………………………………… 121
　　一、菜肴特点……………………………………………………………… 121
　　二、席位排列……………………………………………………………… 123
　　三、餐具使用……………………………………………………………… 125
　　四、就餐礼仪……………………………………………………………… 128
第三节　酒水礼仪……………………………………………………………… 133
　　一、饮酒礼仪……………………………………………………………… 133
　　二、饮茶礼仪……………………………………………………………… 136
　　三、饮用咖啡礼仪………………………………………………………… 138
第四节　宴请礼仪……………………………………………………………… 140
　　一、常见的宴请形式……………………………………………………… 140
　　二、宴请方礼仪…………………………………………………………… 142
　　三、赴宴礼仪……………………………………………………………… 145

第六章　酒店主要岗位接待礼仪……………………………………………… 148

引导案例………………………………………………………………………… 148
第一节　前厅部服务礼仪……………………………………………………… 148
　　一、酒店前厅部…………………………………………………………… 149
　　二、礼宾部服务礼仪……………………………………………………… 149
　　三、前台接待服务礼仪…………………………………………………… 151

四、总机电话服务礼仪……………………………………………… 152
　　五、大堂副经理服务礼仪…………………………………………… 153
第二节　客房部服务礼仪……………………………………………… 154
　　一、酒店客房部……………………………………………………… 154
　　二、客房规范的行为礼仪…………………………………………… 154
　　三、楼层接待服务礼仪……………………………………………… 156
　　四、日常服务礼仪…………………………………………………… 156
　　五、离店服务礼仪…………………………………………………… 159
　　六、特殊情况服务礼仪……………………………………………… 159
第三节　餐饮部服务礼仪……………………………………………… 160
　　一、酒店餐饮部……………………………………………………… 160
　　二、餐饮服务卫生礼仪……………………………………………… 160
　　三、迎宾领位人员服务礼仪………………………………………… 161
　　四、中餐服务礼仪…………………………………………………… 162
　　五、西餐服务礼仪…………………………………………………… 166
第四节　酒吧服务礼仪………………………………………………… 168
　　一、酒吧……………………………………………………………… 168
　　二、酒吧服务礼仪…………………………………………………… 169
　　三、调酒师工作礼仪………………………………………………… 170
第五节　酒店安保部服务礼仪………………………………………… 172
　　一、酒店安保部……………………………………………………… 172
　　二、安全保卫服务礼仪……………………………………………… 172

参考书目 ………………………………………………………………… 175

第一章

酒店职业礼仪概述

契 约 精 神

在美国纽约哈得孙河畔,离美国第18届总统格兰特陵墓不到100米处,有一座孩子的坟墓。在墓旁的一块木牌上,记载着这样一个故事:1797年7月15日,一个年仅5岁的孩子不慎从这河滨的悬崖上坠落身亡,孩子的父亲悲痛欲绝,便在悬崖落水处给孩子修建了一座小小的坟墓。后来,孩子父亲家道衰落,不得不将土地转让。他对土地的新主人提出了一个特殊要求:把孩子坟墓作为土地的一部分保留,永远不要毁坏它。新主人答应了,并把这个条件写进了契约。100年过去了。这片土地不知道辗转卖过了多少次,也不知道换过了多少个主人;孩子的名字早已被世人遗忘,但孩子的坟墓仍然在那里,它依据一个又一个的买卖契约,被完整无缺地保存下来。

1897年,这块土地被选为格兰特总统的陵园,政府成了这块土地的主人。孩子的坟墓依然被完整地保留了下来,成了格兰特陵墓的邻居。一个国家总统的陵墓和一个孩子墓毗邻而居,这可能是世界罕见的奇观。

又一个100年过去了,1997年7月,格兰特总统陵墓建成100周年时,当时的纽约市市长朱利安尼来到这里,在缅怀格兰特总统的同时,重新修整了孩子的坟墓,并亲自撰写了孩子墓地的故事,把它刻在木牌上,立在孩子的墓边,让它世世代代流传下去。那份延续了200年的契约揭示了一个简单的道理:承诺了,就一定要做到。

正是这种契约精神,反映存在人与人之间的诚信观念。人与人之间与生俱来的天分和财富是不平等的,但是可以用道德和法律上的平等来取而代之,从而,让在最初不平等的个人,在社会规范和法律权利上拥有完全的平等。

(资料来源:徐爱国,李桂林.西方法律思想史.北京:北京大学出版社,2009)

辩证性思考

1. 你认为该案例中的契约精神体现了现代礼仪的什么原则?
2. 请思考诚信观念对现代社会的人际交往有什么影响?

孔子曰:"不学礼,无以立。"中国是世界闻名的礼仪之邦,"礼"是中国文化的突出精神。好礼、有礼、注重礼仪是中国人立身处世的重要美德。随着社会的进步和市场经济的发展,人们对内对外交往日益频繁,礼仪成为人们社会生活不可缺少的内容。对酒店从业者而言,良好的礼仪修养和合乎礼仪的行为习惯,不仅仅是个人素质的直接体现,也是保证服务质量和与顾客实现良性沟通的重要手段。本章是全书内容的基础,从这里可以全面了解礼仪、酒店职业礼仪的概念与含义,掌握现代礼仪和酒店礼仪服务应遵守的基本原则,为系统学习和全面掌握酒店职业礼仪规范打下良好的基础。

第一节 礼 仪

教学目标

1. 掌握礼仪的概念与含义。
2. 掌握现代礼仪应遵守的基本原则。
3. 了解礼仪的起源与演变。
4. 了解礼仪的特征。

一、礼仪的起源与演变

(一) 礼仪的起源

现代礼仪源于礼,礼的产生可以追溯到远古时代。自从有了人,有了人与自然的关系,有了人与人的交往,礼便产生和发展起来。从理论上讲,礼起源于人类为协调主、客观矛盾需要的人与人的交往中;从仪式上说,礼源于原始的宗教祭祀活动。

在原始社会时期,同一氏族成员在共同的采集、狩猎、饮食生活中所形成的习惯性语言、动作,构成了"礼"的最初萌芽。人们常常有意无意地用一些象征性的动作来表示自己的意向、感情。比如,用拍手、击掌、拥抱等来表达感情;用手舞足蹈来庆贺狩猎的胜利。这就是最初的"礼"。在群体生活中,男女老少之间是一种天然的"人伦秩序",需要有一种被所有成员共同认定、保证和维护的社会秩序,为维持这种自然的"人伦秩序",人们逐渐形成各种规矩。如在打猎时,狩猎者相互间必须保持适当的距离。当不同部落里的人相遇时,如果双方都怀有善意,便伸出一只手来,手心朝前,向对方表示自己手中没有石头或其他武器;走近之后,两人互相摸摸右手,以示友好。这一源于交往安全需要的动作沿袭下来,便成为今天人们常用的表示友好的握手礼。随着社会的发展,人类在同自然界的斗争中取得了一些成功之后,便产生了毫无节制地向自然界索取的欲望,并企图为所欲为地侵夺他人,人与人之间难免会发生矛盾和冲突。因此就需要有一种能够节制人的行为的规范。被人们普遍称道和尊重的"圣贤"黄帝、尧、舜、禹等,不仅为"止欲制乱"而制礼,而且身体力行地为民众做出榜样。也正因为如此,人们才更加尊礼尚礼。

现代人类学、考古学的研究成果表明,礼仪起源于人类最原始的两大信仰:天地信仰和祖先信仰。这由"礼"字的造字结构可见一斑。礼的繁体字为"禮"。许慎《说文解字》注:"禮,履也。所以事神致福也。从示从豊,豊亦声。"礼是会意字,从示,从豊。把禮拆开来看,左边为"示"字旁,表示祭祀用的容器;而右边为豊,豊字从豆,象形。据王国维先生考证,"豊"字"像二玉在器之形",古人行礼以玉,《尚书·盘庚》所谓"具乃贝玉"说的就是以玉礼神。从甲骨卜辞中"围"（即"豊"）字的结构上看，是在一个器皿里盛二玉以奉事于神。因此，王国维先生据此得出结论："盛玉以奉神人之器谓之豊，推之而奉神人之酒醴亦谓之醴，又推之而奉神人之事通谓之礼。"因此，"礼"之本义乃指祭神之器，而后引申为祭神的宗教仪式，再而后才泛指人类社会日常生活中的各种行为仪式。在原始社会，人类还处在蒙昧时代，生产力水平极端低下，征服和改造自然界的能力也极其微弱。人们对来自大自然的许多现象，如雷电风雨、地震、洪水等都无法理解和解释，看到威力无比的自然力，产生了对未知世界、对自然力量的恐惧和敬畏。因此，人们只得靠"天"吃饭，把"天"或"神"看作宇宙间最高主宰，对之顶礼膜拜。为了表达这种崇拜之意，人类生活中就有了祭祀活动，并在祭祀活动的历史发展中逐渐地完善了相应的规范和制度，正式形成为祭祀礼仪。例如，《山海经》中有黄帝作礼祭神驱鬼的故事，《吕氏春秋·古乐篇》中有颛顼作礼乐祭上帝的故事。此后，在关于尧舜禹的神话中，有关"礼"的记述就更多了。这些活动就是最早的也是最简单的以祭天、敬神为主要内容的"礼"。

（二）礼仪的形成与发展

按照历史研究的最新估计，人类在原始社会形态下的历史，至少有一百多万年。如此漫长的历史，加上又没有可供记载的文字，所以原始社会的礼仪形态只能是一种推测，拿不出有关的历史遗存予以佐证。所以，原始礼仪只能是礼仪的萌芽。

"礼"的正式形成，始于奴隶社会。由于社会生产力的发展，原始社会逐步解体，人类进入奴隶社会。这时"礼"被打上了阶级的烙印。为了维护奴隶主的统治，奴隶主将原始的宗教礼仪发展成为符合奴隶社会政治需要的礼制，并专门制定了一整套"礼"的形式和制度。例如，中国最早的礼学著作《周礼》《仪礼》《礼记》（以下简称"三礼"），就反映了周代的礼仪制度，这也是被后世称道的"礼学三著作"。"三礼"的出现，标志着"周礼"已达到了系统、完备的阶段。礼仪的内涵，也由单纯的祭祀天地、鬼神、祖先的形式，进入全面制约人们行为的其他领域。奴隶社会的礼仪旨在不断地强化人们的尊卑意识，以维护统治阶级的利益，巩固其统治地位。当然，不容否认，"三礼"，特别是《周礼》对后世治国安邦、施政教化、规范人们的行为、培养人们的人格，起到了不可估量的作用。

到封建社会，礼仪进入一个发展变革时期。这一时期，礼仪的明显特征就是，将人们的行为纳入封建道德的轨道，逐渐形成了以儒家学派学说为主导的正统的封建礼教。奴隶社会的尊君观念在这一时期被演绎为"君权神授说"的完整体系，即"唯天子受命于天，天下受命于天子，天不变道亦不变"，并将这种"道"具体化为"三纲五常"。按照儒家学派的说法，天地万物皆由阴阳合成，"阳"总是处于主导地位，而"阴"则总是处于服从地位。君、父、夫是"阳"，臣、子、妻为"阴"；"阴"要永远服从于"阳"，所以必须"君为臣纲、父为子纲、夫为妻纲"；"五常"即"仁、义、礼、智、信"，是封建伦理道德的五种准则。封建礼仪中的"君权神授"夸大、神化了帝王的权力，而"三纲五常"则妨碍了人个性的自由发展，阻碍了人们的平等交往。这个时期，礼仪成为压制人们思想自由的精神枷锁，其主要作用是维护封建社会的等级秩序。

盛唐时期，礼仪随着文化的兴盛也发达起来。封建统治者不仅推崇礼教，还把《仪礼》《礼记》等著作升格为《礼经》。宋代，封建礼教发展至又一高峰，出现了以程颢、程颐和朱熹理学为代表的天理论。此时,"家礼"兴盛。道德和行为规范是这一时期封建礼教强调的中心。如其规定妇女的道德礼仪标准为"三从四德"。"三从",即"在家从父、出嫁从夫、夫死从子";"四德",即"妇德"(一切言行要符合忠孝节义)、"妇言"(说话要小心谨慎)、"妇容"(容貌要打扮整齐美观)、"妇功"(要把侍奉公婆和丈夫作为最主要的事情来做)。按照当时封建统治者的设想,只要人人在家尽"孝",在社会尽"忠",每个妇女对丈夫尽"节",那么封建社会各阶级就会"和谐相处",封建统治就会长治久安。

明、清两朝延续了宋代以来的封建礼仪,并有所发展,家庭礼制更加严明,将人们的行为限制到"非礼勿视、非礼勿听、非礼勿言、非礼勿动"的范畴,从而使封建礼仪更加完善。

近代以后,礼仪范畴逐渐缩小,礼仪与政治体制、法律典章、行政区划、伦理道德等基本分离。现代礼仪一般只有仪式和礼节的思想,去掉了繁文缛节、复杂琐细的内容,吸收了许多反映时代风貌、适应现代生活节奏的新形式。现代礼仪简单、实用、新颖、灵活,体现了高效率、快节奏的时代旋律。

课外资料1-1

仁义礼智信　温良恭俭让

一、仁义礼智信

"仁义礼智信"是儒家思想提倡的"五常",是指仁爱、忠义、礼和、睿智、诚信五种道德伦理准则。这"五常"贯穿于中华伦理的发展过程之中,成为中国价值体系中的最核心因素,在封建社会中是做人的起码道德准则。

孔子提出"仁、义、礼",孟子延伸为"仁、义、礼、智",董仲舒扩充为"仁、义、礼、智、信",后称"五常"。

孔子曾将"智仁勇"称为"三达德",又将"仁义礼"组成一个系统,曰:"仁者人(爱人)也,亲亲为大;义者宜也,尊贤为大;亲亲之杀,尊贤之等,礼所生焉。"仁以爱人为核心,义以尊贤为核心,礼就是对仁和义的具体规定。孟子在仁义礼之外加入"智",构成四德或四端,曰:"仁之实事亲(亲亲)是也;义之实从兄(尊长)是也;礼之实节文斯二者是也;智之实,知斯二者弗去(背离)是也。"董仲舒又加入"信",并将仁义礼智信说成是与天地长久的经常法则("常道"),号"正常"。曰:"仁义礼智信五常之道"(《贤良对策》)。

何为仁?仁者,仁义也。在与另一个人相处时,能做到融洽和谐,做到关照,即为仁。仁者,义也。凡事不能光想着自己,多设身处地为别人着想,为别人考虑,做事为人为己,即为仁。儒家重仁,仁者,爱人也。简言之,能爱人即为仁。

何为义?义者,人字出头,加一点。在别人有难时出手出头,能舍,帮人一把,即为义。古字义,离不开我,用我身上的王去辨别是非,在人家需要时,及时出手,帮人家一把,即为义。

何为礼?礼者,示人以曲也。己弯腰则人高,对他人即为有礼。因此敬人即为礼。古之礼,示人如弯曲的谷物也。只有结满谷物的谷穗才会弯下头,礼之要在于曲。

何为智?智者,知道日常的东西也。把平时生活中的东西琢磨透了,就叫智。观一叶而知秋,道不远人即为此。

何为信?信者,人言也。远古时没有纸,经验技能均靠言传身教。那时的人纯真朴素,没有那么多花花肠子,故而真实可靠。别人用生命或鲜血换来的对周围世界的认识,不信是要吃亏的。以此估计,信者,实为人类之言,是人类从普遍经验中总结出来的东西,当然不会骗人。

仁是仁爱之心;义是处事得宜和合理;礼是人际关系的正常规范如礼仪、礼制、礼法;智(古书或作"知")是明辨是非;信是言无反复、诚实不欺。孟子以仁义礼智为四端:"恻隐之心,仁之端也;羞恶之心,义之端也;辞让之心,礼之端也;是非之心,智之端也。"对他人遭遇的不幸生起恻隐之心即是仁心。羞恶之心是对自己做出不合宜不合理的事感到羞愧,对别人犯此则厌恶。辞让是指不接受违反礼制的好处。是非之心则需要智慧来支撑。

"仁义礼智信"在封建社会中是做人的起码道德准则,用以处理与协调作为个体存在的人与人之间的关系,组建社会。依五常之伦理原则处之,则能直接沟通;通则去其间隔,相互感应、和洽。所以五常之道实是一切社会成员间理性的沟通原则、感通原则、谐和原则。

二、温良恭俭让

"温良恭俭让"是指温和、善良、恭敬、节俭、忍让这五种美德,原是儒家提倡待人接物的准则,我国古代将其作为衡量礼貌周全与否的准则之一。即什么也不争,什么也不抢,处处与人为善。温者貌和,良者心善,恭者内肃,俭乃节约,让即谦逊。

"温良恭俭让"出自《论语·学而》:"子禽问于子贡曰:'夫子至于是邦也,必闻其政。求之与?抑与之与?'子贡曰:'夫子温、良、恭、俭、让以得之。夫子之求之也,其诸异乎人之求之与?'"意思是,孔子温和、善良、恭敬、俭朴、谦让的美德使他每到一个国家,都能得知那个国家的政治情况。

(资料来源:戴木才.中国人的美德与核心价值观.北京:中国人民大学出版社,2015)

二、礼仪的概念与含义

在中国,"礼"和"仪"最早是分开使用的。"礼"的本意为敬神,后来引申为表示敬意的统称。"仪"的概念,是在奴隶社会向封建社会转型的春秋时期才提到的,意为仪式、仪文。许慎《说文解字》注:"仪,度也。"其本意为法度、标准的意思。"礼仪"一词最早出现在《诗经·小雅·楚茨》中:"为宾为客,献酬交错。礼仪卒度。笑语卒获。"在《辞源》中,"礼仪"被解释为"行礼之仪式"。《现代汉语词典》中对礼仪的解释为"礼节与仪式"。伦理学上,一般认为礼仪是表示礼貌和礼节的仪式总称,是对他人表示尊敬、祝颂、哀悼之类而特意举行的仪式。

在西方,礼仪(eitquette)一词源于法语"étiquette",原意是指法庭的通行证。在中世纪,法国法院为了展现司法活动的威严,保证审判活动的正常进行,将法庭须知印或写在一张长方形的证件上,发给进入法庭的每一个人,作为通行证,上面记载着进入法庭应遵守的事项,使法庭活动的参加者遵守法庭的行为准则。后来,人们感到不仅在法庭上,在社会交往中也应遵守一定的规矩和准则,才能保证文明社会得以正常的维系和发展。于是,在其他各种公共场合也都规定了相应的行为准则,这些准则逐渐得到了大家的公认。

"étiquette"一词导入英文后,英美人用来表达尊重他人、注重礼节的必要程序,就有了"礼仪"的含义,意思是"人际交往的通行证"。英文"eitquette"这个词有较广泛的含义:

一是指礼仪,即有良好的教养并按照权威的规定在社交场合或正式场合遵守一定的规矩和礼节;二是指礼节,即惯例或习惯所规定的行为准则;三是指规矩,即对某一行业的人士的行动、行为或实践活动起约束作用的规矩,特别指处理他们相互关系的成规。扩大了原先的含义。英文礼仪 eitquette 或 protocol,是指由于良好的教养和有关权威的规定在社交或正式场合应遵守的规矩。于是,法庭的通行证演变成为人们社会交往的共同行为准则。

当今社会,被大众广泛认可的礼仪的概念,一般是"礼仪是在人际交往中,以一定的约定俗成的程序方式来表现的律己敬人的过程"。

我们可以从不同的角度对礼仪加以理解:

从个人修养的角度看,礼仪是一个人内在修养和素质的外在表现;

从审美的角度看,礼仪是一种形式美,是人的内在美的必然外化;

从道德的角度看,礼仪是为人处世的行为规范、标准做法和行为准则;

从传播的角度看,礼仪是在人际交往中进行相互沟通的技巧;

从交际的角度来看,礼仪是人际交往中适用的一种艺术、一种交际方式或交际方法,是人际交往中约定俗成的示人以尊重、友好的习惯做法;

从民俗的角度看,礼仪是待人接物的一种惯例,是人际交往中必须遵行的律己敬人的习惯形式。

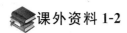
课外资料1-2

与礼仪相关的各种概念

一、礼

礼的本意为敬神,今引申为表示敬意的通称,是表示尊敬的言语或动作,是人们在长期的生活实践与交往中约定俗成的行为规范。礼的本质是"诚",有敬重、友好、谦恭、关心、体贴之意。在古代,礼特指奴隶社会或封建社会等级森严的社会规范和道德规范。今天,礼的含义比较广泛,但一般意义上,可作为礼仪、礼节、礼貌的通称,既可指为表示敬意而隆重举行的仪式,也泛指社会交往中的礼貌和礼节。

二、礼貌

礼貌,是人与人之间在接触交往中,相互表示敬重和友好的行为准则,它体现了时代的风尚和人们的道德品质,体现了人们的文化层次和文明程度。"礼貌"一词出自《孟子·告子下》:"虽未行其言也,迎之致敬以有礼,则就之;礼貌衰,则去之。"礼貌是一个人在待人接物时的外在表现,它通过言谈、表情、姿态等来表示对人的尊重。礼貌可分为礼貌行为和礼貌语言两个部分。礼貌行为是一种无声的语言,如微笑,点头,欠身,鞠躬,握手,正确的站姿、坐姿等;礼貌语言是一种有声的行动,"您好""请""谢谢""对不起""再见"等礼貌语言充分体现了语言文明的基本形式。在日常生活中,我们可以看到凡讲礼貌的人往往待人谦恭、大方热情,行为举止显得很有教养。相反,如果一个人衣冠不整、出言不逊、动作粗鲁、傲气十足,那么肯定是没有礼貌的。在人际交往中讲究礼貌,不仅有助于建立相互尊重和友好合作的新型关系,而且能够缓解或避免某些不必要的冲突。

三、礼节

礼节,通常指人们在日常生活中,特别是在交际场合中,相互表示尊重、友好的问候、致意、祝愿、慰问以及给予必要的协助与照料的惯用形式。"礼节"一词出自《荀子·非十二子》:"遇友则修礼节辞让之意。"节,即节制,合乎度。礼节是礼貌的具体表现形式。如中国古代的作揖、跪拜,当今世界各国通行的点头、握手,南亚诸国的双手合十,欧美国家的拥抱、接吻等等,都是礼貌的表现形式。与礼貌相比,礼节处在表层,但绝不是说礼节仅仅是一种表现形式,而是说尊重他人的内在品质必须通过一定的形式才能表现出来。比如,尊重师长,可以通过见到长辈和教师问安行礼的礼节表现出来;欢迎他人到来可以通过见到客人起立、握手等礼节来表示;得到别人帮助可以说声"谢谢"来表示感激的心情。不掌握这些礼节,在与人交往时虽有尊重别人的内心愿望却难以表达。因此,礼节不单纯是表面上的动作,而是一个人尊重他人的内在品质的一种外化。

四、仪式

仪式指在一定场合,表示郑重、敬意、友好而举行的具有专门程序化行为规范的活动。仪式是一种比较正规、隆重的礼仪形式。人们在社会交往过程中或是组织开展各项专题活动过程中,常常要举办各种仪式,以体现出对某人或某事的重视,或是为了纪念,等等。仪式往往具有程序化的特点,这种程序有些是约定俗成的,如婚礼仪式、开业仪式等。在现代礼仪中,仪式中有些程序是必要的,有些则可以简化。因此,仪式也大有越来越简化的趋势。但是,有些仪式的程序是不可省略的,否则就是失礼。

五、礼宾

礼宾,即"以礼待宾"之意。也就是说,按照一定的礼仪接待宾客。在现实生活中,特别是在人际交往中、涉外活动中,主方根据客方人员的身份、地位、级别等给予相应的接待规格和待遇,称为礼宾或礼遇。

(资料来源:王春林.旅游接待礼仪.上海:上海人民出版社,2002;吴芳.现代礼仪.长沙:湖南师范大学出版社,2012)

三、现代礼仪的特征

(一)国际性

礼作为一种文化现象,它跨越了国家和地区的界限,为世界各国人民所共同拥有。在讲文明、懂礼貌、相互尊重的原则基础上形成的完善的礼节形式,已为世界各国人民所接受并共同遵守。随着国际交往的不断增进,各个国家、地区和社会集团所惯用的一些礼仪形式,为世界范围内的人们所共同接受和经常使用,逐渐形成了一些更加规范化、专门化的国际礼仪。现代礼仪兼容并蓄,融会世界各个国家的礼仪之长,使现代礼仪更加国际化、更加趋同化。如涉外交往中,各国均遵从迎送外国领导人的国际惯例,一般会有献花、奏两国国歌、鸣放礼炮、检阅仪仗队、群众欢迎等。在会见、会谈、宴请等较为正式的场合宾主双方均应着正装出席等。

(二)差异性

俗话说:"十里不同风,百里不同俗。"礼仪作为约定俗成的行为规范,在拥有共性的同时，又表现出一种较为明显的民族、国别的差异性。不同国家、不同民族由于其各自历史文化传统、语言、文字、活动区域不同，由于各自的人民在长期历史过程中形成的心理素质特征不同，使各个民族、各个国家的礼仪，都带有本国家本民族的特点。如见面礼，东方民族一般含蓄深沉，见面习惯拱手、鞠躬；西方民族直率开放，见面习惯接吻、拥抱。

（三）传承性

礼仪是一个国家、民族传统文化的重要组成部分。它的形成和完善是历史发展的产物。它经过一个又一个时代，不断地去粗取精，剔除糟粕，吸取精华，最后逐渐固定下来。礼仪一旦形成，便会长期沿袭、经久不衰。在我国，现代礼仪是以中华民族的传统文化为核心，并不断吸收其他民族的文化，在长期的社会实践中，不断发展和完善起来的。它根植于传统文化这片沃土，因此有着深刻的传统性。中华民族修礼、崇礼、习礼的传统文化，深深地融入现代礼仪之中，约束和规范着现代人的行为。如尊老敬贤、父慈子孝、礼尚往来等一些反映民族传统美德的礼仪自古流传至今。

（四）时代性

礼仪作为一种文化范畴，随着社会经济的不断发展、人际交往的日益频繁，已经渗透到了社会生活的各个方面，表现出较为强烈的时代特色。礼仪是随时代的发展而发展变化的，任何时代的礼仪由于其时代的特性和内容，往往就决定了其表现。如跪拜礼，在原始社会只是一种普通的见面礼节；到了奴隶社会、封建社会表示则用来臣服；近现代取消，代之更文明的鞠躬、握手等，体现新时期民主、平等、文明的时代精神。古代礼仪为统治阶级服务，是帝王治国的工具，强调尊君、男尊女卑等封建伦理道德；而现代礼仪则表现了人民大众的意愿，讲求在平等基础上的相互尊重、讲求公正。

四、现代礼仪应遵守的基本原则

（一）尊重原则

孔子曰："礼者，敬人也。"尊重，是现代礼仪应遵守的首要的核心的原则。尊重包括自尊和尊重交往对象两个层面。礼仪的核心表现为在人际交往中，以相互尊重为前提，要真诚平等地看待社会交往中的对象，尊重对方，不损害对方利益，注意他人特有的礼仪习惯；同时又保持自尊，在交往过程中既要彬彬有礼，又能够不卑不亢；另外，尊重还体现在尊重礼仪规范本身，按照礼仪规范的要求合理安排自己在人际交往中的言行举止。

实现自尊的关键，是准确地进行角色定位。在社会交往中，由于每个人所处环境的不同，造成了角色和身份的不同。角色不同，决定了其在社会交往中责任、权利和义务不同。在社会活动中，每个角色都须承担其特定的社会责任和义务，并且享有特定的权利。要更好地保持自尊，就要找准自己的角色，明确自己的社会责任和义务。尤其是在国际交往中，要始终注意维护国家的利益和民族的尊严，维护自己的国格和人格，在外国人面前不卑不亢。

要做到对交往对象的尊重，首先应当基于对交往对象的了解。在人际交往中，每个人都是具有专属特质的个体,因为成长背景、生活环境、受教育程度、人生经历等多方面的影响,均表现出了不同的思维方式和行为特点。要做到对交往对象的尊重,首先就应当充分了解对方的世界观、人生观、价值观,了解其性格特点和行为习惯,这样才能更好地与对方相处。其次,要学会换位思考,要选择对方易于理解和乐于接受的方式进行沟通。人际交往中,人们总习惯按照自己的思维定式来评价衡量交往对象的行为。每个人思维习惯的差异,加大了沟通的难度。交往双方很难基于同一个立场思考和判断,缺乏感同身受的体会,自然也就缺少了真正被尊重的感觉,从而导致了沟通的失败。如果沟通双方都能够从对方的角度出发,设身处地地为对方着想,抱有同理心,以对方的思维方式和行为习惯为出发点,那么沟通就没有那么困难了,也更容易感觉到对方的尊重。须知道,沟通应是投其所好,而非满足我要。

(二)遵守原则

礼仪作为行为的规范、处世的准则,反映了人们共同的利益。可以说,讲究礼仪是每个人的社会责任。每个人都有责任、义务去维护它,共同遵守它。在各种类型的人际交往中,尤其需要遵守以下两条准则:

一是遵守公德。公德指社会公共道德。社会公德是全体公民在社会交往和公共生活中必须共同遵循的行为准则,是社会普遍公认的最基本的行为规范。社会公德水平的高低影响着社会秩序、社会风气、社会凝聚力,是一个社会文明程度的外部标志。社会公德直接反映出一个社会公民的礼节、礼貌、道德修养程度和水准。其内容主要包括以下几个方面:爱护公物,遵守公共秩序,救死扶伤,尊重老人、妇女,爱护儿童,在邪恶面前主持正义,爱护、保护动物。

二是遵时守信。遵守时间、讲求信用,是建立和维护良好社会关系状态的基本前提。人际交往时,遵守规定或约定的时间,不得违时,更不可失约。限定时间的聚会或社交活动应按照规定的时间稍微提前或按时到达。守信就是要讲信用。人际交往中,要慎于承诺,要准确评估他人托付事情的难易程度,结合个人的能力,选择是否作出承诺;一旦作出承诺,则要重视承诺,千万不可言而无信。

(三)自律原则

礼仪不是法律,不是由司法机关强制执行的。礼仪是待人处世的规范,是社会群体日常生活与交往过程中形成的合乎道德及规范的一些行为准则。这些行为规范并不是某一个人或某一个团体所规定的,而是由社会大众一致认可并约定俗成的。因此礼仪是靠人的自觉来维系,靠社会舆论来监督的。从总体上来看,礼仪规范由对待个人的要求和对待他人的做法两大部分组成。对待个人的要求,是礼仪的基础和出发点。人际交往中,要做到自我约束,自我对照,自我反省,自我检点,即要求对方尊重自己、遵守礼仪之前,首先应当检查自己的行为是否符合礼仪的规范要求。古语云:"己所不欲,勿施于人。"如果没有对自己的首先要求,人前人后不一样,只求律人,不求律己,不讲慎独与克己,遵守礼仪也就无从谈起。做到严于律己,宽以待人,这样才能赢得别人的尊重和好感。

(四)宽容原则

宽即宽待,容即相容。宽容是一种较高的人际交往境界,是一种高尚的情操。《大英百科全书》对"宽容"下了这样一个定义:"宽容即容许别人有行动和判断的自由。对不同于自己或传统观点的见解的耐心公正的容忍。"俄国著名作家屠格涅夫说:"不会宽容别人的人,是不配受到别人的宽容的。"人际交往中,不讲求宽容,人与人之间很难和睦相处;如果能够包容他人,那么交往也就变得和谐顺畅。要多容忍他人,多体谅他人,多理解他人,而千万不要求全责备,斤斤计较,过分苛求,甚至咄咄逼人。要容许其他人有个人行动和独立进行自我判断的自由。对不同于自己的观点和行为要有一颗包容之心,善于换位思考;不斤斤计较,不伤害他人的尊严。在人际交往中,礼仪的基本要求是尊重人。尊重他人,实际上就是要尊重其个人选择。对不同于己、不同于众的行为耐心容忍,不必要求其他人处处效法自身,与自己完全保持一致,实际上也是尊重对方的一个重要表现。现代社会,人与人接触日益频繁,难免会出现磕磕碰碰的现象。在这种情况下,学会大度和宽容,就会使你赢得一个和谐的人际环境。

(五)平等原则

在具体运用商务礼仪时,允许因人而异,根据不同的交往对象,采取不同的具体方法。但是,必须强调指出:在礼仪的核心点,即在尊重交往对象、以礼相待这一点上,对任何交往对象都必须一视同仁,给予同等程度的礼遇。不允许因交往对象彼此之间在年龄、性别、种族、文化、职业、身份、地位、财富以及与自己关系亲疏远近等方面有所不同,而厚此薄彼,区别对待,给予不同待遇。这便是现代礼仪中平等原则的基本要求。

(六)谦和原则

"谦"就是谦虚,"和"就是和善、随和。谦和是一种美德,更是社交成功的重要条件。《荀子·劝学》中曾说道:"礼恭而后可与言道之方,辞顺而后可与言道之理,色从而后可与言道之致。"这就是说,只有举止、言谈、态度都是谦恭有礼时,才能从别人那里得到教诲。谦和,在社交场上表现为平易近人、热情大方、善于与人相处、乐于听取他人的意见,显示出虚怀若谷的胸襟,这样就会对周围的人有很强的吸引力,就会有较强的调整人际关系的能力。当然,我们在此处强调的谦和并不是指过分的谦和、无原则的妥协和退让,更不是妄自菲薄。应当认识到,过分的谦虚其实是社交的障碍,尤其是在和西方人的商务交往中,不自信的表现会让对方怀疑你的能力。

(七)真诚原则

真诚是人与人相处的基础,是打开社会交往之门的金钥匙。礼仪上所讲的真诚的原则,就是要求在人际交往运用礼仪时,务必待人以诚,诚实无欺,言行一致,表里如一。只有如此,自己在运用礼仪时所表达的对交往对象的尊敬和友好,才会更好地被对方所理解、所接受。与此相反,倘若仅把运用礼仪作为一种道具和伪装,在具体操作礼仪规范时口是心非,言行不一,弄虚作假,投机取巧,或是当时一个样,事后另一个样,有求于人时一个样,被人所求时另一个样,则是有悖礼仪的基本宗旨的。讲礼仪等同于"厚黑学",肯定是行不通的。

(八)从俗原则

由于国情、民族、文化背景的不同,在人际交往中,实际上存在"十里不同风,百里不同俗"的局面。对这一客观现实要有正确的认识,不要自高自大,唯我独尊,以我画线,简单否定其他人的不同于自己的做法。必要之时,必须坚持入国问禁、入乡随俗、入门问讳,与绝大多数人的习惯做法保持一致,切勿目中无人,自以为是,指手画脚,随意批评,否定其他人的习惯性做法。

(九)适度原则

俗话说:"礼多人不怪。"人们讲究礼仪是基于对对方的尊重,这是无可厚非的,但是,凡事过犹不及,人际交往要因人而异,要考虑时间、地点、环境等限定条件。适度的原则,是要求应用礼仪时,为了保证取得成效,必须注意技巧,合乎规范,特别要注意做到把握分寸、认真得体。例如在一般交往中,既要彬彬有礼,又不能低三下四;既要热情大方,又不能轻浮谄谀。这样才能真正赢得对方的尊重,达到沟通的目的。运用礼仪时,假如做得过了头,或者做得不到位,都不能正确地表达自律、敬人之意,反而都成为失礼的表现。比如见面时握手时间过长,或是见谁都主动伸手,不讲究主次、长幼、性别;告别时一次次地握手,或是不停地感谢,都会让人觉得厌烦。礼仪的施行只是内心情感的表露,只要内心情感表达出来,就完成了礼仪的使命。

课外资料1-3

公共场合礼仪

公共场合,又称公共场所,它指的是可供全体社会成员进行各种活动的社会公用的公共活动空间。例如,街头、公园、车站、码头、机场、商场、娱乐场所、交通工具等。公共场合最显著的特点是它的公用性和共享性。它为全体社会成员所服务,是全体社会成员进行社会活动的场所。

人是社会的人,除个人生活、家庭生活外,人们还必不可少地置身于公共场合,参与社会生活。在这种情况下,与他人共处,彼此礼让、包容、理解、互助,也是做人的根本,在公共场合的礼仪要求遵循两个基本原则。一是遵守社会公德。人们在公共场合活动时,要有公德意识,要自觉、自愿地遵守、履行社会公德。二是不妨碍他人。在公共场合,每个人都应当有意识地检点、约束自己的个人行为,并尽一切可能,自觉防止自己的行为影响、打扰、妨碍到其他任何人。

一、街道礼仪

(一)遵守交通规则

行路时务必遵守交通规则,过马路要走人行横道、天桥或地下通道,要看红绿灯或听交警指挥。不乱闯红灯、翻越隔离栏或是在马路上随意穿行。

（二）不随地吐痰和乱扔杂物

行路时，若需要吐痰，应于旁边无人时，将痰吐在纸巾里包好，然后丢入垃圾箱，不要随地乱吐或直接吐入垃圾箱。要处理的个人废弃物品，应投入专用的垃圾箱，不要随手乱扔。

（三）热情问候熟人

在街上遇到熟人，应以适当的方式向其打招呼，不能视而不见。若要与其交谈，应尽量站在路边，以免影响他人。

（四）相互关心，相互照顾

有人向自己问路应尽力相助，必要时还可为其带路，不要不耐烦或不予理睬；向他人问路要用尊称，事后勿忘道谢。遇到老弱病残者有困难时要主动关心、帮助。发现街头冲突时，应予以劝阻，切莫围观、起哄，遇到打架斗殴、偷窃、抢劫或其他破坏公物、破坏公共秩序的行为，应挺身而出、见义勇为，与坏人坏事坚决斗争。

（五）不过分亲密

恋人或夫妻同行时，要注意文明，不应表现得过于亲密。女士要注意自己的仪态，做到自然、端庄、大方，不要左顾右盼、摇首弄姿；男士要彬彬有礼、大方得体。

二、使用公共交通工具礼仪

（一）乘坐公共汽车、地铁的礼仪

1. 主动购票

乘坐公共汽车应按规定主动买票、打卡或出示月票；乘坐地铁应在地铁入口处先购票，再进入地铁站等候地铁到达。

2. 禁止吸烟和吃零食

在公交车和地铁内是绝对禁止吸烟的，同时禁止吃零食，最好不要吃冰激凌、口香糖等高污染的零食，吃瓜子、糖果也是不妥的。

3. 尊老爱幼，相互谅解

对乘坐公共交通工具的老人、孕妇、儿童及残疾人，年轻人有义务给他们让座位，帮助、照顾他们。在上下班高峰时间，车厢内会拥挤不堪，乘客应相互体谅，对无意的碰撞、踩脚等情况多谅解，多使用敬语"对不起""劳驾""不好意思"等。即使有理，也应该得理让人，不要不依不饶。

4. 爱护周围环境

乘坐公共汽车和地铁时，不要把果皮、纸屑等废物随意乱扔，更不能从窗口随意扔垃圾。携带易污染、有异味的东西上车，要妥善包装好，免得弄脏车内环境。

5. 动作缓和，不妨碍他人

在车厢内无论聊天、说话，还是接听电话，都要注意音量适中，不要大呼小叫，妨碍他人。下车时应提前做好准备，如果车厢内很挤，应礼貌地请前面的乘客让一下或调换一下位置。在调换过程中，动作要缓和，注意不要拥挤，如果自己暂不下车，应主动为下车者让道。

（二）乘飞机的礼仪

1. 到达机场的时间

我国民航规定：旅客必须在机票上注明的航班规定离站前90分钟到达指定机场，办理登机手续。在航班规定离站前30分钟,登机手续将停止办理,此刻到达机场者,将难以登机。乘国际航班至少需要提前两小时到达机场。

2. 携带行李的处理

托运行李中不能有管制或违禁品,如文物古董、受国家保护动物、毒品类、枪械、子弹、火药、汽油等都严禁携带上机,打火机和喷雾式发胶也不能带上飞机。在国际航班上,对免费托运行李重量有严格限制,具体数额是头等舱40千克,公务舱30千克,经济舱20千克,体积应在长100厘米、宽60厘米、高40厘米之内。如果超重应按一定的比价付费托运。手提行李重量不超过5千克,体积限制在长55厘米、宽40厘米、高20厘米之内,不得携带武器、礼品刀、剪、水果叉等物品。

3. 自觉接受安全检查

为了保证国家财产和人民生命的安全,每位乘客登机之前,均须接受例行的对所有乘客及其随身携带的行李物品的安全检查。接受检查时,应主动、自觉地进行合作,避免态度粗暴、恶语相伤。

4. 登机

办理完所有手续后,机场人员会将行李卡、登机卡一同交给乘客,乘客凭登机卡登机。如果乘客使用机场手推车运送行李,应依照行进路线顺序前进,用完车后在指定地点依序放好,方便工作人员集中回收使用。上下飞机时,都会有空中小姐站立在机舱门口迎送乘客,乘客应点头致意或向空中小姐问好。

5. 乘机表现

对号入座。飞机上的座位都清楚地标有号码,上飞机后应在属于自己的座位上就座。不要抢占高档座位或空闲的座位。坐好后,腿、脚不要乱伸到通道或别人的座位下。

熟知并遵守各项有关安全乘机的规定。飞机起飞、降落时,要迅速系好安全带,收起面前的小桌,同时将自己的座椅调直;当飞机受到高空气流影响发生颠簸、抖动时,也要系安全带,切勿自行站立、走动。服从工作人员指挥、管理,了解一定的安全设备知识。飞机上严禁吸烟,起飞与降落时关闭移动电话、激光唱机、手提电脑、调频收音机及电子玩具等有可能干扰无线信号的电子设备。飞机平稳飞行后可以使用手提电脑。全程不可以使用手机。

严格要求自己。对飞机上的一切禁用之物、禁动之处,不能乱动乱摸。偷拿不属于自己的公用物品,如进餐时使用的刀叉、阅读的书刊、洗手间的卫生纸、座位下的救生衣等,既不讲公德,还有可能触犯法律。在飞机上不能乱扔、乱吐东西,万一晕机而呕吐,应使用专用的呕吐袋。

尊重乘务人员。每逢乘务人员送来饮料、食物、报刊,或引导方向、帮助搬放行李时,要主动向对方说"谢谢",不要熟视无睹。遇到飞机晚点、停飞、返航或改降其他机场,应从大局出发,不能向乘务人员大发脾气或使用武力。尽量少摁呼叫按钮,减少乘务人员的麻烦。同时,自尊自重,不跟空中小姐插科打诨、动手动脚。

善待其他乘客。在飞机上与其他乘客和睦相处,友好相待。飞机飞行时,尤其是夜间飞行或身边乘客休息时,不要高谈阔论,影响他人。在飞机上使用的卫生间是男女合用一处,应排队依序使用,入内将门闩插紧,尽量少占时间。用完洗脸池和梳妆台,要保持其清洁,在任何地方都不要留下令人不快不整洁的痕迹。

（三）乘火车的礼仪

(1) 由于乘火车人多,停车时间有限,应提前到站,在候车室排队检票。进入站台后,在指定车厢排队上车。乘坐火车,均应预先购票,万一来不及买票,上车时应预先声明,并尽快补票。

(2) 火车对乘客所携带的物品内容、数量均有规定。不应携带违禁物品或过量物品上车。必要时,应办理托运手续,当工作人员检查行李时,应予以主动配合。

(3) 上火车后,应按指定车次、指定座位乘坐。中途上车找座时,应先以礼貌用语向他人询问,不要硬挤、硬抢、硬坐。身边有空位时,应主动请无座者就座。若发现有老人、孩子、病人、孕妇、残疾人无座时,应尽量挤出地方请其就座,或干脆让出自己的座位,以照顾对方。

(4) 火车的座位以靠窗为上,靠边为下。靠右为尊,靠左为卑。面向前方为佳,背对前方为次。有人通行时,应为其让路。

(5) 在火车上休息,要注意着装文明和姿态优雅,不应宽衣解带。

三、使用公共设施礼仪

（一）乘电梯礼仪

电梯可以分为自动扶梯和升降式电梯两种。电梯使用的场合不同,遵循的礼仪也有些不一样。

1. 注意出入顺序和站立位置

无论乘坐上下扶梯还是平行扶梯均要靠右站立,将左边空间让给有急事的人通行。为了搀扶老人和看好小孩,乘坐上下自动扶梯时,我们应该站在他们所站位置的下一格楼梯。

与不相识者同乘升降式电梯,进入时讲先来后到,出来时则应由外而里依次而出,不可争先恐后。与熟人同乘电梯时,尤其与尊长、女士、客人同乘电梯时,应视电梯类别而定:进入有人管理的电梯时,则应主动后进后出;进入无人管理的电梯时,则应当先进后出,主要是为了控制电梯,方便大家。

2. 注意安全

当电梯关门时,不要扒门或强行挤入。当电梯人数超载时,不要再进入,而应耐心等待。

3. 注意尽量少说话

由于电梯空间狭小,应尽量少说话,因为电梯里每一个人都在听你说话,而真正安全的话题就只有天气一项了。如果与人聊天或说话,请用适中的音量,不要打扰别人。

（二）影剧院礼仪

1. 提前到场

到影剧院看电影或演出时,要提前5分钟左右到达,这样可以从容地找到座位,也可以调整一下自己的情绪。如果你在电影、演出开始后入场,势必影响他人。尤其当你的座位在中间时,从边上到座位中间的半排观众都得为你让路,这样干扰颇多。

2. 尊重演员的劳动

到剧场看戏或看演出时,应尊重演员的劳动。当一幕结束或一个节目结束,要热烈鼓掌。

3. 不妨碍他人

看电影或演出时,不要窃窃私语,也不要为你认为好的镜头大声叫好,以免影响周围的观众;不可因电影或演出中间出现的鼓掌或特殊情况就吹口哨、喝倒彩;尽量不带过小的孩子去影剧院,以免孩子哭闹影响自己和他人。同样,不宜中间退场,如确实要退场应安排在幕间或一个节目结束时。

4. 爱护环境卫生

入场后,不要随便吸烟、吃东西,要自觉维护环境卫生,注意个人形象。

(三)图书馆礼仪

(1)由于环境条件的要求,进入图书馆要保持安静,说话要轻,不可高声谈笑。

(2)借阅图书时,要按次序凭借书证借书。阅毕或借期已到,应及时归还,以便别人借阅。

(3)进入阅览室应寄存背包;不要在阅览室里大吃大嚼,也不能吸烟;不要一个人占几个人的位置;在电子阅览室要爱护仪器设备,服从管理人员的管理,不能利用图书馆电脑进行网上非法及不道德的活动。

(4)爱护图书和其他公物,切勿在书上乱涂乱画。发现对自己有用的资料可以用笔记本抄录,或者复印。撕坏书或在书中"开天窗",甚至将书窃为己有,都是不道德的可耻行为。

(5)开架的图书杂志,阅毕要放回原处,不要使下一位读者找不到书刊,同时还增加工作人员的工作量。

(四)参观礼仪

(1)进入博物馆、美术馆、展览馆等场馆时,大型背包、雨伞等一律要寄存,这是怕人们携带物品刮碰到艺术品,无法补救。

(2)场馆内禁烟、禁食、禁饮,以保持场地的清洁。

(3)为了保护珍贵的艺术品和出土文物,几乎所有场馆都禁止使用闪光灯,严禁用手触摸艺术品或古物,以免有任何可能的意外发生。

(4)在参观过程中,避免高声谈论,行进中须缓步前进,避免冲撞他人。

(五)参加学术报告会礼仪

参加学术报告会应衣着整洁、仪表大方、准时入场、进出有序,按会议安排入座。

1. 遵守会议纪律,做到准时、有序

要有时间观念,提前几分钟到达会场,以保证会议准时开始。入场后要在指定地点入座。如事先没有指定座位,应听从组织者安排入座。会议结束后,应让贵宾先走,然后按次序退场,不要一哄而散。

2. 尊重报告人,适时向报告人表示敬意

报告人入场前,与会者应恭候报告人。当报告人出现在出席台上时,全场应立即安静下来,并报以热烈的掌声,这是一种基本的礼貌,是对报告人的尊重和鼓励。报告人做报告时,与会者要认真倾听,不要交头接耳、窃窃私语,不要看报纸杂志、吃零食、使用手机。借故离场、扬长而去都是极不礼貌的行为。对报告中的精彩部分,可以鼓掌,以表示赞同和钦佩。报告结束时,为表谢意应报以热烈的掌声。

对报告中的某些观点不同意,或由于报告中的引例和数据不够准确而有不同看法时,与会人员应采取正确而有礼貌的方式予以处理。或通过向报告人递条子的办法指出报告中的某些欠妥之处,或会议结束后向会议组织者提出意见。当场在下面议论、喊叫,或当面责问,都是极不礼貌的行为。

3. 自由发言要注意礼貌

要求发言先举手,得到主持人同意后,方可发言。在别人发言时,不要随便插话,更不能强行打断别人的讲话。发言要观点明确,以理服人。发言不管是阐述自己的看法,还是反驳别人的论点,都应注意观点明确,论据充分,以理服人。别人批评自己的观点或对自己的观点提出不同看法时,不要急躁,应虚心听取,互相切磋,求同存异。

(资料来源:吴芳.现代礼仪.长沙:湖南师范大学出版社,2012)

评估练习

1. 现代礼仪的概念是什么?
2. 现代礼仪有哪些特征?
3. 现代礼仪应遵守的基本原则有哪些?请结合自己生活举例阐述其中1~2个原则。

第二节 酒店职业礼仪

教学目标

1. 掌握酒店从业者的行为规范要求。
2. 掌握酒店礼仪服务的基本原则。
3. 了解酒店职业礼仪的概念。
4. 了解酒店职业礼仪的总体要求。

一、酒店职业礼仪的概念

酒店职业礼仪是职业礼仪一种,它是指在酒店服务工作中形成的,并得到共同认可的礼节和仪式,是酒店从业者在对客服务和人际交往中应当遵守的律己敬人的行为规范。

酒店职业礼仪是酒店从业者对宾客表示尊重和实现良性沟通的方式。它贯穿于酒店接待的全过程,涵盖了酒店日常工作中的方方面面,需要酒店从业者平时不断地实践和应用才能够逐渐熟练起来。比如迎客及对客服务时站立姿势,如何向客人问好,如何引领客人或者引领客人时应当注意哪些语言、手势等的运用,走姿及礼貌语言在服务中的运用等,这些都是关于形体礼仪、礼貌语言规范在实践中的应用。

现代礼仪应遵守的基本原则之一就是"尊重为本"。酒店职业礼仪也是一样,它主要表现为全心全意为客人服务的思想,尊重关心客人,宾客至上,讲究接待服务的方法和艺术,从而使客人满意,认可酒店的服务,赢得更多的回头客。

二、酒店职业礼仪的总体要求

酒店产品的核心是为宾客提供最优质的服务,而酒店职业礼仪是酒店从业者为宾客提供优质服务的基础。称职的酒店员工必须做到礼貌待客、热情服务。礼貌待客,指的是要求酒店从业者出于对客人的尊重与友好,在服务中注重仪表、仪容、仪态和语言、操作的规范;热情服务则要求酒店从业者发自内心地、满腔热忱地向客人提供主动、周到的服务,从而表现出自身良好的风度和素养。

概括来说,酒店职业礼仪对酒店从业者的总体要求如下:

在外表上,给人以稳重、大方的感觉,做到服饰整洁、挺括,仪容端庄、俊秀。

在行动上,要表现出不卑不亢、落落大方,站、坐、走以及手势等要求合乎规范,做到端庄稳重、自然亲切、训练有素。

在态度上,要表现出和蔼可亲、热情好客,表情要亲切,做到微笑服务。微笑服务是服务态度上最基本的标准,提倡"笑迎天下客,天下客皆笑"。

在语言上,要谈吐文雅、表达得体,做到语音标准、音质甜润、音量适中、语调婉转、语气诚恳、语速适当,要讲究语言艺术,正确使用好敬语、谦语、雅语。

在接待礼仪上,待客要彬彬有礼,讲究规格。重要宾客的迎送、接待,纠纷的处理,都要注意一定的规格和相应的礼貌礼节。

三、酒店从业者的行为规范要求

在酒店接待服务中,宾客的需求除了物质条件(舒适的客房、可口的菜品、赏心悦目的环境)外,更重要的是在精神上的满足。酒店服务工作的特殊性,在于服务具有有形性与无形性相结合的特点。无形服务是指从业者的行为举止和言谈举止中的非物质方面的因素,主要表现在职业道德、工作态度、礼貌修养、心理因素等方面。可以说,在酒店产品中,有形的物质产品是服务质量的基础,而无形服务则是服务质量的可靠保证。提供优质的"无形"产品,以达到最有效的服务,并不是轻而易举的事情。

酒店服务行业是面对面与宾客打交道的行业,注重礼仪对从业者来说具有特别重要的意义。酒店服务工作与礼貌、礼节和礼仪行为有着密不可分的联系。要提供优质的服务"产品",前提必须是规范的礼节操作规程、礼貌的待客态度、完美的礼仪服务。一位权威人士是这样来评价最佳酒店的:"最佳酒店是客人享受礼貌、礼仪及快速敏捷服务的理想场所。服务员一定要训练有素,一流的服务员才能构成一流的酒店。"

国际酒店界有关人士认为,"服务"这一概念的含义可以用英语"service"(服务)这一个词的每个字母所代表的含义来理解,其中每一字母的含义实际上都是对酒店从业者的行为规范的一种要求。

"S",即 smile(微笑),含义是酒店从业者应该对每一位宾客提供微笑服务。

"E",即 excellent(出色),含义是酒店从业者应该要将每一个程序、每一次微小的服务都做得很出色。

"R",即 ready(准备好),含义是酒店从业者应该随时准备好为宾客服务。

"V",即 viewing(看待),含义是酒店从业者应该将每一位宾客都看作需要提供优质服务的贵宾。

"I",即 inviting(邀请),含义是酒店从业者应该在每一位宾客接受了一次完整的服务后,礼貌地向宾客发出"欢迎下次光临"的邀请。

"C",即 creating(创造),含义是每一位酒店从业者都应设法精心营造出使宾客能享受其热情服务的氛围。

"E",即 eye(眼光),其含义是酒店从业者应始终以热情友好的眼光关注宾客,掌握宾客心理,预测宾客要求,并及时提供有效的服务,使宾客时刻感受到酒店从业者在关心自己。

四、酒店礼仪服务的基本原则

(一)全心全意为客人服务

全心全意为客人服务是酒店礼仪服务首要的基本的原则,它体现了"宾客至上"的重要服务理念。真正有礼貌的优质服务,绝不可只满足于按照规则进行服务,它必须是规则礼仪再加上油然的真情、友谊中产生出来的某种东西,如果列成公式就是:真正的服务＝服务礼仪＋X,这个未知数 X 是根据服务对象的不同、场所的不同、时间的不同、需求的不同而千变万化的,这就是酒店业一直所提倡的个性化服务。

案例 1-1

"难不倒"的服务

香港丽晶酒店的礼宾服务在全香港五星级豪华酒店中是数一数二的佼佼者。丽晶礼宾部的主管考夫特先生说:如何关心客人,如何使客人满意和高兴是酒店服务最重要的事情。考夫特先生在 1980 年丽晶开张时就从事礼宾工作。多年来,每个到过丽晶,每个受过考夫特先生亲自服务的客人无不为他提供的"难不倒"的服务而折腰。

一次,客人在午夜提出要做头发,考夫特先生和值班的几位酒店员工迅速分头忙于联系美容师,准备汽车,15 分钟内就把美容师接到酒店,引入客人房内,客人说这是奇迹。

又有一次,一对美国夫妻想到中国内地,但要办签证,可只在动身前一天才提出来。考夫特先生立即派一名手下直奔深圳,顺利地办完手续,他说:"时间这么紧,唯有这个办法,因此,再累再苦也得去。"

有人问考夫特先生,如果有人要特殊年份的上等香槟酒,而酒店中没有怎么办?考夫特先生说:"毫无疑问,我要找遍全香港。实在满足不了客人,我会记下香槟酒名称及年份,发传真去法国订购,并向客人保证,他下次再来丽晶时,一定能喝上这种香槟酒。"

评析

当然,我们不可能完全像考夫特先生那样,也许我们的酒店也不具有这种条件。但是,全心全意为客人服务的精神和意识,是每个优秀的酒店从业者必不可少的。例如:某酒店前台迎送服务礼仪规定,"客人乘坐的车辆到达酒店时,要主动为客人开启车门,并用手挡住车辆门框上沿,以免客人下车时碰到头部,并主动向客人招呼问好"。如果遇到老年客人,下车时还需要携扶一下。携扶老人,酒店没有明文规定,但对于一心一意为客人服务的员工来说,是应该想到的,应该做到的,这就是酒店礼仪的灵活运用,真情服务,也就是个性化服务,这些类似的服务可以增加客人的满意度,而客人的满意度会提升客人的忠诚度,客人的忠诚度会带来酒店的获利和成长。

(资料来源:编者整理)

(二)客人永远是对的

"The guest is always right!"(客人永远是对的)这个口号最早是由被誉为"现代饭店之父"的美国著名饭店管理学家斯塔特勒在1908年提出来的。

"客人永远是对的"的精髓就是一个"让"字,它主要是针对其饭店客源层次,提出通过"让"的艺术,将"对"让给客人,不与客人争执。更要从善意的角度理解和谅解客人,通过自身的规范服务影响一些不自觉客人的行为。

案例 1-2

重叠的菜盘

小李是某三星级酒店餐饮部的服务员。一次,有三个客人在酒店中餐厅就餐,他们点了很多菜,其中的一道菜叫"海参扒肘子"。当最后一道菜上来时,小李发现餐桌上已经没有足够的空间可以放下新的菜品了,于是她不假思索就把新上的菜放在了客人吃的还剩一个肘子的海参扒肘子的餐盘上。其中一个客人发现后,半开玩笑地跟小李说:"小姐,我们这道菜还没有吃完,你怎么就把菜放到这上了?"小李当天的心情不太好,听到客人说的话,更是不舒服,于是就顶了一句:"到这儿来吃饭,还在乎这么一个肘子吗?又不是没有钱。"经小李这么一说,客人笑意全无。于是,两个人就争吵起来。客人觉得面子上很过不去,于是向餐厅经理投诉。小李受到经理的批评,向客人道歉。同时,酒店只得又重新做了一盘海参扒肘子给了客人。

评析

有位哲人说:"如果你赢了一场争吵,你便失去了一位朋友。"在酒店中,如果服务员赢了客人,那无异于在客人脸上打了一耳光,把客人赶走。在一流的酒店里,客人与酒店员工之间是很少发生摩擦的。一般而言,那里的员工都是有耐心、有礼貌的。坐落在泰国首都曼谷的曼谷东方宾馆规定,任何一名酒店员工都不能与客人争吵,如果发现谁与客人争吵,立即解雇。所以该宾馆的员工对待客人都彬彬有礼、态度和蔼,这为宾馆赢得了声誉,树立了良好的形象,很多客人慕名而来。东方宾馆也因此被美国权威的《公共事业投资者》杂志评为"世界最佳饭店宾馆"。

(资料来源:编者整理)

我们在服务工作中,客人有时会提出一些无理甚至是失礼的要求,我们应冷静而耐心地加以解释,绝不要穷追不放,把客人逼至窘地。否则,会使客人产生逆反心理,不但不会承认自己的错误,反而会产生对抗,引起更大的纠纷。我们要做到"得理也得让人",学会宽容别人,给客人体面地下台阶的机会,以保全客人的面子。当然,宽容绝不是纵容,不是无原则地迁就,对于那些邪恶行为和无端滋事者,应根据真实真相,采取有理、有利、有节的工作方式处理问题。

大家要记住,永远都不要跟客人争吵,不要跟客人争强争胜,"客人永远是对的"。

 案例 1-3

道歉的客人

有家酒店一天中午来了三位客人,一进餐厅就随手把烟头扔在地上,服务员王小姐马上微笑地走过去拾起,但服务员王小姐的微笑与行动没有得到他们的理解,他们又往地上吐了几口痰,这是非常失礼的。服务员王小姐心中很委屈,但想到顾客至上的店规,立即拿起纸巾擦去地上的痰迹。当三位客人就餐即将结束时,服务王小姐发现其中一个客人面色苍白,一副难受的样子,估计是喝酒过量,马上为他泡了一杯浓茶,不一会儿,又见他呕吐不止,马上又为他倒了一杯白开水,并取上一块毛巾,微笑着送到了这位客人手中。在整个接待过程中,她始终"待之以礼,动之以情"。人非草木,孰能无情,客人很是感动。他们离开时,以十二分感激的心情对服务员王小姐说:"刚才的一切请原谅。"并从口袋里取出100元以表心意。服务员王小姐谢绝了,在旁的其他客人也对这位服务员小姐耐心、热情的服务精神赞叹不已。

评析

这个案例中客人的确做得不对,但是服务员王小姐没有去责怪客人,她坚持"客人永远是对的"的原则,选择了恰当的处理方式,为酒店树立了良好的形象。同时,这个案例也启示我们:接待客人一定要耐心。"耐心"就是不急躁、不厌烦,服务人员在服务工作中对客人要耐心,就是要做到百问不厌,百事不烦,介绍详尽,解释清楚,不计较客人言语轻重和态度好坏,处处表现耐心,事事使客人满意。

(资料来源:编者整理)

(三)酒店服务无小事

酒店服务中,任何微不足道的失误,都可能损坏酒店形象。千里之堤,溃于蚁穴,就是这个道理。

海尔集团是中国家电行业中拥有最先进服务意识和最优质服务的企业之一。了解海尔服务的人都知道,在海尔优质服务中有一个算式:"$10-1=0$"。海尔认为,如果员工得罪了一个用户,企业将失去至少10个潜在用户;而如果能通过真诚的服务赢得一个用户,企业就有机会赢得一群用户。酒店礼仪服务中也有一个类似的算式,即"$100-1=0$"。其实,"$100-1=0$"定律最初来源于一项监狱的职责纪律:不管以前干得多好,如果在众多犯人里逃掉一个,便是永远的失职。后来,这个规定被管理学家引入了企业管理和服务行业,很快就得到了广泛的应用和流传。它告诉我们:对顾客而言,服务质量只有好坏之分,不存在较好较差的比较等级。好就是全部,不好就是零。对酒店而言,100个顾客中有99个顾客对服务满意,看似成功率是99%,但是对持否定态度的那一位顾客而言,其感受到的却是100%的不满意的服务,这就是我们所说的"礼仪服务无小事"。

对于酒店为客人提供的服务来讲,有可能任何一点微不足道的失误都会造成巨大的损失,酒店的美誉就立即归零。我们奋斗的目标就是让客人觉得我们提供的服务无可挑剔。其实,对客服务就是在跟客人沟通,为什么客人不愿意接受你的服务或不愿意跟你去沟通?也许是因为你乱糟糟的头发,也许是你让人不舒服的语音语调,或者是你没有微笑的一张苦瓜脸。只要我们在服务中有可能造成客人的不舒服、不满意,客人就有可能再也不接受我们的服务。所以,请注意每一个细节,酒店礼仪其实就是从大处着眼、小处入手。

案例1-4

(一)一时的失误

有个大学毕业生小赵,分到某大酒店公关部,经过几年的艰苦奋斗、勤恳工作,被聘为科长。一次,酒店接待一位前来投资的大老板,经理把接待任务交给小赵,小赵认真准备,可是一不小心,把客人主宾位弄错了,由于很忙,大家都未发现,等发现时已经迟了。结果这次投资项目告吹了,小赵也被调离了公关部。

(二)非均一服务

北京贵宾楼饭店早在2002年就推出了"非均一服务"。"非均一服务"是指满足客人的不同需求,小到询问一个单位的电话号码、寻找老朋友,大到当导游陪同游玩、购物,都是非均一服务的内容。酒店推出这一举措的目的,主要是通过打造富有个性化的服务品牌来吸引更多客人。

评析

案例(一)中的主宾座次,这是礼仪问题,座位弄错,就是对客人的不尊敬。由此可见,也许这是一个很偶然的、很小的疏忽,但往往会因小失大。因此,酒店接待中,事无大小,都必须严格按照酒店职业礼仪的规则来处理,讲究接待艺术。案例(二)中,北京贵宾楼饭店恰恰是遵从了"酒店服务无小事"这一服务原则,从客人的角度出发,关注客人每一个细微的甚至不起眼需求,才赢得了客人的好评。

(资料来源:编者整理)

(四)主动周到

对客服务中,从业者要坚持"以客人为中心"的理念,从客人的角度出发,善于预测客人需求,主动提供服务,想方设法地在第一时间满足客人的需求。要做到热情周到、用心服务。要让客人感觉到酒店时刻在关注他。

主动周到的原则要求酒店从业者学会察言观色,善于捕捉信息,培养自己具有敏锐的洞察能力。一般来讲,酒店从业者为顾客提供的服务有三种:一是顾客讲得非常明确的服务需求。从业者只要有娴熟的服务技能,做好这一点一般来说是比较容易的。二是例行性服务,即应当为顾客提供的、不需要顾客提醒的服务。如顾客到餐厅坐下准备就餐时,服务员就应当迅速给客人倒上茶、放好纸巾或湿巾;在前厅时,带着很多行李的顾客一进门,行李员就要上前帮忙。三是顾客没有想到、没法想到或正在考虑的潜在服务需求。能够善于把顾客的这种需求一眼看透,这是从业者最值得肯定的服务本领。这就需要从业者具有敏锐的观察能力,并把这种潜在的需求变为及时的实在服务,而这种服务的提供是所有服务中最有价值的部分。

第一种服务是被动性的,后两种服务则是主动性的,而潜在服务的提供更强调从业者的主动性。观察能力的实质就在于善于想客人之所想,将自己置身于顾客的处境中,在客人开口言明之前将服务及时、妥帖地送到。因此,从业者要努力做到:

1. 善于观察人物的身份、外貌

顾客是千差万别的,不同年龄、不同性别、不同职业的顾客对服务的需求也是不同的。顾客在不同的场合、不同的神态下,其需求也是不一样的,这当中有些是一眼就能看出的,这时服务员可以就客人年龄的大小、性别的不同提供相应的服务。有些是并不能简单地凭肉眼就能观察出来的,而是需要借助其他方式去揣摩。例如,顾客在点菜时喜欢麻辣类的,服务员就可以向顾客推荐一些类似的菜肴。

2. 善于观察人物的语言,从中捕捉顾客的服务需求

语言是酒店从业者判断顾客真实心理需求的一个非常重要的根据。从业者从与顾客的交际谈话或顾客之间的谈话、顾客自言自语中,往往可以辨别出顾客的心理状态、喜好、兴趣及欠满意的地方。例如,几位顾客边说边笑进了餐厅,服务员听到一位顾客说到了海滨城市,能尝尝海鲜就好了。点菜的时候,服务员就站在一旁问:"几位先生是想尝尝海鲜吗?"随之,他马上向客人介绍了酒店的一系列海鲜菜肴,并详细介绍了烹饪方法、风味特色、营养成分,津津有味的介绍使客人们胃口大开,急欲一尝,品尝完之后,客人连声叫好,并对服务员赞赏不已。

3. 善于观察人物的心理状态

顾客的心理非常微妙地体现在其言行举止中,服务员在观察那些有声语言的同时,还要注意通过顾客的行为、动作、仪态等无声的语言来揣摩顾客细微的心理。一次,上海一家酒店的员工注意到,一位年龄较大的美国客人在吃煎蛋时,没有像其他客人那样在鸡蛋上撒盐,而是先用餐巾纸将煎蛋上的油小心翼翼地吸掉,再把蛋黄、蛋白用餐刀切开,再就着白面包把蛋白吃掉。第二天,当那位美国客人再次来餐厅用早餐时,酒店员工送上的煎蛋只有蛋白而没有蛋黄,这让美国客人感到异常惊喜,后来,酒店员工从顾客的叙述中才得知,这位美国客人患有严重的高血压,对食用油脂性、高蛋白的食品非常小心谨慎。

4. 善于观察顾客的情绪

既要顾客感到服务员的服务无处不在,又要使顾客感到轻松自如。不适当的亦步亦趋,只会使顾客有心理压力。例如,顾客在商场部选购物品时,服务人员就不能紧紧盯着顾客,否则会使顾客感到非买不可的压力,浑身不自在。服务员应当为顾客创造出一种宽松的购物环境,让顾客自由地挑选,但同时又不能流于放任,当意识到顾客对某件物品感兴趣或准备购买时,服务员应当及时地上前予以介绍。这样使顾客既感到自由空间的被尊重,又时时能体会到服务员的关切性的注意。

要做到主动周到,酒店服务还应坚持"首问负责制",努力为顾客提供"一站式服务"。首问负责制要求酒店员工对顾客提出的问题或要求,无论是否是自己职责范围内的事,都要给顾客一个满意的答复。这就要求酒店员工要了解酒店全面的产品知识、周边的旅游信息、交通信息、娱乐信息、购物信息等,以便更好地为顾客提供及时、快捷、准确的服务,不允许员工对本岗位以外的正常问询进行回绝。

在酒店执行首问责任制的同时,还有一个"无 NO 服务"同时进行,也就是在顾客的第一接触人是你的时候,你就已经参与了首问责任制的执行,当顾客提出的要求或问题超出你的岗位能力范围时,需要根据当时的情况,选择求助相关部门或部门直接上级,不允许员工做"不知道、不清楚、不确定"等无效答复,直至将顾客的问题在第一责任人这里得以解决或者落实。

(五)服务效率原则

服务效率是酒店服务产品的重要组成部分,它在很大程度上影响着酒店服务质量的高低。服务效率原则要求酒店员工在不同场合、不同时间,对不同宾客提供服务时,都应当坚持服务高效率的原则,从而取得最佳的服务效果。

一般来讲,酒店服务效率有三类:一是用工时定额来表示的固定服务效率。如清扫一间客房用 30 分钟,宴会摆台用 10 分钟等;二是用时限来表示服务效率,如总台入住登记每位宾客不超过 3 分钟,办理结账离店手续不超过 3 分钟,租借物品服务要求服务人员 5 分钟内送至客人房间,接听电话不超过三声等;三是指有时间概念,但没有明确的时限规定,是靠宾客的感觉来衡量的服务效率,如餐厅点菜后多长时间上菜等,这类服务效率问题在酒店中大量存在,若使客人等候时间过长,很容易让客人产生烦躁心理,并会引起不安定感,进而直接影响着客人对酒店的印象和对服务质量的评价。最后,需要指出的是,服务效率并非仅指快速,而是强调适时服务,即要求员工在宾客最需要某项服务的前夕及时提供。

案例 1-5

伊顿酒店的优质服务标准

香港伊顿酒店宣布了一系列"优质服务"的标准,如该酒店宣布,如果一个客人在服务台 3 分钟不能办好登记手续的话,饭店免费提供住宿一个晚上。酒店还承诺"8 分钟内将客人行李交到房间""保证清洁"和注重服务细节等。伊顿酒店表示,这些标准都将成为客人检验酒店服务的重要依据。

评析

在第一时间满足客人需要是酒店优质服务的一条金科玉律,酒店员工应通过自己娴熟到位的服务尽量缩短客人等待的时间。要知道,速度可以代表酒店的诚意,体现服务的档次。

(资料来源:编者整理)

（六）双胜原则

很多人都有争强好胜之心。酒店员工必须懂得你永远不能战胜客人，如果你觉得"战胜"了客人，那不是胜利，而是失败。谁都知道客人是"花钱买享受"的，而不是"花钱买气受"的，你要把客人逼到"失败者"的位置上，他绝不会满心欢喜的。但"客人至上"绝不意味着"酒店员工至下"，处理客我关系的原则应当是"双胜原则"，即让双方都成为胜利者的原则。

如果酒店员工讲究酒店礼仪，用心为客人服务，让客人满意，让客人有一种胜利感，感到被尊重，感到高兴和满意，那么酒店员工也就因为自己成功地扮演了服务员的角色而成为胜利者，既体现了自我价值，又使自己有满足感及乐趣，同时还为酒店赢得了回头客，增加了效益。

案例 1-6

待命的出租车

一次，某酒店的机场代表小汤从交易会接客人回酒店。途中，一位外国客人主动跟小汤闲聊，从闲聊中小汤知道客人想回酒店拿点东西，然后再乘出租车到××酒店找一位朋友。下车后，小汤马上为客人叫好出租车等待客人下来。当客人见到待命的出租车，既感激又惊讶，因为他根本没有料到小汤会帮他叫好车等他下来，因此，他很高兴地连声向小汤道谢。两天后，客人要离开酒店了，他特意去跟小汤道别："小姐，我今天要离开你们酒店了，非常感谢你，希望下次来的时候能再次见到你。"瞬时，小汤也惊讶了：自己只不过主动为客人做了些力所能及的小事，客人却记在心里，一阵喜悦和满足感使小汤露出了甜甜的笑容。从客人的反应来看，自己用心服务，为客人着想，得到了客人的认同和肯定。因此，她觉得干酒店这一行，虽然很辛苦，压力大，但是只要肯付出的话，就会有收获的。

评析

在酒店服务中，酒店员工不要忽视客人的每一句话、每一个问题和每一个小小的要求，只有付出过，才能有回报，才能在工作中寻找乐趣，乐在其中，自得其乐，达到双赢。

（资料来源：编者整理）

（七）超越期望

世界著名的营销专家勒维特曾经说过："公众不是买产品，而是买满意。"酒店产品不仅仅是指可口的饭菜、舒适的客房，它应当是客人在饭店下榻期间所获得的各种满足与不满足的总和，这其中有物质的，也有精神的。酒店服务很难以量化的客观标准加以衡量，它最终必须以客人的满意为标准。满意的服务带来的是客人长期的信任、长期的购买、长期的利润回报。可以说，现今酒店的生存与发展主要取决于顾客的满意程度。

顾客满意度是指客人对所购买的酒店产品和服务的满意程度，以及能够期待他们未来继续购买的可能性。购买酒店产品和服务的人，在事前都会对酒店所提供的产品或服务有所期待。当客人从酒店那里实际获得了产品和服务之后，会对实际的获得产生一个

评价。这一评价会导致三种结果,可以用以下三个算式来表示:

$\frac{事前期待}{事后获得}=1$。这种情况,顾客享受到酒店服务后的感受与之前的期待刚好吻合,顾客会认为自己得到了等值的服务享受。这种体会是否会带来顾客的再次光临具有极大的不确定性,理论上讲,如果该酒店无强劲的竞争对手,顾客一般会选择再次光临。

$\frac{事前期待}{事后获得}>1$。顾客享受到服务后的感受小于其享受服务之前的期待,顾客得到的是低值的服务享受。这种体会直接使顾客对服务不满意,从而导致顾客的流失。

$\frac{事前期待}{事后获得}<1$。顾客享受服务后的感觉大于事前的期待值,顾客认为自己享受到了超值的服务,顾客对酒店提供的服务十分满意。这类顾客通常会再次光临,成为回头客。持续的满意感受,更会使回头客、老客户发展成为酒店忠诚的顾客。

这样看来,酒店客人满意与否,实际上取决于客人的事前期待与实际获得之间的比较,其间差距程度,即顾客满意度。

所以,酒店从业者在对客服务中要抱有"时时刻刻让客人喜出望外"的想法,不断超越客人期望,为客人提供"满意加惊喜"的超值服务。

案例 1-7

出乎意料的惊喜

菲律宾有个非常受欢迎的快餐厅叫作 JollyBee(欢乐蜂)。一位母亲带她儿子到这家餐厅吃饭。母子俩一直向往来这里吃饭,但由于他们的经济条件较差而一直无法做到,他们终于能够实现愿望了。不过,非常不幸的是小男孩跌倒了,弄得饮料、汉堡包和油炸食品落了一地。母亲又气又恼,朝他大声吼叫。小男孩非常伤心,眼睛里充满了泪水。来此餐厅用餐实属不易,但现在他们却得不到他们所期望的,这是多么悲伤的故事啊!

不过,一位16岁的服务员很快赶来,她设法让母亲平静下来,并为他们免费提供了一整套原来的食物。她还额外给了母亲一杯饮料来"缓和"她的情绪。这带给这位母亲和小孩多少幸福与快乐呢?很多很多。这又让餐馆花费了多少呢?很少很少。

做一些出乎意料的事,"多一点"花费,但其价值却不可估量。

评析

在酒店服务中,服务人员力所能及地给予客人的帮助,看起来都是些不起眼的小事,但对顾客而言却是举足轻重的,因为它带给顾客的感受足以影响到顾客对酒店服务质量的判断,从而影响到酒店的信誉。只要我们肯多为客人想一些,肯积极尝试,我们就能真正感动顾客,使他们感觉更好。当顾客沮丧的时候,服务人员要专心地关注他们,这是你展现酒店、员工和产品价值最好的机会。若这个时刻加强了彼此之间的关系,必将提升客人的忠诚度。而漠不关心的行为,则会让顾客倒向竞争对手一边。因此,给顾客"出乎意料的多一点"更能超越顾客的期望,从而真正提高顾客满意度。

(资料来源:编者整理)

（八）团队协作

酒店是一个内部相互联系着的整体。因此，饭店管理的目标和要求的实现有赖于各部门之间配合与协作。

从心理学上讲，除非人与人之间存在清楚的共同目标与互相信任，每个人都确信个人的一时牺牲可创造集体的共同利益，否则人们总会本能地优先追求自身的眼前利益。要做好对客服务，酒店各部门、各岗位之间就应当相互信任、相互理解、相互配合和相互协调。因为，酒店是所有部门和岗位组成的一个整体、一个团队，只有大家团结一致往前奔，酒店的目标才会实现，酒店和每个人的利益才会最终获得。

一般而言，酒店的团队精神和部门合作主要包括以下三个方面：

1. 部门之间的合作

东方文华饭店的信条是："如果你不是直接为客人服务的，那么你的职责就是为那些直接为客人服务的人服务。"部门或班组之间只是分工各有不同而已，应该互相配合与协作。前台部门和后台部门是密不可分的，没有前台部门，后台部门的工作便失去了意义；但没有后台部门的协助，前台部门也无法让客人满意。当然，前台部门之间更应注意合作，应及时将得知的客人信息互相沟通，以便在任何场所都能照顾到客人的个性需要。如客房部应根据前厅部要求及时清扫客人所需的客房，工程部应根据客房部的要求及时修复报修的客房设施等。

在许多酒店中，若并非本部门或本岗位的过错造成客人不满，便不尽力去解决客人的问题，而是表示无能为力或互相推诿，只会让客人产生更大的不满，以致影响了酒店总的目标的实现。事实上，酒店的每一位员工都应认识到要赢得客人，就必须尽量满足客人的要求，因为客人会将饭店中的任何一位员工都看成饭店的代表，都应解决他们的问题。

2. 业务环节之间的合作

酒店中存在各部门、各班组、各岗位的划分，那只是各自的分工各有不同而已，但目标是一致的，所以，酒店同一部门的业务环节之间应密切合作，以及时、有效地满足客人的需求，尽力解决客人的问题，从而为饭店赢得忠诚的客人。如厨房应根据餐厅服务员的要求调整出菜速度或改变菜肴的口味等，因为服务员的要求代表的是客人的需求。

3. 岗位之间的合作

同一业务环节的岗位之间应具有团队精神，当某岗位的员工工作较忙时，其他员工应及时补位，以免冷落客人。如总服务台的接待员与收银员、餐厅不同区域的服务员等都应相互合作。

酒店的服务或管理工作不是某一个人或几个人就能做好的，酒店业务的特点之一就是需要良好的团队精神。因此，美国酒店管理界对酒店管理持"机器理论"，即酒店犹如一台机器，需要各零部件都处于完好状态并配合默契才能使其正常运转，任一零部件的不佳都会使机器不能正常运行甚至瘫痪。日本酒店管理界则对酒店管理持"人体理论"，即酒店犹如一个人，需要各组织、器官等的完好无损并互相协调才能健康生活，任一脏器的不佳都会使人生病甚至死亡。这一切都说明酒店业务需要所有人员的精诚合作才能实现其预定目标。

因此，酒店每位员工必须具备系统意识和全局的观念，具有合作精神，这样才能为客人提供真正的优质服务，酒店才能赢得好的声誉。

案例 1-8

宾客与服务小姐的对话

在某省佛教圣地一所新修的宾馆里，宾客和服务小姐有以下两段对话。

其一：

宾客："小姐，房间的灯不亮了。"

小姐："那是电工管的。"

宾客："能麻烦您找一下电工吗？"

小姐："他们不在！"

宾客："洗澡的喷头也坏了，无法洗澡。"

小姐："那是水暖工的事，我又不会修！"

宾客："暖气也不热。"

小姐："你这个人真有意思，对你说过了，这种事找水暖工，你何必要我在这里浪费时间呢？"

宾客："换个房间行吗？"

小姐："不行！现代化管理讲究程序化，换房要总服务台批准，我是不能滥用职权的啊。"

其二：

宾客："给你们提两条意见。第一，吃饭等的时间太长，菜上得太慢。"

小姐匆匆打断道："厨房火不旺，餐厅人手不够，你没有事就等着，有急事就到外面的小店去吃！"

宾客："第二，房间设备有毛病，服务员态度不太好。"

小姐："新装修的设备，难免有毛病，我看你的态度也不太好，你这也不满意，那也挑毛病，看样子你不是对宾馆有意见，而是对佛教圣地有成见吧！"

评析

酒店的优质服务首先取决于从业者发自内心的全心全意为客人服务的理念，其次就是各部门、各业务环节和各岗位之间的通力合作。每一位从业者都应具备团队协作的精神。团队精神要求酒店员工凡事应首先解决燃眉之急——客人的需求！不要把矛盾暴露在客人面前。面对客人，员工唯一能做的事情就是帮助别的员工或环节补好台，至于责任问题，则应该在事后再提出，并设法就此类问题达成协议，以彻底解决这一问题，而不总当"消防队员"！每一个员工都应具有"全局"的观念，并真正明白酒店是一个整体的道理。因此，在现代酒店中，能做好本职工作的员工还不是一个好员工，能同时为他人做好工作创造条件的，才是优秀的员工。

(资料来源：编者整理)

评估练习

1. 酒店职业礼仪的总体要求有哪些？
2. 酒店从业人员的行为规范要求是什么？
3. 请简述酒店礼仪服务的基本原则。

第三节　跨文化礼仪的差异

教学目标

了解跨文化礼仪的差异。

当今不同文化背景的人们彼此间的交往日益增多，密切的跨文化沟通是当今世界的一个重要特征。人类社会中，差异最大的两种文化传统是东方传统和西方传统，东方传统见于中国、日本、朝鲜、印度、新加坡等国家，西方传统见于美国、英国、意大利、德国和法国等国家。不同的地域、不同的国家、不同的社会制度构成的礼仪有一定的差异性。现代礼仪应遵守的原则之一，就是尊重的原则，要求在各种类型的人际交往活动中，以相互尊重为前提，要尊重对方，不损害对方利益；同时又要保持自尊。了解跨文化礼仪的差异性，学会尊重不同文化背景下的礼仪习俗，是每一位酒店从业者做好酒店服务工作的基本要求。

一、情感式与规则式

东方人在人际交往时注重感情交流。在中国，这种情感式交往源于传统文化重视家族和血缘关系。东方民族尤其信奉"血浓于水"这一传统观念，所以人际关系中最稳定的因素是血缘关系。当多种利益发生矛盾和冲突之时，多数人恐怕都会选择维护有血缘关系的家庭利益。有很多古语都反映出东方民族重视亲情和血缘这一特点，如"老吾老以及人之老，幼吾幼以及人之幼。""父母在，不远游。""人丁兴旺，儿孙满堂。"很多中国传统的大家庭，四世同堂，共居一室，家长维系着家庭中各个成员之间的关系，并具有绝对的权威性。家长终生操劳，从养育儿女到孙辈，甚至重孙辈，不仅不以为苦，反而自得其乐。这在西方人看来简直是不可思议。西方国家的家长，注重培养儿女的独立性和自理能力；儿女一旦成年，理所当然地要依靠自己的能力求生存。这一点，刚好与东方人的家庭观念形成了鲜明的对比。

东方人这种重视家庭的传统习俗，对人们的交流和交往有很大的影响。中国人受儒家影响很深，主张人们应当和平相处，免于争斗，主张"和为贵"。日本人尤为偏爱情感式的交往，他们交流的主要任务是更好地熟悉和认识，一般很关注别人的态度和情绪。与日本人接触，光靠逻辑的、认知的或者理智的方法是不够的，情感层次的交流极为重要。例如，对待一个熟知的商务伙伴和对待一个陌生者就完全不同。

东方人尤其是中国人情感式的交流方式，形成了人们在社会交往中注重感情、讲究人情世故的特点。这在一定程度上促进了人与人之间的和谐相处，保证了人际交往的顺利进行。当然,也不可避免地导致了一些交往陋习的出现,如部分人公私不分,讲究人情胜过具有公信力的社会规则,甚至在很多时候人情可以突破法律法规。西方人讲究规则,社会交往中的规则一旦制定,会受到大众的一致认同,大家也都会很自然地维护它、遵守它,很少受个人感情因素的影响。

西方人讲究规则可以从"惜时如金"这一特点看出来。西方人常随身携带记事本,记录日程安排,赴约须提前到达,至少要准时,且不会随意改动,这一点德国人最为典型。西方人常将交往对象是否遵守时间当作判断其工作是否负责、是否值得与其合作的重要依据。西方人工作作风严谨,工作时间与业余时间区别分明,下班时间、休假时间不打电话谈论工作问题。而东方,尤其是在中国,有不少人时间观念较差,这在国际交往中,让外宾很不舒服。

二、含蓄、内敛与开放、直接

在社会交往中,东方人比较含蓄、内敛,而西方人则开放、直接。

中国人在人际交往中进入正题之前,"预热"时间比西方人长;而英美人喜欢单刀直入,预热的阶段很短。中国人开场白或结束语多谦虚一番。开场白常说自己水平有限,本来不想讲,又盛情难却,只好冒昧谈谈不成熟的意见,说得不对的地方,请多指教。或者把这一套话放在结束语中讲。西方人特别是美国人,在开场白和结束语中,没有这一套谦辞,而且这类谦辞使美国人反感:"你没有准备好就不要讲了,不要浪费别人的时间。"西方人喜欢直截了当,不喜欢拐弯抹角。

东方人,尤其是中国人面对夸奖时,习惯于"您过奖了"这样的回答,以表明自己的谦逊。因为,在东方,谦逊是一种美德。西方人则更习惯用"谢谢"这样的回答,坦然接受对方的夸奖。他们认为这种回应表示了自己对对方观点的认可,是对对方的尊重。当东方人和西方人相遇的时候,东方人往往觉得西方人太直截了当,不够谦虚,甚至有点狂妄;而西方人则觉得东方人太矫情,有点假。

在对待赠送和接受礼物这一问题上,东西方也有较大差异。在中国,送礼方往往会谦逊地表达所送之礼品为"小小薄礼","敬请"对方"笑纳"。受礼方则习惯于"您太客气了"这样的回答。收礼之后,受礼方一般不会当面打开礼物,否则会被认为是好奇心太重或者过于关心礼物价值,而对送礼方不恭敬。而西方人则不同,他们会大大方方地表示送的是"精心挑选的"甚至"他认为最棒"的礼物,受礼方也会当面打开,赞扬一番。这被西方人认为是喜欢该礼物的表示,也是对送礼方最大的尊重。

三、强调共性与注重个性

东方人非常注重共性拥有,国民都有较强的民族感。日本尤其突出。东方注重集体主义、团队精神、凝聚力,强调组织的团结和谐,交往的目的以协调各种关系为重。例如,日本的丰田汽车公司,经营管理充满家庭式色彩,富有人情味。人人以为集团谋事业出力而感到光荣。由于日本文化和中国文化比较接近,因而对日本的这种共性描述也适合于中国。中国文化中也注重集体主义,强调组织的团结与和谐,交往的目的以协调各种关系为重。因此,在东方,人们强调的是共同的信仰、集体的成就。

西方礼仪处处强调个人拥有绝对的自由（在不违反法律的前提下），将个人的尊严看得神圣不可侵犯；崇尚个人的力量，追求个人利益。所以，在西方，冒犯对方"私人的"所有权，是非常失礼的行为。因此西方人尊重别人的隐私权，同样也要求别人尊重自己的隐私权。

西方人提倡个性自由，崇尚个人力量，责任、义务分得很清楚，如家庭观念、孝顺老人、哺育孩子等，看得比东方人"淡"得多。他们将责任、义务分得很清楚，责任必须尽，义务则完全取决于实际的能力，绝不勉为其难。特别在美国，美国人强调竞争、机会均等和强烈的个人主义，这导致美国人在解决冲突时偏好竞争式，也就是说，在解决组织内部的冲突时，往往在牺牲一方利益的基础上，为另一方争得更多的利益。而东方人在解决冲突时，尽量以中间人斡旋或用协调的办法进行。

有一个例子很好地诠释了东方人强调整体性、西方人重视个体性的特点。中国代表团到德国访问，中方代表团到了德国后，主人问今天晚上你们吃西餐还是吃中餐？我们代表团的答复往往是"随便""客随主便"。德国人对这样的答复难以理解，说一听到"随便"这个词就头疼，不知道怎么弄好。我们认为客随主便是礼貌的表现，是对主人的尊重，不能随便提要求，万一给主人出难题呢？他们又问，各位想喝什么？如果团长说喝茶，后面几位可能也都说喝茶。人家奇怪，怎么一个说TEA，就全TEA下去了？可西方人不这么做，他们到中国来，你问他今天吃什么。他一定会明确表明自己的愿望，今天就吃西餐，或者就吃中餐。

四、讲究尊卑等级与提倡平等、民主、自由

在中国的传统社会中，历来主张长幼有序、尊老敬师。在西方文化，特别是美国文化中，等级和身份观念比较淡薄。人际交往中，在称呼和交谈的态度上较少受等级和身份的限制，不像东方文化那样拘礼。熟人相遇一律以平等的"你好"表示问候。祖父母与孙辈之间、父母与子女之间、老师与学生之间都互相直呼其名。

在亚洲文化中，不同辈分和身份的人意见不同时，常避免正面的冲突与争辩。中国人喜欢婉转的表达方式，以给对方保全"面子"。西方人，特别是美国人，在彼此意见不同时，坚持己见，常争论得面红耳赤，无所谓"面子"问题。美国学生在课堂上，常与老师争论问题，有些问题提得很尖锐。美国人认为，与老师争辩是正常的。而这种情况如果发生在中国，无论是老师和学生都会感到不自在。

西方人独立意识强，不愿老、不服老。对老年人在称呼上用"老"字是犯了大忌。在西方那些上了年纪的夫人，每天都要精心涂抹，将自己装扮一新之后，才愿出门。在服装的选择方面，她们更是新潮大胆，无论多么亮丽花艳的服装，只要她们喜欢，都敢买来穿在身上。而大多数东方人随着年龄的增长，从心态上逐渐趋于平稳。这一特点，表现在他们对于"老"字的心安理得的认可和怡然自得的心态上。"老"在东方，尤其在中国是褒义，在称呼前冠以"老"，是一种尊称，如经验丰富的技术工人被称为"老师傅"。有的人尽管年龄不老，却被人冠以"老"，其心理上非常"受用"。所以，德高望重的学者，被人称为"吴老""张老"等，即使一般的年长者，也都尊称其"老大爷""老大娘"。在着装和化妆方面，东方人上了一定的年纪，服装色彩的选择上偏重于中性色或中性偏冷色，如灰色、深蓝色、黑色等。

在化妆品的使用上则更是慎之又慎、少之又少了。

西方文化认为,社会中的每个人虽有年龄、阅历、职务、贫富状况的不同,但都是一个个平等的独立的个体。人际交往中要做到相互尊重,就应当一视同仁地尊重每个自然人,不受其年龄、职务、财富的影响。社会中每个人所从事职业的不同也只是社会分工的不同,不能决定其社会地位和受尊敬的程度。

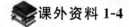 **课外资料1-4**

东方友谊与西方友谊

中国和日本等东方国家与西方国家在友谊问题上既有共同点,也有差异,在友谊关系的重点和作用方面基本相似,差异大致表现在以下几方面。

一、范围与层次不同

中国人所结交的友谊关系一般有两种:第一种是熟人,即由工作关系、邻居关系等认识的人。第二种是朋友,这和英语中的friend含义有差异,中国人所称的朋友一般是志同道合、互相关心、互相帮助并在感情上依托的人,这是一种亲密的、有深交的人际关系,可以自由自在地谈论彼此心中深层次的思想。"朋友"在汉语中有两个意思:一是指彼此交心的人;二是指"恋爱中的对象"。中国人一般熟人很多,但朋友不多。前一种意义上的朋友一般是同性,异性朋友很少,因为常有谈恋爱或婚外恋的嫌疑。日本的情况也是如此。一项调查显示,20%的日本人在订婚前没有较为熟悉的异性朋友。

美国人的友谊关系,是建立在共同的理想和价值观、真诚和信任、社会和心理支持的基础上的。美国人一般把友谊关系分为泛泛之交、好友、密友和深交。美国人往往有许许多多的泛泛之交、好友和密友,且男性和女性兼有。深交友谊关系也包括男女两性,但数量较少,以志趣相投为基础。

二、深浅和牢固程度不同

中国人与朋友的友谊关系一般比较长久,交上一个朋友需要较长时间,一旦成为朋友,友谊时间常可以持续终生。而美国人交朋友快,忘朋友也快,彼此感情淡漠。美国人友好随和,世界上没有比结识美国人更容易的,但是与他们深交却最困难。从表面上看,美国人常常比其他国家的人都友好,这与其社会具有多种多样的文化和高度发达的经济有密切关系。美国是一个流动的社会,据美国官方统计,一个美国人在一生中平均要搬21次家。美国人调换工作之勤,在世界上是独一无二的。由于美国人经常调动工作和搬家,他们对陌生人友好。然而,这种流动性又限制了人们建立深厚持久的友谊。这种友谊观念上的差异,使东西方人们在交往中有时会产生误解。中国人遇到一个美国人,常被他友好的热情所感动,便以为,他们之间已经建立起了牢不可破的友谊。然而,这个中国人一直收不到美国朋友的来信时,他就会觉得自己受骗了。

三、交谈话题不同

在朋友交谈的话题上,不同文化之间存在差异。东方人和西方人有很多都乐于接受的话题,如业余爱好、节日、气候、国内外新闻、电影、书籍等。但是,对于西方人来说,属于个人隐私的话题是不喜欢被人问津的,一个人收入多少、钱怎么花、家里有多少存款、身上衣服用多少钱买的、个人健康、年龄、家庭状况等。美国学者古迪肯斯特和日本学者西田曾经研究了日本人和美国人在交谈话题方面的深化程度与范围。他们发现,在相互比较的37点上,有16点两国是一样的。差别是:美国人一般更多地谈论和深入到婚姻、爱情、约会、性和情感等问题。日本人则较多地谈及自己的兴趣和爱好、学校和工作、个人经历的事情、宗教以及钱财问题。还往往较多地谈论人的体态,并在这种话题上深入透彻地交谈。

(资料来源:王春林.旅游接待礼仪.上海:上海人民出版社,2002)

评估练习

你认为东方礼仪与西方礼仪的差异有哪些?作为一名酒店从业者,在跨文化交流中应当怎样做?

第二章

酒店从业者的职业形象

精心打扮的"行头"

郑伟是一家大型国有企业的总经理。有一次,他获悉有一家著名的德国企业的董事长正在本市进行访问,并有寻求合作伙伴的意向。他于是想尽办法,请有关部门为双方牵线搭桥。

让郑总经理欣喜若狂的是,对方也有兴趣同他的企业进行合作,而且希望尽快与他见面。到了双方会面的那一天,郑总经理对自己的形象刻意地进行一番修饰,他根据自己对时尚的理解,上穿夹克衫,下穿牛仔裤,头戴棒球帽,足蹬旅游鞋。无疑,他希望自己能给对方留下精明强干、时尚新潮的印象。

然而事与愿违,郑总经理自我感觉良好的这一身时髦的"行头",却偏偏坏了他的大事。

(资料来源:冯海祥.公关社交礼仪.北京:中国科学技术大学出版社,2014)

辩证性思考

1. 郑伟为什么没有与德国企业的董事长达成合作的意向?
2. 请谈一谈酒店从业者的个人形象在对客服务中的重要性。

酒店从业者职业形象礼仪是有关酒店从业者个人职业形象设计、塑造与维护的具体规范,它是酒店从业者在从事职业活动之前必须精心注意的。因此,职业形象礼仪被视为酒店职业礼仪的基础。

曾经有位酒店管理专家说过这样一句话:"一进饭店大堂,只要看一下员工的形象,再告诉我客房的数量,我就能大致评估出这家饭店的营业收入和利润。"其实,这句话并不夸张,形象代表档次,档次决定价格,价格产生效益,这是一个连锁反应的循环圈。可以说,酒店员工良好的职业形象恰恰在一定程度上反映了酒店的管理水平和服务水平,是酒店树立良好的公众形象的前提和基础。

第一节 仪容仪表礼仪

教学目标

1. 掌握酒店从业者的着装规范。

2. 掌握酒店从业者的仪容礼仪、化妆礼仪和饰品佩戴礼仪规范。
3. 了解仪容、仪表的概念。
4. 了解酒店从业者仪容、仪表的总体要求。

一、仪容、仪表的概念

(一) 仪容

仪容指一个人的容貌,包括五官的搭配和适当的发型衬托。就个人的整体形象而言,容貌是整个仪表的一个至关重要的环节。它反映着一个人的精神面貌、朝气和活力,是传达给接触对象感官最直接、最生动的第一信息。它既可以使人看上去精神焕发、神采飞扬,也可以使人看上去萎靡、疲倦、无精打采。所以说,塑造良好的自我形象,首先应当考虑的就是仪容。

(二) 仪表

仪表指一个人的外表。它是一个人总体形象的统称,除容貌、发型之外,还包括人的服饰、身体、姿态等。仪表美是对一个人全方位的评价,是形体美、服饰美、发型美、仪容美的有机综合。

二、酒店从业者注重仪容仪表的意义

(一) 仪容仪表是树立良好公众形象的前提和基础

酒店服务工作的特点是直接面向宾客为其提供服务,这使得从业者的一言一行、一举一动都在宾客的关注之下,一句话、一个手势、一次不规范的着装,都将直接影响其公众形象,进而直接影响到酒店的整体形象。公众可以从仪容仪表来评价一个人的道德修养、文化水平、审美情趣和文明程度,同时,一个员工的仪容仪表也在一定程度上反映其所在企业的管理水平和服务水平,所以注重仪容仪表,懂得如何塑造良好的自我形象,实际上是一种"装潢"艺术。它可以先声夺人,对个人、对企业起到积极的宣传作用,给客人留下良好的第一印象。

(二) 注重仪容仪表是酒店从业者尊重宾客的需要

礼貌服务,其中很重要的一点就是尊重宾客的合理需求,并尽可能予以满足。宾客在入住酒店的过程中,追求着一种比日常生活更高标准的享受需求,即视、听、嗅等感官的美的享受。据有关专家分析,在给人的印象中各种刺激所占的百分比是:视觉印象大约占75%,谈吐印象大约占16%,味觉印象、嗅觉印象和触觉印象大约各占3%。酒店从业者的仪容仪表既能满足宾客视觉美方面的需要,同时又使他们感到置身于外观整洁、端庄、大方的服务人员中,自己的身份地位得到相应的承认,进而求尊重、求重视的心理也得到满足。

（三）良好的仪容仪表可以缩短酒店从业者与宾客之间的心理距离

俗话说："爱美之心人皆有之。"美感享受属于人类高层次的心理需求。酒店员工如果具备良好的仪容仪表，会令宾客赏心悦目，在脑海中留下深刻的印象，从而缩短彼此交流与沟通的距离。试想，如果宾客在酒店接触到的都是不修边幅、蓬头垢面、衣着不整、萎靡不振的服务人员，则会心生厌烦，又怎么会愿意接受此类酒店员工所提供的服务呢？

（四）良好的仪容仪表是增强自信心的有效手段

优雅、得体的仪容仪表，不仅会使宾客赏心悦目，而且也会令自己神采飞扬，从而在心理上滋生出一种自豪感与满足感。人的自信心一方面来自外界的肯定、赞扬与积极评价，更重要的是来自良好的自我感觉。好的仪容仪表会带给自己一份好心情，工作起来自然信心倍增、充满活力。

三、酒店从业者仪容仪表的总体要求

（一）规范化、制度化

这一条主要是针对酒店管理者而言，对酒店各类工作人员，按其工作性质，对穿着打扮、仪容仪表等均有相应的规定，形成法则使大家有章可循。正所谓"无规矩不成方圆"。员工的仪容仪表从一定程度上反映了一个酒店的管理水平和服务水平，在国内外评定旅游酒店星级标准中，就有考核员工仪容仪表一项。

（二）整体性

仪容仪表必须符合整体性原则的要求，即仪容仪表要和人的言谈、举止，以至修养等相联系、相适应，融为一体。以外表美而言，它是由姿态的正确、身体的洁净、外表的文雅、指甲的干净、皮肤的健康、牙齿的白净、头发的修整、指甲的修剪、服饰的配套等各种因素构成的，不注意整体的和谐统一，就不可能使人有真正美的感受。

（三）秀外慧中

仪容仪表要产生魅力，还在于注重外在美和内在美，即仪表与心灵美的统一，"珠联璧合""秀外慧中""诚于中而形于外"就是这个意思。与此相反，"金玉其外，败絮其中"，只能使人厌恶，不能产生魅力。《论语·雍也》曾说道："质胜文则野，文胜质则史。文质彬彬，然后君子。"意思是，如果只注重品格质朴，而不注重礼节仪表，就显得粗野；如果只重视礼节仪表，缺乏质朴的品格，同样显得虚伪。只有既注重品格质朴，又注重礼节仪表者，才是一个有教养的人。

仪表应该是一个人精神面貌的外在表现，其总体要求可以概括为以下 48 个字：

容貌端正，举止大方；
端庄稳重，不卑不亢；
态度和蔼，待人诚恳；

> 服饰庄重,整洁挺括;
> 打扮得体,淡妆素抹;
> 训练有素,言行恰当。

(四) 勤于检查

很多酒店对员工的仪容仪表制定了一整套规章制度,做到了"有法可依",接下来的关键就是能不能严格执行,有没有勤于督促和检查,做到"有法必依"。有的酒店管理者经常检查员工的仪容仪表,如果发现有员工违反规章制度,第一次口头警告,第二次罚款,第三次行政处分,第四次除名。同时,每位员工都要接受上级的突击检查。

四、仪容礼仪

(一) 发式礼仪

头发梳理得体、整洁、干净,不仅反映了良好的个人面貌,也是对人的一种礼貌。酒店从业者的发式礼仪规范要求如下:

1. 头发整洁,无异味

要经常理发、洗发和梳理,以保持头发整洁,没有头屑。理完发要将撒落在身上的碎头发等清理干净,并使用清香型发胶,以保持头发整洁,不蓬散,不用异味发油。

2. 发型大方,得体

酒店男员工头发长度要适宜,前不及眉,旁不遮耳,后不及领,不能留长发、大鬓角,不留光头;不允许留络腮胡子和小胡子,因为它不适合东方男子的脸型,是十分难看的。女员工岗上应盘发,不梳披肩发,头发亦不可遮挡眼睛,不留怪异的新潮发型,因为过分地强调新潮和怪诞,易和客人产生隔阂和距离,让人避而远之。另外,女员工的刘海不要及眉,头饰以深色小型为好,不可夸张耀眼。

3. 不染发

不要将头发染成黑色以外的任何一种颜色。

📚 课外资料 2-1

发型选择的依据

人们发型的选择应与脸型、体型、年龄、服饰、职业和谐统一,其基本要求如下:

1. 发型与脸型相协调

发型对人的容貌有极强的修饰作用,甚至可以"改变"人的容貌。任何一种脸型都有其特殊的发型要求,所以要根据自己的脸型选择发型,这是发型修饰的关键。例如,圆脸型适宜将头顶部头发梳高,两侧头发适当遮住两颊,使脸部视觉拉长,避免遮挡额头。长脸形适宜有刘海遮住额头,加大两侧头发的厚度,以使脸部丰满起来。

2. 发型与体型相协调

发型的选择得当与否,会对体型的整体美产生极大的影响。比如,脖颈粗短的人,适宜高而短的发型;脖颈细长的人,宜齐颈搭肩舒展或外翘发型;体型瘦高的人,适宜留长发;体型矮胖者,适宜选择有层次的短发。

3. 发型与年龄相协调

通常年长的女士适宜的发型是大花型短发或盘发,以给人精神、温婉可亲的印象。男士发型不宜过长,力求整洁、精神。年轻人则适宜活泼、粗放、简单、富有青春活力的发型。

4. 发型与服饰相协调

发型还应根据服饰的变化而改变。如穿礼服、制服适宜盘发或短发,显得端庄、秀丽、文雅;穿着轻便服装时,可以选择相对随意轻便的发式。

5. 发型与职业相协调

从事不同职业的人,有不同的发型风格。如果从事时尚行业工作,夸张些的发型不会受到指责,从事旅游服务工作,发型应当相对传统和职业。

(资料来源:叶继锋.发型设计.北京:高等教育出版社,2007)

(二) 面部

要注意面部清洁与适当的修饰。为了使自己容光焕发,显示活力,男子胡须要剃净,鼻毛应剪短,不留胡子;女子可适当化妆,但应以浅妆、淡妆为宜,不能浓妆艳抹,并避免使用气味浓烈的化妆品。

(三) 指甲

要经常修剪和洗刷指甲。不能留长指甲,指甲的长度不应超过手指的指尖;要保持指甲的清洁,指甲缝中不能留有污垢;绝对不要涂有色的指甲油。需要特别注意的是,在任何公共场合修剪指甲都是不文明、不雅观的举止。

(四) 鼻子和体毛

鼻毛不能过长,过长的鼻毛,非常有碍观瞻。可以用小剪刀剪短,不能用手拔,特别是当着客人的面。痰、鼻涕一类的"杂物"应及时清理,清理时,要避开众人眼睛。为了保持鼻腔的清洁,不要用手去挖鼻孔。经常挖鼻孔,会弄掉鼻毛,损伤鼻黏膜,甚至使鼻子变形,鼻孔变大。

体毛必须修整。腋毛在视觉中不美观也不雅观。白领男性和女性应有意识地不穿暴露腋毛的服饰。女性在社交活动中穿着使腋毛外现的服装,必须先剃去腋毛,以免败坏自己的形象。又黑又粗的体毛,同时需要掩饰。在社交活动中,男性不准穿短裤,不准挽起长裤的裤管。女性在穿裙装和薄型丝袜,如露出腿毛,应先将其剃掉。

(五) 个人卫生

做到勤洗澡,勤换衣袜,勤漱口,保持牙齿口腔清洁,身上不能留有异味。口腔有异味,是很失风范的事情。上班前不能喝酒,忌吃葱、蒜、韭菜等刺激性异味食物。每日早晨,空腹饮一杯淡盐水,平时多以淡盐水漱口,能有效地控制口腔异味。必要时,嚼口香糖可减少异味,但在他人面前嚼口香糖是不礼貌的,特别是上班时间和与人交谈时,更不应嚼口香糖。另外,要尽量少抽烟,不喝浓茶。如果长期吸烟和喝浓茶,天长日久,牙齿表面会出现一层"茶锈"和"烟渍",牙齿变得又黑又黄。在社交场合进餐后一定要剔牙,但切忌当着别人的面剔牙,可以用手掌或餐巾掩住嘴角,然后再剔牙。

五、化妆礼仪

在酒店服务工作和人际交往中,美貌是一张最好的"通行证"。面容化妆的目的在于使人的精神面貌有焕然一新之感,适度的化妆也是对宾客尊重的一种礼貌表现。酒店女性员工在从事对客服务工作之前,一般应进行适当的化妆,这一基本要求,被归纳为"化妆上岗,淡妆上岗"。所谓"化妆上岗",即要求酒店女员工在上岗之前,应当根据岗位及职业礼仪的要求进行化妆。所谓"淡妆上岗",则是要求酒店女员工在上岗之前的个人化妆,应以淡雅为主要风格。

对酒店从业者而言,面容化妆总的原则要少而精,强调和突出自身所具有的自然美部分,减弱或掩盖容貌上的某些缺陷,一般以浅妆、淡妆为宜,不能浓妆艳抹,避免使用气味浓烈的化妆品。面容化妆的原则应掌握以下几点:

(一) 3W 原则

W 是英文单词 when、where、what 的首字母,分别代表酒店从业者面容化妆应考虑的三个要素,指酒店从业者所化的妆容应充分考虑到自己在"什么时间""什么地点"和"做什么事情"。因时间不同、场合不同、从事活动不同而化不同的妆容,是得体形象的定位和诠释。

现今的社交礼仪中,化妆是一个人基本的礼貌,素面朝天并不会给人以好感,尤其在生病、熬夜、身体不适等情况下,素面往往只会表现你的憔悴,精致妆容方显你的美丽和对对方的重视和尊重。但是不分场合的浓妆也是不礼貌的,比如正式商洽签约场合时化前卫冷傲的妆容,会给人傲慢无礼轻浮的印象,而在聚会 party 中,不施亮彩,淡妆得近于简朴,则又有缺少热情、不合群、孤傲藐视之嫌。

妆容,对于大多数女性来讲,可以分为"基础妆"和"时尚妆"两种,基础化妆是比较正统的、有原则性的,适宜于一些隆重的场合,突出个人的身份和格调。时尚化妆,则具备现代气息,包含了"最新"的意思,一方面是前卫醒目的,另一方面也带有个人冒险的性质,是纯粹享受化妆乐趣的选择。故而,不同场合应有相称的妆容,才能显示你的教养和礼貌,为你的仪态加分。

化妆的浓淡并不是随意的,而是要根据不同的时间、季节和场合来选择。如白天是工作的时间,一般以化淡妆为宜。如果白天也浓妆艳抹,香气四溢,难免给人的印象欠佳。只有在夜晚的娱乐时间、舞会、聚会,不论浓妆还是淡抹都是比较适宜的。从季节上来看,冬天穿着深色衣服较多,适宜化浓妆;夏天着浅色衣服多,则适宜化淡妆。化妆的浓淡还应当考虑到场合的问题。人们在节假日大多是要化妆的,但是在外出旅游或参加游乐活动时,最好不要浓妆,不然一出汗,你就会感到为难了。

(二) "扬长避短"原则

酒店女员工应当明确化妆的目的和作用是扬长避短,讲究和谐,强调自然美。要根据自己的工作性质、面容特征来化妆。一定要讲究得体和谐,一味地浓妆艳抹,矫揉造作,会令人生厌。要使化妆符合审美的原则,应注意以下几点:

一是讲究色彩的合理搭配。色彩要求鲜明、丰富、和谐统一,给人以美的享受。要根据自己的面部肤色,选择化妆品。女士一般希望面部化妆白一点,但不可化妆以后改变肤色,应与自己原有肤色恰当地结合,才会显得自然、协调。最好选择接近或略深于自己肤色的颜色来搽,这样较符合当今人们追求的自然美。

二是依据自己的脸型合理调配。如脸宽者,色彩可集中一些,描眉、画眼、涂口红腮红都尽量集中在中间,以收拢缩小面积,使脸型显得好看。眼皮薄者,眼线描浓些会显得眼皮厚;描深些,会显得更有精神。涂抹胭脂时,脸型长者宜横涂;脸型宽者宜直涂;瓜子形脸则应以面颊中偏上处为重点,然后向四周散开。

三是强调自然美。如眉毛天然整齐细长,浓淡适中,化妆时可以不描眉;脸型和眼睛形状较好的可不画眼。如果有一双又黑又亮的大眼睛和长长的睫毛,就没有必要对眼睛去大加修饰,因为自然自有一种魅力。

(三) 讲究科学性原则

一要科学地选择化妆品。化妆品一般可分为美容、润肤、芳香和美发四大类,它们各有特点和功用,化妆时必须正确合理地选择和使用,避免有害化妆品的危害。对待任何一种化妆品,都要先了解其成分、特点、功效,然后根据自己皮肤的特点,合理选择试用。经过一段时间后,把选用的化妆品相对固定。这样做既起到美容的作用,又避免了由于化妆品对皮肤的伤害,以求自然美和修饰美的完美统一。

二要讲究科学的化妆技法。在化妆时,若技法出现了明显的差错,将会暴露出自己在美容素质方面的不足,从而贻笑大方。因此,酒店女员工应熟悉化妆之道,不可贸然化妆。

(四) 专用原则

不可随意使用他人的化妆品。一方面是因为每个女人的化妆盒都具有隐私性,随便使用他人的化妆品便是侵犯别人的私人空间,是非常不礼貌的。另一方面是出于健康考虑,随意使用他人的化妆品是非常不卫生的,极易造成流行性皮炎。

(五) "修饰避人"的原则

在公共场合(尤其是在工作岗位上)化妆是极为失礼的。这是既不尊重别人,也不尊重自己的表现,给人以轻佻、浮夸的感觉,层次不高,毫无修养可言,从而影响个人形象。在西方,一般来说,当街描眉化妆通常会被认为是风尘女子的象征。

(六) 不以残妆示人

残妆,指由于出汗之后、休息之后或用餐之后妆容出现了残缺。长时间的脸部残妆会给人懒散、邋遢之感。所以,上班时,酒店女员工不但要坚持化妆,而且要注意及时地进行检查和补妆。当然要遵循"修饰避人"的原则,选择后台补妆。

六、饰品佩戴礼仪

饰品，是指能够起到装饰点缀作用的物件，主要包括帽子、领带、手套等服装配件和戒指、胸花、项链、眼镜等可佩戴首饰两类。这里的饰品佩戴礼仪，主要是指首饰佩戴。一般来讲，酒店从业者饰品佩戴应遵循以下原则：

（一）酒店从业者饰品佩戴的总原则

酒店从业者饰品佩戴的总原则为"符合身份，以少为佳"。严格地讲，酒店从业者在工作场所，除手表外一般不允许佩戴其他饰物，如耳环、戒指、手镯、项链等。有的酒店规定，除手表外，员工可以佩戴订婚戒指或结婚戒指。对于眼镜的佩戴，星级酒店的一般规定是，前厅、餐饮、客房等一线部门的工作人员是不允许戴眼镜的，二线部门的工作人员可以戴无色透明的眼镜。

（二）数量原则

选择佩戴饰品应当是起到锦上添花、画龙点睛的作用，而不应是过分炫耀，刻意堆砌，切不可画蛇添足。对于酒店从业者，我们提倡工作场合不戴首饰；如果在特定场合需要佩戴，则要坚持"上限不过三"的原则，即所佩戴首饰不要超过三件。除耳环、手镯外，最好不要使同时佩戴的同类首饰超过一件。唯新娘可以除外。

（三）质色原则

人际交往的特定场合，女士如果佩戴两种及以上的首饰，要坚持"同质同色"的原则，即所佩戴首饰质地与色彩应大致相同，这样才不至于有失水准。佩戴镶嵌首饰时，应使其主色调、被镶嵌物质地一致，托架也应力求一致。这样做的好处是，使所佩戴首饰总体上显得协调一致。

（四）搭配原则

饰品的佩戴应讲求整体的效果，要与佩戴者所穿着的服装、所处季节、场合、环境等因素相协调。如一般穿考究的服装时，才佩戴昂贵的饰品，服装轻盈飘逸，饰品也应玲珑精致，穿运动装、工作服时不宜佩戴饰品。另外，季节、场合、环境等因素不同，饰品佩戴方式和佩戴取舍也不同。如春秋季可选戴耳环、别针，夏季选择项链和手链，冬季则不宜选用太多的饰品，因为冬天衣服过多臃肿，饰品过多反而不佳；上班、运动或旅游时以不戴或少戴饰品为好，在交际应酬等可以展示自己个性魅力的场合佩戴饰品比较合适。

（五）扬长避短原则

佩戴饰品应当起到扬长避短的作用，应与自身条件相协调，如体型、肤色、脸型、发型、年龄、气质等。如耳环的基本造型应当与脸型不重合，戴眼镜的女士不宜戴耳环，胖脸型的女性不宜戴大耳环；项链的长短粗细应与脖子成反比；腰带的宽窄与腰的粗细成反比；眼镜镜框的尺寸大小与脸型的大小成正比，等等。

（六）习俗原则

饰品佩戴要注意寓意和习俗。不同的地区、不同的民族，佩戴首饰的习惯做法多有不同。对此，一是要了解，二是要尊重。戴首饰不讲习俗，是万万行不通的。

七、着装的礼仪规范

（一）穿着的礼仪哲学

1. 穿着的 TPO 原则

TPO 是西方人提出的服饰穿戴原则，分别是英文中时间（time）、地点（place）、场合（occasion）三个单词的首字母。穿着的 TPO 原则，要求人们在着装时以时间、地点、场合三项因素为准。

（1）时间原则。

时间既指每一天的早、中、晚三个时间段，也包括每年春夏秋冬的季节更替，以及人生的不同年龄阶段。时间原则要求着装考虑时间因素，做到随"时"更衣。比如通常人们在家中或进行户外活动，着装应方便、随意，可以选择运动服、便装、休闲服。而工作时间的着装则应根据工作特点和性质，以服务于工作、庄重大方为原则。

另外，服饰还应当随着一年四季的变化而更替变换，不宜标新立异，打破常规。夏季以凉爽、轻柔、简洁为着装格调，在使自己凉爽舒服的同时，让服饰色彩与款式给予他人视觉和心理上的好感受。夏天，层叠皱褶过多、色彩浓重的服饰不仅使人燥热难耐，而且一旦出汗就会影响女士面部的化妆效果。冬季应以保暖、轻便为着装原则，避免臃肿不堪，也要避免要风度不要温度，为形体美观而着装太单薄。

（2）地点原则。

地点原则指地方、场所、位置不同，着装应有所区别，特定的环境应配以与之相适应、相协调的服饰，才能获得视觉和心理的和谐美感。比如，穿着只有在正式的工作环境才合适的职业正装去娱乐、购物、休闲、观光，或者穿着牛仔服、网球裙、运动衣、休闲服进入办公场所和社交场地，都是环境不和谐的表现。我们无法想象在静谧严肃的办公室穿着一身很随意的休闲服，穿一双拖鞋，或者在绿草如茵的运动场上穿一身笔挺的西装，脚穿皮鞋，这样的人肯定被讥讽为不懂穿衣原则。

（3）场合原则。

不同的场合有不同的服饰要求，只有与特定场合的气氛相一致、相融合的服饰，才能产生和谐的审美效果，实现人景相融的最佳效应。例如，在办公室或外出处理一般类型的公务，服饰应符合一般的职业正装要求。

在庄重场合，比如参加会议、庆典仪式、正式宴会、商务或外事谈判、会见外宾等隆重庄严的活动，服饰应当力求庄重、典雅，凡是请柬上规定穿礼服的，一定要穿礼服。在国外，礼服有一般礼服、社交礼服、晨礼服、大礼服、小礼服的区分。在我国，一般以中山装套装、西服套装、旗袍等充当礼服。庄重场合，一般不宜穿夹克衫、牛仔裤等便装，更不能穿短裤或背心。而且，正式场合应严格符合穿着规范。比如，男子穿西装，一定要系领带，穿西装背心的话,应将领带放在背心里面。西装应熨得平整,裤子要熨出裤线,衣领袖口要干净,皮鞋锃亮等。女子不宜赤脚穿凉鞋,如果穿长筒袜子,袜子口不要露在衣裙外面。

课外资料 2-2

西式传统礼服介绍

礼服是男性的终极制服。一方面,礼服和其他制服一样可以让一个平凡无奇的男人立刻变得温文尔雅,充满绅士风度;另一方面,礼服和其他制服一样,有着严格的穿着规定,如果犯错便会贻笑大方。

怎样保证在不同的场合穿对礼服呢?一个最简单的方法便是"见风使舵"。按照惯例,在你收到的邀请函上有当日活动的服装要求,只要读懂对应的 Dress Code 就可以保证不会穿错,即使对方邀请函上没有写,你也大可致电询问——不要害羞,对方没有写明服装要求是他们疏于考虑,你主动询问是对邀请方的尊重。

Dress Code 一般仅是针对男性的着装,女性的着装要求需要按照男士的进行类推。Dress Code 根据不同的场合可能会有相当大的差别,最最没有要求的自然是 Causal,之上是 coat and tie,只要求上装系领带,无须西装。如果写的是 informal,其实也就是 business suit,即你在正规商业场合穿的西服。在 business suit 之上,就进入礼服的要求了,大致有 white tie、morning coat 和 black tie 三种。

所谓 white tie(图 2-1),其核心就是 tailcoat,也就是燕尾服,许多国人喜欢称其为大晚礼服。说到 tailcoat 的起源,可以追溯到 19 世纪的著名花花公子 George Bryan Brummell,事实上燕尾服从那个时代迄今几乎没有什么大的改动。虽然从来不扣上,但是其前襟两边却各有三粒纽扣以及背后也有两粒纽扣。一件得体的燕尾服,燕尾的部分应该略高于膝盖,领子必须是带有领绢(Facing silk)剑领(peaked lapel)设计。除了燕尾服之外,white tie 其他的配件也有严格要求。比如马甲,应当是白色,习惯上以单排三粒纽扣居多,其长度绝对不可超过燕尾服的前襟。至于衬衫,必须采用飞翼领,同时搭配白色的领结(bow tie),而衬衫的袖口必须是上浆的单折袖(而非传统的法式双折袖)且使用袖扣,如果同时搭配上浆的硬片前襟则更佳。至于下身长裤,除

图 2-1 white tie

了必须采用无翻边设计,而且裤子的两侧应当各有两条笔直的竖条,采用的材料与燕尾服的领绢应当相同。

而 morning coat(图 2-2)其实是 tailcoat 的衍生产物,从它的另一个名字 cutaway 上就可以看出。所谓 cutaway,其实就是指前下摆斜切的 tailcoat。一般来说,white tie 和 black tie 都是属于晚间礼服——不适合出现在晚上 6 点之前,所以在白天要出席一些隆重场面,morning coat 就是最佳的选择了。

至于 black tie,其实是目前使用频率最高的礼服类型了,其核心是 Tuxdo(图 2-3)。Tuxdo 其实是美国人的叫法,19 世纪末期 Tuxdo Club 的成员率先将这种服装形式引入美国而得名,而其首创

图 2-2 morning coat

者要追溯到英国的爱德华七世。当时他希望有一种比燕尾服来得舒适的礼服用于晚宴,于是便有了 Tuxdo 的产生,当然当时被称作 dinner jacket,后来又被叫作 smoking jacket。Tuxdo 的叫法是引入美国之后的事情了。和燕尾服不同,Tuxdo 有多种领型,除了剑领(peaked lapel)以外,传统的还有披肩领(shawl lapel)。Tuxdo 有单排及双排两种,单排的需要搭配腰封或者马甲用来遮盖裤头,而且前襟在站立时切不可扣上;至于双排则无须这些东西,因为前襟要求永远扣上。搭配 Tuxdo 的衬衫除了采用飞翼领之外,也可以采取下翻领(turndown collar);至于下身的裤子,与 white tie 最大的区别就是只能有一条竖线,切不可穿错。

图 2-3　Tuxdo

礼服的穿着是一门学问,尤其是对于国人而言,毕竟在过去甚至现在,我们需要穿着西式礼服的场合实在太少。但是在这个全球化的时代,这却又是我们绕不过去的一课,所以只能在穿着中学习。

(资料来源:张翼轸.品味·男.太原:山西人民出版社,2011)

2．穿着与形体肤色相协调

人的身材有高矮胖瘦之分,肤色有深浅之差,这是上天赋予的,我们不能选择,但我们可以选择服饰的质地、色彩、图案、造型工艺,达到美化自己的目的。比如,胖子穿横条衣服会显得更肥胖。身材矮小者适宜穿造型简洁、色彩明快、小花形图案的服装。脖子短的人穿低领或无领衣可以使脖子显得稍长。

另外,中国人的皮肤颜色大致可以分为白净、偏黑、发红、黄绿和苍白等几种,穿着必须与肤色在色彩上相协调。肤色白净者,适合穿各色服装;肤色偏黑或发红者,忌穿深色服装;肤色黄绿或苍白的人,最适合穿浅色服装。

3．服饰的色彩哲学

色彩因其物理特质,常对人的生理感觉形成刺激,诱发人们的心理定式和联想等心理活动。色彩还具有某种社会象征性,如:

黑色,象征神秘、悲哀、静寂、死亡,或者刚强、坚定、冷峻等;

白色,象征纯洁、明亮、朴素、神圣、高雅、恬淡、空虚、无望等;

黄色,象征炽热、光明、庄严、明丽、希望、高贵、权威等;

大红,象征活力、热烈、激情、奔放、喜庆、福禄、爱情、革命等;

粉红,象征柔和、温馨、温情等;

紫色,象征高贵、华贵、庄重、优越等;

橙色,象征快乐、热情、活泼等;

褐色,象征谦和、平静、沉稳、亲切等;

绿色,象征生命、新鲜、青春、新生、自然、朝气等;

浅蓝,象征纯洁、清爽、文静、梦幻等;

深蓝,象征自信、沉静、平稳、深邃等;

灰色是中间色,象征中立、和气、文雅等。

服饰色彩搭配的基本方法一般包括同色搭配法、相似搭配法和主辅搭配法三种。同色搭配法是指把同一颜色按深浅、明暗不同进行搭配,如浅灰配深灰、墨绿配浅绿等;相似搭配法是指邻近色的搭配,如橙色配黄色、黄色配草绿、白色配灰色等;主辅搭配法则是指以一种色彩为整体的基调,再适当辅以一定的其他色的搭配。但无论如何,服饰配色都要坚持一条最为基本的原则,即调和。一般来说,黑、白、灰三色是配色中的最安全色,最容易与其他色彩搭配以取得调和的效果。值得注意的是,服饰色彩还应与一个人的身材、肤色等协调一致,比如深色有收缩感,适宜肥胖者穿戴,而浅色的料子有扩张性,身材瘦小者穿上后有丰腴的效果。

(二)男士西装着装规范

西装是一种国际性服装,穿起来给人一种彬彬有礼、潇洒大方的印象,所以现在越来越多地被用于正式场合,星级酒店也一般以西装为职业装。

1. 西装的选择

(1)西装的款式。

西装按件数划分有单件西装和套装西装。套装又分两件套(上衣和裤子)和三件套(上衣、西裤和西装背心)。一般而言,三件套西装比两件套西装更为正规。

西装按上衣纽扣划分,可分为单排扣西装和双排扣西装。单排扣西装比较正规,最常见的有一粒扣、两粒扣和三粒扣三种。双排扣西装有两粒扣、四粒扣和六粒扣三种。单排扣两粒西装和双排扣四粒扣西装比较正规,较多地用于隆重、正式的场合。另外,双排扣西装比较适合西方人着装,而中国人宜选单排扣西装。

西装按照适用场合的不同,有正装西装和休闲西装之分。市面上流行的色彩丰富的单件西装上装,就是最典型的休闲西装。正装西装和休闲西装在色彩、款式、面料、适用场合上有很大的区别。正装西装一般为套装,单色且深色居多,面料以羊毛面料为主;休闲西装多为单件,浅色或花色居多,面料以棉、麻、条绒、皮革为主。正装西装和休闲西装最为本质的区别是正装西装适用于正式场合,而休闲西装只能在非正式的休闲场合才能出现。

(2)西装的颜色。

西装的颜色必须庄重、正统,而不应过于亮丽和花哨。因此,适合于男士在正式场合中穿着的西装颜色,应当首推藏蓝(青)色。除此以外,还可以选择灰色、黑色或棕色的西装。按照惯例,职业人士在正式场合不宜穿着颜色过于鲜艳或发光发亮,以及朦胧色、过渡色的西装。

(3)西装的图案。

商务人士要求看上去成熟稳重,过多的图案会适得其反,所以西装一般以单色无图案的为最好,也可以选择带条纹的西装。

(4)西装的版形。

西装的版形是指西装的外观形状。目前,全世界的西装主要有欧式、英式、美式、日式四种版形。欧式西装洒脱大气,英式西装裁剪得体,美式西装宽大飘逸,日式西装则贴身凝重。男士应根据自己的身材和气质来选择。一般来说,欧式西装要求穿着者高大魁梧,美式西装穿起来稍显散漫。相比较而言,英式西装和日式西装更适合于中国人的身材和气质。

(5) 西装的尺寸。

穿着西装,要大小合身、宽松适度。在任何场合,所穿的西装过大或过小,过松或过紧,过肥或过瘦,都会影响整体效果,损害其个人形象。

(6) 西装的做工。

做工精致与否是判断西装质量的一个重要因素。在挑选西装时,检查其做工的优劣,要注意以下几点:一是要看其衬里是否外露;二是要看其衣袋是否对称;三是要看其纽扣是否缝牢;四是要看其表面是否起皱;五是要看其针脚是否均匀;六是要看其外观是否平整。

2. 西装的穿着

西装七分在做,三分在穿。西装的穿着必须符合礼仪的规范要求。

(1) 西装必须合体。

合体的西装是保证西装挺拔的基本条件。合体的西装要求上衣盖过臀部(标准的西装尺码是从脖子到地面的二分之一长),四周平整无皱褶,手臂伸直时,袖子长度应到虎口处,领子应紧贴后颈部。西裤应有其合适的腰围和长度,合适的腰围指裤子穿在身上并拉上拉链,扣好扣子后,腰处还能伸进一只五指并拢的手掌。西裤必须有中折线,长度以前面能盖住脚背、后边能遮住1厘米以上的鞋帮为宜。

(2) 西装的纽扣。

穿西装时,上衣、西装背心的扣子都有一定的扣法。通常,单排扣的西装穿着时可以敞开,也可以扣上扣子;站立的时候应该按规矩扣上,坐下时才可以敞开。单排扣西装的扣子并不是每一粒都要扣好。一粒扣的扣一粒扣与不扣都无关紧要,但正式场合应当扣上;两粒的应扣上上面的一粒,底下的一粒为样扣,不用扣;三粒扣子的扣上中间一粒,上下各一粒不用扣。双排扣的西装上衣则必须扣上所有的纽扣,以示庄重。穿西装背心,不论是将其单独穿着,还是与西装上衣配套,都要认真地扣上纽扣。一般情况下,西装背心只能与单排扣西装上衣配套。西装背心也分单排扣式和双排扣式两种。单排扣西装背心有五粒扣和六粒扣之分,六粒扣的最底下的那粒纽扣可以不扣,五粒扣的则要全部都扣上;双排扣式西装背心的纽扣必须全部都扣上。

(3) 西装的口袋。

西装讲求以直线为美,尤其强调平整、挺括的外观。所以,西装上面的口袋是装饰袋,是不能够装东西的。西装上衣口袋只做装饰,不可以用来装任何东西,只可装折好花式的手帕。西装左胸内侧衣袋,可以装票夹(钱夹)、小日记本或笔。右侧内侧衣袋,可以装名片夹、香烟、打火机等。裤兜也与上衣袋一样,不能装物,以求裤型美观。但裤子后兜可以装手帕、零用钱等。千万要注意的是,西装的衣袋和裤袋里不宜放太多的东西,搞得鼓鼓囊囊的,那么肯定会破坏西装直线的美感,既不美观,又有失礼仪。另外,把两手随意插在西装衣袋和裤袋里,也是有失风度的。如要携带一些必备物品,可以装在随身携带的公文包里,这样不但看起来干净利落,也能防止衣服变形。

(4) "三个三"原则。

在正式场合穿西装讲究"三个三"。一是三色原则。正式场合穿西装,身上的颜色不能超过三种颜色或三种色系,但西装、衬衫、领带、鞋袜的颜色不要完全一样。二是三一定律。男士穿西装有三个部位色彩要一致,即皮鞋、腰带、公文包应为一个颜色,以黑色为佳,较庄重。三是三大禁忌。忌穿白袜和尼龙袜,即鞋袜色调不搭配;忌在正式场合穿夹克打领带;忌西装袖子上的商标不拆掉。

3. 西装的搭配

(1) 西装的衬衫。

与西装配套的衬衫应为"正装衬衫"。一般来讲,正装衬衫具有以下特征:

第一,面料应为高织精纺的纯棉、纯毛面料,或以棉、毛为主要成分的混纺衬衫,条绒布、水洗布、化纤布、真丝、纯麻皆不宜选。

第二,颜色必须为单一色。白色为首选,蓝色、灰色、棕色、黑色亦可;杂色、过于艳丽的颜色(如红、粉、紫、绿、黄、橙等色)有失庄重,不宜选。

第三,衬衫以无图案为最佳,有较细竖条纹的衬衫有时候在商务交往中也可以选择。但是,切忌竖条纹衬衫配竖条纹西装。

第四,领型以方领为宜,扣领、立领、翼领、异色领不宜选。衬衫的质地有软质和硬质之分,穿西装要配硬质衬衫。尤其是衬衫的领头要硬实挺括,要干净,不能太软,更不能满是油迹斑斑,否则再好的西装也穿不出好来。

第五,正装衬衫应为长袖衬衫。

第六,衬衫穿着要讲究。衬衫的第一粒纽扣,穿西装打领带时一定要扣好,不打领带时,一定要解开。打领带时衬衫袖口的扣子一定要扣好,绝对不能把袖口挽起来。衬衣的领子应露出西装上衣领子约1.5厘米,衬衣的袖口应比外衣的袖口长出约1.5厘米。衬衫的下摆不可过长,而且要塞到裤子里。另外,不穿西装外套只穿衬衫打领带仅限室内,在正式场合是不允许的。

(2) 领带的搭配。

领带是男士在正式场合的必备服装配件之一,它是男士西装的重要装饰品,对西装起着画龙点睛的重要作用。所以,领带通常被称作"男子服饰的灵魂"。男士穿西装配领带应注意以下几点:

第一,领带的面料一般以真丝为宜,以涤丝制成的领带售价较低,易于打理,有时也可以使用,绝不能选择棉、麻、绒、皮革、珍珠等质地的领带。

第二,领带的颜色一般选择单色(蓝、灰、棕、黑、紫色等较为理想),多色的则不应多于三种颜色,而且尽量不要选浅色、艳色。一般来说,酒店从业者应选用与自己制服颜色相称、光泽柔和、典雅朴素的领带为宜。不要选用那些过于显眼花哨的领带。另外,在涉外场合,我们与不同国家友人交往时应注意不同的礼仪。一般来讲,与英国人交往时,不要系带条纹的领带。另外,阿拉伯人从来不买绿色领带,荷兰人从来不戴橙色领带,法国人不戴红、白、蓝三色混合的领带。

第三,领带图案的选择要坚持庄重、典雅、保守的基本原则,一般为单色无图案,宜选择蓝色、灰色、咖啡色或紫色,或者选择波点、条纹等几何图案。

第四,领带的款式往往受到时尚潮流的影响。因此,职业人士的领带应注意以下四点:一是领带有箭头与平头之分。下端为箭头的领带,显得比较传统、正规;下端为平头的领带,则显得时髦、随意一些。二是领带有宽窄之别。除了流行的因素外,领带的宽窄最好与本人的胸围和西装上衣的表领形状相一致。三是简易式领带(如"一拉得"领带)不适合在正式场合中使用。四是领结宜与礼服、翼领衬衫搭配,并且主要适用于出席宴会等重要社交场合。

第五,一条好的领带,其质量必须符合以下要求:外形美观、平整、无挑丝、无疵点、无线头,衬里不变形、悬垂挺括、质地厚重。

第六,领带的长度以自然下垂最下端(即大箭头)及皮带扣处为宜,过长过短都不合适。领带系好后,一般是两端自然下垂,宽的一片应略长于窄的一片,绝不能相反,也不能长出太多,如穿西装背心,领带尖不要露出背心。

第七,领带夹的使用要规范。领带夹有各种型号款式,它们的用法虽然各异,功能却一致,无非是固定领带。选择领带夹时,一定要用高质量的。质地粗劣的廉价品不但会损坏领带,而且会降低自己的身份。使用领带夹时,要注意夹的部位。一般来讲,对于五粒扣的衬衫,将领带夹夹在第三粒与第四粒纽扣之间;六粒扣的衬衫,夹在第四粒与第五粒扣子之间。现在,越来越多的白领人士不用领带夹,他们选择把窄的一片放到宽的一片背部的商标里。因为,无论多么高级的领带夹,使用不当,都有可能损坏领带。

课外资料 2-3

领带的由来

领带最先出现在17世纪,当时南斯拉夫克罗地亚的一支骑兵部队来到巴黎街头,那些士兵都身穿制服,颈脖上系着一条细布条,法国人见了,赞叹不已,争相效仿。有一天,一位朝臣上朝,颈上围着一条白色绸巾,并在前面打了个结,路易十四见了大为欣赏,他宣布以领结为高贵的标记,下令凡尔赛的上流人士都该这样打扮。领带的前身——领巾就这样诞生了。

(资料来源:张文.酒店礼仪.2版.广州:华南理工大学出版社,2002)

课外资料 2-4

领带的几种常见打法

1. 平结

平结为最多男士选用的领结打法之一(图2-4),几乎适用于各种材质的领带,完成后领带呈斜三角形,适合窄领衬衫。其要诀是领结下方所形成的凹洞需让两边均匀且对称。

图 2-4 平结打法

2. 温莎结

温莎结(图2-5)适合用于宽领型的衬衫,该领结应多往横向发展,勿打得过大。此领结打法应避免材质过厚的领带。

图 2-5　温莎结打法

3. 交叉结

交叉结适用于颜色素雅且质地较薄的领带,其特点在于打出的结有一道分割线,感觉非常时髦。要诀是注意按步骤打完领带是背面朝前。其打法如图 2-6 所示。

图 2-6　交叉结打法

4. 双环结

一条质地细致的领带再搭配上双环结颇能营造时尚感,适合年轻的上班族选用。这种领结完成的特色就是第一圈会稍露出于第二圈之外,可别刻意给盖住了。其打法如图 2-7 所示。

图 2-7　双环结打法

5. 简式结(马车夫结)

简式结(马车夫结)适用于质料较厚的领带,最适合打在标准式及扣式领口的衬衫上。这种结型将领带的宽边以 180 度由上往下翻转并将折叠处隐藏于后方,待完成后可再调整领带长度。其打法如图 2-8 所示。

图 2-8　简式结(马车夫结)打法

(资料来源:文晓玲,李朋.社交礼仪.大连:大连理工大学出版社,2009)

(3) 鞋袜的搭配。

穿整套西装一定要穿皮鞋，不能穿旅游鞋、便鞋、布鞋或凉鞋，否则会显得不伦不类。在正式场合穿西装，一般穿黑色或咖啡色皮鞋较为正规。但是，需要注意的是，黑色皮鞋可以配任何颜色的西装套装，而咖啡色皮鞋只能配咖啡色西装套装。白色、米黄色等其他颜色的皮鞋或麂皮鞋、磨砂皮鞋、翻毛皮鞋等大都属于休闲皮鞋，一般不适合在正式场合穿着。男士穿皮鞋时应做到鞋内无味、鞋面无尘、鞋底无泥。

男士穿整套西装一定要穿与西裤、皮鞋颜色相同或较深的袜子，一般为黑色、深蓝色或藏青色，绝对不能穿花袜子或白色袜子。在国际上，很多人把穿深色西装配白袜子的男子戏称为"驴蹄子"，认为是没有教养的男子的典型特征。另外，男子袜子的质地一般以棉线为宜，长度要高及小腿部位，不然坐下后露出皮肉，非常不雅观。

（三）女士套裙着装规范

西装套裙会使着装者看起来干练、洒脱和成熟，还能烘托出女性所独具的韵味，显得优雅、文静。可以说，西装套裙是能够体现职业女性的工作态度和女性美的"最好的道具"。

1. 套裙的选择

（1）套裙的款式。

女士西装套裙分为两种基本类型：一种是"随意型"套裙，即以女士西装上衣同随便的一条裙子进行自由搭配与组合；另一种是"成套型"或"标准型"套裙，女士西装上衣和与之同时穿着的裙子为成套设计制作而成的。严格地讲，西装套裙指的仅仅是后一种类型。此类套裙应当是由高档面料制作的，上衣和裙子应当采用同一质地、同一色彩的素色面料。它的造型上讲究典雅大方与扬长避短，因此提倡量体裁衣、做工考究。它的上衣注重平整、挺括、贴身，较少使用饰物、花边进行点缀。裙子则应以窄裙为主，并且裙长应当过膝或及膝。

（2）套裙的面料。

西装套裙的面料宜选纯天然质地且质量上乘的面料，上衣、裙子、背心要求同一面料。除了薄花呢、人字呢、女士呢、华达呢、凡尔丁、法兰绒等纯毛面料之外，可以选择高档的丝绸、府绸、亚麻、麻纱、毛涤、化纤面料。应当注意的是，用来制作西装套裙的面料应当均匀、平整、滑润、光洁、丰厚、柔软、悬垂、挺括，不仅要求弹性好、手感好，而且要不易起皱、不起毛、不起球。

（3）套裙的颜色。

西装套裙的颜色应以冷色调为主，以体现着装者典雅、端庄、稳重的气质，颜色要求清新、雅气而凝重，忌鲜艳色、流行色。与男士西装不同，女士套裙不一定非要深色。各种加入了一定灰色的颜色都可选，如藏青、炭黑、烟灰、雪青、茶褐、土黄、紫红等。西装套裙不受单一色限制，可上浅下深、下浅上深。但需要注意的是，在正式场合穿着的套裙，颜色种类最多不可超过两种，否则就会显得杂乱无章。

（4）套裙的图案。

西装套裙讲究朴素简洁，以无图案最佳，或选格子、圆点、条纹等图案。

(5) 套裙的点缀。

西装套裙不宜添加过多点缀,以免琐碎、杂乱、低俗、小气,有失稳重。有贴布、绣花、花边、金线、彩条、扣链、亮片、珍珠、皮革等点缀的不选为好。

(6) 套裙的尺寸。

根据尺寸长短,女士的裙子一般分及膝式、过膝式和超短式三种。女士在选择裙装时,如果裙子太短则不雅观,裙子太长又不够干净利索。欧美国家的很多公司一般规定女职员穿着套裙时,上衣不宜过长,下裙不宜过短。通常,及膝裙应当是职业女性的首选;过膝裙比较适合下肢较长的女性穿着;超短裙不适宜在职场出现。

2. 套裙的穿着

(1) 大小适度。

套裙上衣最短可以齐腰,袖长要盖住手腕,裙子不应短于膝盖以上15厘米,最长可达小腿中部。套裙整体不过于肥大或紧身。

(2) 穿着到位。

在正式场合,女士穿着套裙要端端正正,上衣的衣扣全部扣好,不允许部分或全部解开,更不允许当着别人面把上衣随便脱下来,或搭在身上。

(3) 考虑场合。

女士在各种正式的商务交往活动中,一般以穿着套裙为宜。在出席宴会、舞会、音乐会时,可酌情选择适合参加这类活动的时装或礼服。休闲场合则应选择便装。

3. 套裙的搭配

(1) 衬衫。

与套裙搭配的衬衫,面料应轻薄柔软,宜选真丝、麻纱、府绸、涤棉等面料;颜色应雅致端庄,宜单色无图案,且颜色不应太鲜艳,款式要保守。穿着时,要将衬衫下摆掖入裙内,纽扣一一系好。需要注意的是,女士衬衫在公共场合不宜直接外穿。

(2) 内衣、衬裙。

一定要穿内衣。穿内衣最关键的是大小适度,且不可外露和外透。衬裙的衬腰不可高于套裙的裙腰,同时应将衬衫下摆掖入衬裙与套裙的裙腰之间,不可掖到衬裙裙腰内。内衣、衬裙和套裙应做到颜色一致,外深内浅。

(3) 鞋袜。

与套裙搭配的鞋子应为高跟或半高跟的皮鞋,最好是牛皮鞋,颜色以黑色最为正统,也可选择与套裙颜色一致的皮鞋。袜子一般为尼龙或羊毛面料的高筒丝袜或连裤袜,颜色应为单色,肉色为首选,还可选黑色、浅灰、浅棕。一般而言,鞋、裙颜色要深于或等同于袜子颜色。另外,鞋袜大小要适宜,且完好无损,鞋袜不可当众脱下,袜口不可暴露于外,否则既缺乏品位又失之于礼。

4. 套裙穿着的禁忌

职业女性着套裙应注意以下禁忌:

一是忌穿黑色皮裙;二是正式的场合不可光腿穿裙子;三是袜子不能出现残破;四是裙、鞋、袜不搭配;五是不能出现"三截腿"(即穿半截裙时,穿半截袜,中间还露出一截腿)。

（四）酒店从业者着装的基本要求

1. 在工作岗位上要穿制服

酒店从业者上班在岗必须穿制服，这是一般的行业要求。制服外衣、衬衫、鞋袜要配套，要注意整洁美观。酒店从业者穿上醒目的制服，不仅是对宾客的尊重，而且有助于宾客辨认，同时穿着者有一种职业的自豪感、责任感和可信度，是敬业、乐业在服装上的体现。

2. 穿制服要佩戴工号牌

酒店从业者穿制服必须佩戴工号牌，工号牌一般佩戴在左胸上方。

3. 制服要整齐挺括

制服必须合身，注意四长（即袖至手腕、衣至虎口、裤至脚面、裙至膝盖）、四围（领围以插入一指大小为宜，上衣的胸围、腰围及裤裙的臀围以穿一套羊毛衣裤松紧适宜为宜）；内衣不能外露；不挽袖卷裤；不漏扣、不掉扣；领带、领结与衬衫领口的吻合要紧凑且不系歪；衣裤不起皱，穿前烫平，穿后挂好。做到上衣平整、裤线笔直，款式简练、高雅，线条自然流畅，以便于从事服务工作。

4. 制服应注意整洁

制服的美观整洁既突出了从业者的精神面貌，也反映了酒店的管理水平和卫生状况。穿制服要特别注意领子和袖口的洁净，做到衣裤无油渍、污垢、异味。如果所穿的制服又脏又皱，就会引起宾客的反感，使宾客产生不好的联想，对于一些习惯于用制服是否整洁来判断整个服务水准的宾客来说，制服平整洁净的意义显得尤为重要。

5. 鞋袜须合适

鞋是制服的一部分。每天应当把皮鞋擦得干净、光亮，破损的鞋子应及时修理或调换。通常，男员工的袜子应与鞋子的颜色和谐，以黑色、深灰色最为普遍；女员工应穿与肤色相近的丝袜，袜口不要露在裤子或裙子外边。

6. 注意职场着装的禁忌

根据酒店职业礼仪的基本规定，从业者身着制服上岗时要使之显示自己文明高雅的气质，主要是避免6个方面的禁忌：一是过分杂乱；二是过分鲜艳；三是过分暴露；四是过分透视；五是过分短小或肥大；六是过分紧身。

课外资料 2-5

中山装的寓意

中山装被称为中国"国服"，一直被认为是中式传统礼服的代表。如图 2-9 所示。

中山装前面四个贴袋分别意味着"礼""义""廉""耻"，五粒纽扣具有"行政""立法""司法""考试""监察"之含义。袖口的三粒纽扣则象征着"民族""民权""民生"。这种服装融合了中国传统的观念和现代民主理念而产生。它充分体现了中国人办事时中庸、庄重、内向、严谨的态度。

（资料来源：徐辉.现代商务礼仪.北京：清华大学出版社，2014）

图 2-9　中山装

评估练习

1. 酒店从业者仪容仪表的总体要求有哪些?
2. 酒店从业者着装的基本要求有哪些?
3. 请简述酒店从业者的仪容与化妆礼仪规范。
4. 请简述男士西装和女士套裙的穿着要求。
5. 酒店从业者饰品佩戴的要求有哪些?

第二节 仪态礼仪

教学目标

1. 掌握站姿、坐姿、走姿、蹲姿的正确做法。
2. 掌握各种礼仪手势的使用规范,并能熟练运用。
3. 掌握礼貌注视与微笑的规范要求。
4. 熟悉酒店从业者的"界域"要求。
5. 了解仪态的含义。

良好的礼仪风范包括一个人的外表和行为举止,除修饰和着装之外,就是形体语言了,它反映了人的动作和举止,具体包括姿态、体态、手势及面部表情等。俗话说:"坐有坐相,站有站相,走有走相。"在社交场合,仪态举止相当重要。对于酒店行业来说,姿态不雅观就是对别人的不尊重,所以,酒店从业者不可忽视任何细枝末节。这里主要谈谈关于举止仪态的礼节要求。

一、仪态的含义

仪态,是指一个人举止的姿态和风度。

姿态是指一个人身体显现出来的样子,如站立、行走、弓身、就座、眼神、手势、面部表情等。而风度则是一个人内在气质的外在表现。人的内在气质包括许多内容,如道德品质、学识修养、社会阅历、专业素质与才干、个人情趣与爱好、专长等。它主要是通过人的言谈举止、动作表情、站姿、坐相、走态及眼神及服饰装扮等体现出来的。

仪态属于人的行为美学范畴。它既依赖于人的内在气质的支撑,同时又取决于个人是否接受过规范和严格的体态训练。在人际沟通与交往过程中,它用一种无声的体态语言向人们展示出一个人道德品质、礼貌修养、人文学识、文化品位等方面的素质与能力。仪态的美丑,往往还是鉴别一个人是高雅还是粗俗、是严谨还是轻浮的标准之一。仪态的许多方面,不仅是待人接物、为人处世的礼节规范要求,同时它也将一个人的风度尽显其中。所以,酒店从业者无论在工作岗位,还是在社交场合,都应注重仪态美。

二、酒店从业者仪态的基本要求

（一）站姿

站姿是生活中最基本的造型动作。可以说,站姿是一个人所有姿态的根本,如果站姿不标准,其他姿势便谈不上优美。

1. 站姿的基本要求

规范的站姿,一般有如下要求:

头正,两眼平视前方,嘴微闭,收颌梗颈,表情自然,稍带微笑。

肩平,两肩平正,微微放松,稍向后下沉。

臂垂,两肩平整,两臂自然下垂,中指对准裤缝。

躯挺,胸部挺起,腹部往里收,腰部正直,臀部向内向上收紧,身体重心在两脚上。

腿并,两腿立直,贴紧,脚跟靠拢,两脚夹角成60°。

正确的站立能够帮助呼吸和改善血液循环,减轻身体疲劳。酒店从业者基本都是站立服务,更应注意站姿。

2. 站姿步位

常见的站姿步位有以下四类:

一是V字步,膝和脚跟靠紧,脚掌分开呈"V"字形,两脚夹角成60°。这种步位为通用步位,男女都可以采用。二是丁字步,两脚尖向外略展开,双脚呈丁字站立,身体重心在两脚上;右脚在前,右脚跟靠于左脚内侧为右丁字步;左脚在前,左脚脚跟靠右脚内侧为左丁字步。这种步位适用于女性。三是平行式,男子站立时,可以两腿分开,两脚平行,比肩宽略窄些。四是前屈膝式,女子站立时可把重心放在一只脚上,另一只脚超过前脚斜立且略弯曲。

3. 站姿手位

常见的站姿手位有以下三类:

一是叉手,即右手搭在左手上贴近于腹部。二是背手,即右手搭在左手上贴近于臀部。三是背垂手,即一手背于身后,另一手在体侧自然下垂。这种手位在酒店服务工作中较为常用,通常是左手背于身后,右手用来操作,如托盘、斟酒、做"请"的手势等。

4. 站姿禁忌

对酒店从业者来说,站立时最忌讳以下动作:

(1) 东倒西歪。

工作时东倒西歪,站没站相,坐没坐相,很不雅观。

(2) 耸肩勾背。

耸肩勾背或者懒洋洋地倚靠在墙上或椅子上,这些将会破坏自己和酒店的形象。

(3) 双手乱放。

将手插在裤袋里,随随便便,悠闲散漫,这是不允许的。双手交叉抱在胸前,这种姿势容易使客人有受压迫之感,倘若能将手臂放下,两手相握在身前,立刻就能让对方感受轻松舒适多了。另外,双手抱于脑后、双肘支于某处、双手托住下巴也是不可以的。

（4）脚位不当。

人字步、蹬踏式、双腿大叉都是不允许的。

（5）做小动作。

下意识地做小动作，如摆弄打火机、香烟盒，玩弄衣服、发辫，咬手指甲等，这样不但显得拘谨，还会给人以缺乏自信的感觉，有失仪态的庄重。

5．站立姿势的练习

把身体背着墙站好，使你的后脑、肩、臀部及足跟均能与墙壁紧密接触，这说明你的站立姿势是正确的，假若某一部位无法接触，那就是你的站立姿势不正确。

（二）坐姿

所谓坐有坐相，是指坐姿要端正。优美的坐姿让人觉得安详舒适，而不是一副懒洋洋的模样。

1．坐姿的基本要求

坐姿大有讲究。中国古代就有端坐、危坐、斜坐、跪坐和盘坐之分。现代没有太多的讲究，但是坐正是非常必要的。正确的坐姿从医学角度来说有利于健康；从交际角度来讲，有利于个人的形象；从礼仪角度来讲，是对自己和别人的尊重。

人正确的坐姿，在其身后没有任何倚靠时，上身应正直而稍向前倾，头平正，两肩放松，下巴向内收，脖子挺直，胸部挺起，并使背部与臀部成一直角，双膝并拢，双手自然地放在双膝上，或放在椅子上。这样显得比较精神，但不宜过于死板、僵硬。背后有倚靠时，在正式社交场合里，也不能随意地把头向后仰靠，显出很懒散的样子。

2．女士坐姿

常见的女士优美坐姿主要有以下几类：

（1）标准式。

轻缓地走到座位前，转身后两脚成小丁字步，左前右后，两膝并拢的同时上身前倾，向下落座。如果穿的是裙装，在落座时要用双手在后边从上往下把裙子拢一下，以防坐出皱褶或因裙子被打折坐住，而使脚部裸露过多。坐下后，上身挺直，两肩平正，两肩自然弯曲，两手交叉叠放在两腿中部，并靠近小腹。两膝并拢，小腿垂直于地面，两脚保持小丁字步。

（2）前伸式。

在标准式坐姿的基础上，两小腿向前伸出一脚的距离，脚尖不要翘起。

（3）前交叉式。

在前伸式坐姿的基础上，右脚后缩，与左脚交叉，两踝关节重叠，两脚尖着地。

（4）屈直式。

右脚前伸，左小腿屈回，大腿靠紧，两脚前脚掌着地，并在一条直线上。

（5）后点式。

两小腿后屈，脚尖着地，双膝并拢。

（6）侧点式。

两小腿向左斜出，两膝并拢，右脚跟靠拢左脚内侧，右脚掌着地，左脚尖着地，头和身躯向左斜。注意：大腿小腿要成90°，小腿要充分伸直，尽量显示小腿长度。

(7) 侧挂式。

在侧点式的基础上，左小腿后屈，脚绷直，脚掌内侧着地，右脚提起，用脚面贴住左踝，膝和小腿并拢，上身右转。

(8) 重叠式。

重叠式也叫"二郎腿"或"标准式架腿"。在标准式的基础上，两腿向前，一条腿提起，脚窝落在另一条腿的膝关节上边。注意：上边的腿向内收，贴住另一条腿，脚尖向下。重叠式还有正身、侧身之分，手部也可交叉、托肋、扶把手等多种变化。

"二郎腿"一般被认为是一种不严肃、不庄重的坐姿，尤其是女子不宜采用。其实，这种坐姿常常被采用，因为只要注意上边的小腿往回收、脚尖向下这两个要求，此坐姿不仅外观优美文雅，大方自然，富有亲切感，而且还可以充分展示女子的风采和魅力。

3．男士坐姿

常见的男士坐姿主要有以下几类：

(1) 标准式。

上身正直上挺，双肩平正，两手放在两腿或扶手上，双膝并拢或双膝分开不超过两肩，小腿垂直地落在地面。

(2) 前伸式。

在标准式坐姿的基础上，两小脚前伸一脚的长度，左脚向前半脚，脚尖不要翘起。

(3) 前交叉式。

小腿前伸，两脚踝部交叉。

(4) 屈直式。

左小腿回屈，前脚掌着地，右脚前伸，双膝并拢。

(5) 斜身交叉式。

两小腿交叉向左斜出，上体向右倾，右肘放在扶手上，左手扶把手。

(6) 重叠式。

右腿叠在左腿膝上部，右小腿内收、贴向左腿，脚尖自然地向下垂。

4．坐姿注意事项

(1) 入座轻缓，起座稳重。入座时走到座位前再转身，转身后右脚略向后退，轻稳入座。着裙装的女士入座时，应将裙子向前拢一下；站立时，右脚先向后收半步，然后站起。

(2) 女子落座双膝必须并拢，双手自然弯曲放在膝盖和大腿上。如坐在有扶手的沙发上，男士可将双手分别搭在扶手上，而女士最好只搭一边，以示高雅。

(3) 不要坐满椅子。无论坐在椅子或沙发上，最好不要坐满，只坐椅子的一半或三分之二，注意不要坐在椅子边上，在餐桌边，注意膝盖不要顶着桌子。

(4) 切忌脚尖朝天。最好不要随意跷二郎腿，即使跷二郎腿，也不要跷得太高、脚尖朝天。这在泰国会被人认为是有意将别人踩在脚下，是一种盛气凌人的侮辱性举止。

(5) 切忌坐下后身体前俯后仰、东倒西歪。

(6) 双手应在身前，有桌时置于其上，不可置于桌下。忌手夹于两腿间或双手抱在腿上。

(7) 坐立时,腿部不可上下抖动,左右摇晃。
(8) 忌双脚直伸出去或将脚放上桌椅。
(9) 忌以手触摸脚部或以脚自脱鞋袜。

(三) 走姿

走姿属于动态。美的步态能够折射出一个人良好的个性和精神状态,反映出一种积极向上的情感。

1. 走姿的基本要求

规范的走姿,一般的要求有:上身挺直,双肩平稳,目光平视,下颌微收,面带微笑。挺胸、收腹,使身体略微上提。手臂伸直放松,手指自然弯曲,双臂自然摆动。摆动时,以肩关节为轴,上臂带动前臂,双臂前后摆动时,摆幅以 30°~35°为宜,肘关节略弯曲,前臂不要向上甩动。步幅不要太大,跨步时两脚间的距离适中,以一个脚长为宜,步速保持相对稳定,既不要太快,也不能太慢,一般以每分钟 60~100 步为宜。

2. 穿酒店职业装的走姿要求

(1) 穿西装的走姿要求。

西装以直线为主,应当走出穿着者的挺拔、优雅的风度。穿西装时,后背保持平正,两脚立直,走路的步幅可略大些,手臂放松伸直摆动,手势简洁大方。行走时男士不要晃动,女士不要左右摆髋。

(2) 西装套裙的走姿要求。

西装套裙多以半长筒裙与西装上衣搭配,所以着装时应尽量表现出这套职业装的干练、洒脱的风格特点,这套服装要求步履轻盈、敏捷、活泼,步幅不宜过大,可用稍快的步速节奏来调和,以使走姿活泼灵巧。

(3) 穿旗袍的走姿要求。

旗袍作为东方晚礼服的杰出代表,在世人眼里拥有着经久不衰的美丽。所以,酒店行业通常将其作为迎宾、引位或者中式宴会厅的职业服装。着这款服装,最重要的是要表现出东方女性温柔、含蓄的柔美风韵,以及身材的曲线美。所以穿旗袍时要求身体挺拔,胸微含,下颌微收;塌腰撅臀是着旗袍的大忌。旗袍必须搭配高跟或中跟皮鞋才走得出这款服装的韵味。行走时,走交叉步直线,步幅适中,步子要稳,双手自然摆动,髋部可随着身体重心的转移,稍有摆动,但上身绝不可跟着晃动。总之,穿旗袍应尽力表现出一种柔和、妩媚、含蓄、典雅的东方女性美。

另外,女士在正式场合经常穿着黑色高跟鞋,行走要保持身体平衡。具体做法是:直膝立腰、收腹收臀、挺胸抬头。为避免膝关节前屈导致臀部向后撅的不雅姿态,行走时一定要把踝关节、膝关节、髋关节挺直,只有这样才能保持挺拔向上的形体。行走时步幅不宜过大,每一步要走实、走稳,这样步态才会有弹性并富有美感。

3. 走姿的注意事项

(1) 切忌身体摇摆。

行走时切忌晃肩摇头,上体左右摆动,给人以庸俗、无知和轻薄的印象,脚尖不要向内或向外,晃着"鸭子"步,或者弯腰弓背,低头无神,步履蹒跚,给人以压抑、疲倦、老态龙钟的感觉。

(2) 双手不可乱放。

工作时,男女走路的时候,不可把手插在衣服口袋里,尤其不可插在裤袋里,也不要叉腰或倒背着手,因为这样不美观,走路时,两臂前后均匀随步伐摆动。

(3) 目光注视前方。

走路时眼睛注视前方,不要左顾右盼,不要回头张望,不要老是盯住行人乱打量,更不要一边走路,一边指指点点地对别人评头论足,否则,不仅有伤大雅,而且不礼貌。

(4) 脚步干净利索。

走路脚步要干净利索,有鲜明的节奏感,不可拖泥带水,抬不起脚来,也不可重如打锤,震得发出响声。

(5) 有急事莫奔跑。

如果碰到有急事,可以加快脚步,但切忌奔跑,特别是在楼里。

(6) 同行不要排成行。

几个人在一起走路时,不要勾肩搭背,不要拍拍打打。多人在一起走的话,不要排成行。

(7) 走路要用腰力。

走路时腰部松懈,会有吃重的感觉,不美观,拖着脚走路,更显得难看。走路的美感产生于下肢的频繁运动与上体稳定之间所形成的对比和谐,以及身体的平衡对称。要做到出步和落地时脚尖都正对前方,抬头挺胸,迈步向前。女士穿裙子时要走成一条直线,使裙子下摆与脚的动作显出优美的韵律感。

4. 走姿的练习

走姿可以采用头顶书本走路的方法来练习。这对于走路时喜欢低头看地、头部歪向一方、肩膀习惯前后晃动的人,是一种很好的纠正。

(四) 蹲姿

在拿取低处的物品或拾起落在地上的东西时,不要弯上身、翘臀部,要使用蹲和屈膝动作。具体做法是脚稍分开,站在所取物品的旁边,蹲下屈膝去拿,而不要低头,也不要弓背,要慢慢地把腰部低下。

一般而言,女子下蹲时,左脚在前,右脚稍后,两腿靠紧,向下蹲。因为女子多穿裙子,所以两腿要靠紧。男子下蹲时,左脚全脚着地,小腿基本垂直于地面,右脚脚跟提起,脚掌着地。右膝低于左膝,右膝内侧靠于左小腿内侧,形成左膝高右膝低的姿态,臀部向下,基本上以右腿支撑身体。

另外,交叉式蹲姿也是女子经常用到的一种蹲姿。如集体合影前排需要蹲下的时候,女性可以右脚在前,左脚在后,右小腿垂直于地面,全脚着地。左膝由后面伸向右侧,左脚跟抬起,脚掌着地。两腿靠紧,合理支撑身体。臀部向下,上身稍前倾。

需要特别注意的是,下蹲时无论采取哪种蹲姿,都应掌握好身体的重心,避免在客人面前出现滑倒的尴尬局面。

三、礼仪手势

手是传情达意最有力的辅助工具,正确适当地运用手势,可以增强感情的表达。手势是酒店服务工作中必不可少的一种体态语言,酒店从业者手势的运用应当规范适度,且符合礼仪。有的酒店从业者在服务过程中,表现出手势运用不规范、不明确,动作不协调,寓意含混等现象,给宾客留下漫不经心、不认真、员工素质不高等印象。

(一)手势的规范标准

五指伸直并拢,掌心向斜上方,腕关节伸直,手与前臂形成直线,以肘关节为轴,肘关节既不要成90°直角,也不要完全伸直,弯曲140°左右为宜,手掌与地面基本上形成45°。

手势不能使用过多,也不能摆动幅度过大。使用手势时的动作规律是:欲扬先抑,欲左先右,欲上先下,运用手势的曲线宜软不宜硬,速度不要太快,要注意手势与面部表情和身体其他部位动作的配合,才能真正体现出尊重和礼貌。一般认为:掌心向上的手势有一种诚恳、尊重他人的含义;掌心向下的手势意味着不够坦率、缺乏诚意等;伸出手指来指点是为了引起他人的注意,但有教训人的意味。因此,在引路、指示方向等时,应注意手指自然并拢,掌心向上,以肘关节为支点,指示目标,切忌伸出食指来指点。

(二)酒店服务工作中的常用礼仪手势

酒店从业者常用的礼仪手势及具体做法有如下几种:

1. "请进"手势

引导客人时,接待人员要言行并举。首先轻声地对客人说"您请",然后可采用"横摆式"手势,五指伸直并拢,手掌自然伸直,手心向上,肘稍弯曲,腕低于肘。以肘关节为轴,手从腹前抬起向右摆动至身体右前方,不要将手臂摆至体侧或身后。同时,脚站成右丁字步。头部和上身微向伸出手的一侧倾斜,另一手下垂或背在背后,目视宾客,面带微笑。

2. 前摆式

如果右手拿着东西或扶着门,要向宾客作向右"请"的手势时,可以用"前摆式",五指并拢,手掌伸直,由身体一侧由下向上抬起,以肩关节为轴,手臂稍曲,到腰的高度再由身前向右方摆去,摆到距身体5厘米,在不超过躯干的位置时停止。目视来宾,面带微笑,也可双手前摆。

3. "请往前走"手势

为客人指引方向时,可采用"直臂式"手势,五指伸直并拢,手心斜向上,曲肘由腹前抬起,向应到的方向摆去,摆到肩的高度时停止,肘关节基本伸直。应注意在指引方向时,身体要侧向来宾,眼睛要兼顾所指方向和来宾。

4. "请坐"手势

接待来宾并请其入座时采用"斜摆式"手势,即要用双手扶椅背将椅子拉出,然后左手或右手屈臂由前抬起,以肘关节为轴,前臂由上向下摆动,使手臂向下成一斜线,表示请来宾入座。

5. "诸位请"手势

当来宾较多时,表示"请"可以动作大一些,采用"双臂横摆式"。两臂从身体两侧向前上方抬起,两肘微曲,向两侧摆出。指向前方向一侧的臂应抬高一些,伸直一些,另一手稍低一些,曲一些。

6. "介绍"手势

自我介绍时应用手掌轻按自己的左胸,这样会显得端庄、大方、可信。为他人作介绍时,手势动作应文雅。无论介绍哪一方,都应手心朝上,手背朝下,四指并拢,拇指张开,手掌基本上抬至肩的高度,并指向被介绍的一方,面带微笑。在正式场合,不可以用手指指点点或去拍打被介绍一方的肩和背。

7. 鼓掌

鼓掌时,用右手掌轻击左手掌,表示喝彩或欢迎。指尖向上的手势表示诚意、尊重他人,指尖向下的手势意味着不够坦诚、缺乏诚意等。

8. 递接物品

递物者要主动走近接物者。递接物品时,双方均应目视对方,身体微微前倾,用双手递接。另外,递物者要适当考虑手持物品的方式是否方便对方接拿。

四、控制"界域"

所谓"界域",即交往中相互距离的确定,它主要受到双方关系状况的决定、制约,同时也受到交往的内容、交往的环境以及不同文化、心理特征、性别差异等因素影响。人总生活在一定空间中,要求保持自我的独立性,不受他人侵犯。因此交往双方要有意识地维持相应的交往距离。

(一)人际交往中的"界域"

美国西北大学人类学教授爱德华·T.霍尔博尔博士在他的"人体近身学"中提出了广为人知的四个界域:亲密距离、个人距离、社交距离、公众距离。

1. 亲密距离

亲密距离在15厘米之内或在15~46厘米,是人际交往的最小距离,适于至朋、夫妻和恋人之间拥抱、搂吻,不适宜在社交场合、大庭广众面前出现,故也被称为人际交往中的"禁忌距离"。

2. 个人距离

个人距离近段在46~76厘米,适合握手、相互交谈,其远段在76~120厘米,普遍适用于公开的社交场合,这段距离可以使别人自由进入这个空间交往。

3. 社交距离

社交距离主要适合于礼节性或社交性的正式交往。其近段为1.2~2.1米,多用于商务洽谈、接见来访或同事交谈等。远段在2.1~3.6米,适合于同陌生人进行一般性交往,也适合领导同下属的正式谈话、高级官员的会谈及较重要的贸易谈判。

4. 公众距离

公众距离近段在3.6~7.6米,远段则在7.6米以外,它适合于做报告、演讲等场合。

(二)酒店从业者的"界域"

酒店从业者的服务工作总是在一定的空间中进行的,要实现与客人的礼貌交往,应有一个恰当的交往空间,即交往距离。所以,酒店从业者与客人保持适度的服务与交往距离是十分必要的。心理学实验表明,人际距离过大,容易使人产生疏远之感;人际交往距离过小,则又会使人感到压抑或被冒犯。酒店从业者应当根据不同的工作内容、工作场合和服务对象等具体情况来把握好与客人之间的距离。

1. 服务距离

服务距离是酒店从业者与客人之间所保持的一种最常规的距离。它主要适用于酒店从业者应客人的请求,为其直接提供服务之时。在一般情况下,服务距离以 0.5~1.5 米为宜。

2. 展示距离

展示即在客人面前进行操作示范,以使客人对服务项目有更直观、更充分、更细致的了解。展示距离以 1~3 米为宜。

3. 引导距离

引导距离是酒店从业者在为客人带路时彼此间的距离。根据惯例,在引导时,酒店员工行进在客人左前方 1.5 米左右为宜。

4. 待命距离

待命距离特指酒店从业者在客人尚未传唤要求自己为之提供服务时,与对方自觉保持的距离。在正常情况下,应当是在 3 米之外,只要服务对象视线所及,可以看到自己即可。

5. 信任距离

信任距离是指酒店从业者为了表示自己对客人的信任,同时也为了使客人浏览、斟酌、选择或体验更为专心致志而采取的一种距离,即离开对方而去,从对方的视线中消失。采取此距离时必须注意:一是不要躲在附近,似乎是在暗中监视客人;二是不要一去不返,让客人在需要帮助时根本找不到人。

6. 禁忌距离

禁忌距离主要指酒店从业者在工作岗位上与客人之间应当避免出现的距离。其特点是双方身体相距过近,甚至有可能直接发生接触,即小于 0.5 米。这种距离,一般只出现于关系极为亲密的人之间。

酒店从业者的日常服务一般适用于"社交距离",这样才符合从业者和宾客的心理需要。有柜台的服务,从业者与客人之间可以保持柜台间的距离,不能距离太远。无柜台的服务,近段距离可以保持在 1.2 米左右,远段距离可以在 3.6 米左右,太近或太远都是不礼貌的服务。在宾客用餐时,餐厅值台等应在客人 1.5 米以外,太近了影响客人的进餐和谈话的雅兴。客房服务人员在进入客人的房间铺床、清扫、送茶等,应注意不要离客人太近,以免让人觉得你轻浮,以至于产生误解。

五、礼貌注视

眼睛是人类面部的感觉器官之一,最能有效地传递信息和表情达意。酒店从业者在社交活动中,眼神运用要符合一定的礼仪规范,以免被人视为无礼,给人留下坏的印象。

(一)人际交往中的注视范围及时间

与人交谈时,目光应该注视着对方,但应使目光局限于上至对方额头、下至对方衬衣的第二粒纽扣以上、左右以两肩为准的方框中。在这个方框中,一般有三种注视方式:

一是公务注视,一般用于洽谈、磋商等场合,注视的位置在对方的双眼与额头之间的三角区域。二是社交注视,一般在社交场合使用,如舞会、酒会,位置在对方的双眼与嘴唇之间的三角区域。三是亲密注视,一般在亲人之间、恋人之间、家庭成员等亲近人员之间使用,注视的位置在对方的双眼和胸部之间。

与人交谈时,注视对方时间的长短应当尽量控制在总交谈时间三分之一长。

(二)人际交往中的注视角度

在工作中,既要方便服务工作,又不至于引起客人的误解,就需要有正确的注视角度。

一是正视对方。也就是在注视客人的时候,与之正面相向,同时还须将身体前部朝向对方。正视对方是交往中的一种基本礼貌,其含义表示重视对方。

二是平视对方。在注视客人的时候,目光与对方相比处于相似的高度。在服务工作中平视服务对象可以表现出双方地位平等和不卑不亢的精神面貌。

三是仰视对方。在注视客人的时候,本人所处的位置比对方低,就需要抬头向上仰望对方。在仰视对方的状况下,往往可以给对方留下信任、重视的感觉。

四是兼顾对方。在工作岗位上,为互不相识的多位客人服务时,需要按照先来后到的顺序对每个客人多加注视,又要同时以略带歉意、安慰的眼神环视等候在身旁的客人。巧妙地运用这种兼顾多方的眼神,可以对每一位客人给予兼顾,表现出善解人意的优秀服务水准。

六、微笑训练

微笑是没有国籍的语言,是社交场合最富有吸引力、最有价值的面部表情。它表现着人际关系中友善、诚信、谦恭、和蔼、融洽等最为美好的感情因素,所以它已成为各国宾客都理解的心理性"语言"。

"你今天对顾客微笑了没有?"美国著名的希尔顿旅馆的董事长唐纳德·希尔顿经常这样问下属。"无论旅馆本身遭遇的困难如何,希尔顿旅馆服务员脸上的微笑永远是属于旅客的阳光。"

自称"微笑之邦"的泰国,一切服务工作都是在微笑中进行的。正是由于拥有微笑这一服务制胜的法宝,泰国的东方大饭店才多次在世界十佳酒店评比中名列榜首,成为酒店服务行业的一面旗帜。

总之,微笑是无形的资本,是生意兴隆的法宝,是搞好优质服务的基本保证。

(一)微笑的内涵

1. 微笑是一种内心愉悦的表达方式

人的面部表情通常是其内心情感和情绪的"温度计"或"晴雨表"。面带微笑的表情,则表示你对周围人与事的欢迎和接纳,这种表情同样也会感染和影响对方的心情与情绪,这就是微笑的真正魅力所在。

2. 微笑可以给对方良好的第一印象

心理学家研究表明,在交往中热情的微笑会给对方留下最深刻美好的印象,并对以后的交往产生重要的影响。因为初次交往是在互不了解的情况下进行的,真诚的微笑、礼貌的语言、规范的举止和良好的仪容仪表等都会给对方留下深刻的印象。其中,自然大方的微笑是表达对他人真诚、友善、尊重的重要因素。

3. 微笑是自信的象征

从容自定,遇险不惊,用微笑面对困难,冷静处之,可能麻烦就会在你的自信心面前迎刃而解。

4. 微笑表达着一种友好与关爱

能够与别人相处得很融洽,往往是经常保持微笑的结果。因为在别人面前,和蔼可亲的笑容,易于接近别人也容易被别人亲近。所以,微笑能融洽、营造和谐、祥和的气氛,减少不愉快的怨气和争斗,使人与人之间的心灵相近。

5. 微笑是一种公关策略

人际关系网络的建立,需要公关人员获得较高的人际吸引率,而这种人际吸引率的获得除了需要一定的专业知识、较强的语言沟通协调能力及自我形象包装以外,很重要的一点,就是要充分利用微笑所具有的人际关系的"黏合力",使自己尽快地获得对方的认可和信任。

(二)微笑服务的"九个一样"

微笑服务要始终如一,人人重视,要坚持在接待服务的全过程各个环节,落实到每个酒店从业者身上,应做到九个一样,即领导在场不在场一个样;内宾外宾一个样;本地客与外地客一个样;生客熟客一个样;大人、小孩一个样;生意大小一个样;买与不买一个样;购物与退货一个样;主观心境好坏一个样。

"九个一样"体现了对客人要一视同仁,服务工作一定要遵循"优先为先到的客人服务"(First come, first served)的原则。对年轻美貌的女客人、老年客人、白人、黑人,都应当一视同仁。厚此薄彼最易引起客人的反感,而且违反了酒店从业者应有的职业道德。

(三)如何正确运用微笑

1. 掌握好微笑的要领

微笑的基本做法是不发声,肌肉放松,嘴角两端向上略微提起,面含笑意,露八颗牙齿,使人如沐春风。

2. 注意整体的配合

微笑应当与仪表和举止相结合。站立服务,双脚并拢,双手相握于前身或交叉于背后,右手放在左手上,面带微笑,亲切、自然、神气。

3. 力求表里如一

训练微笑,首先要求微笑发自内心,发自肺腑,无任何做作之态,防止虚伪的笑。只有笑得真诚,才显得亲切自然,与你交往的人才能感到轻松愉快。

4. 适当借助技术上的辅助

微笑可进行技术性训练。

第一步:念"一"。因为人们微笑时,口角两端向上翘起。所以,练习时,为使双颊肌肉向上抬,口里可念着普通话的"一"字音,用力抬高口角两端,但注意下唇不要用力太大。

第二步:口眼结合。眼睛会"说话",也会"笑",如果内心充满温和、善良和厚爱,那笑容一定非常感人,而勉强笑是不美的。要学会用眼睛的笑容与顾客交流。眼睛的笑容,一是"眼形笑",二是"眼神笑",这也是可以练习的:取一张厚纸遮住眼睛下边部位,对着镜子,心里想着最使你高兴的情景,鼓动起双颊,嘴角两端做出微笑的口型。这时,你的眼睛便会露出自然的微笑,然后再放松面肌,嘴唇也恢复原样,可目光仍含笑脉脉,这是眼神在笑。学会用眼神的笑与客人交流,这样的微笑才会更传神亲切。

第三步:笑与语言结合。微笑地说"早上好""您好""欢迎光临"等礼貌用语。

日本航空公司的空中小姐,只微笑这一项,就要训练半年。可见,滴水穿石非一日之功。每个酒店从业者都可以在清晨起床后对着镜子冲自己来一个动人的微笑,念一声"一",这不仅可作为一天的良好开端,也可以琢磨怎样的微笑才使客人看了舒服。另外,时时保持健康愉悦的心情,遇到烦恼勿发愁,以乐观的态度正确对待,这样才会笑得甜美,笑得真诚。同时,把自己比作一名出色的演员,当你穿上制服走进岗位时,要清醒地意识到自己已进入角色,进入工作状态,生活中的一切喜怒哀乐全抛开了。

总之,微笑服务是对由语言、动作、姿态、体态等方面构成的服务态度的更高要求,它既是对客人的尊重,也是对自身价值的肯定。它并不是一种形式,而关键是要建立起员工与顾客之间的情感联系,体现出宾至如归、温暖如春,从而让客人开心,让客人乐于再来,让酒店的竞争实力更上一层楼。

课外资料 2-6

希尔顿旅馆的成功之道

号称美国"旅馆之王"的希尔顿,是世界上非常有名气的酒店业者,是国际酒店的第一个管理者,也是最长久的一个。从 1919 年到 1976 年,57 年时间美国希尔顿旅馆从一家店扩展到 70 家,遍布世界五大洲的各大城市,成为全球最大规模的旅馆之一。希尔顿旅馆生意如此之好,财富增加得如此之快,其成功的秘诀之一,就在于服务人员微笑的魅力。

唐纳德·希尔顿于 1919 年把父亲留给他的 1.2 万美元连同自己挣来的 3000 美元投资出去,开始了他雄心勃勃的经营旅馆生涯。当他的资产从 1.5 万美元奇迹般地增值到 5100 万美元的时候,他欣喜自豪地把这一成就告诉母亲,想不到,母亲却淡然地说:"依我看,你跟以前根本没有什么两样……事实上你必须把握比 5100 万美元更值钱的东西:除了对顾客诚实之外,还要想办法使来希尔顿旅馆的人住过了还想再来住,你要想出这样的简单、容易、不花本钱而行之久远的办法去吸引顾客。这样你的旅馆才有前途。"

母亲的忠告使希尔顿陷入迷惘:究竟什么办法才能满足母亲指出的"简单、容易、不花本钱而行之久远"这四大条件呢?他冥思苦想,不得其解。于是他逛商店、串旅店,以自己作为一个顾客的亲身感受,得出了准确的答案——"微笑服务"。只有它才能实实在在地同时满足母亲提出的四大条件。

从此,希尔顿实行了微笑服务这一独创的经营策略。每天他对服务员说的第一句话是:"你今天对顾客微笑了没有?"他要求每个员工不论如何辛苦,都要对顾客投以微笑。

1930年西方经济危机全面爆发,美国经济萧条严重。在这一年,全美旅馆倒闭了80%。希尔顿的旅馆也一家接一家地亏损,曾一度负债50亿美元。困难时期,希尔顿并不灰心,而是充满信心地对旅馆员工说:"目前正值旅馆亏空靠借债度日时期,我决定强渡难关,我请各位记住,千万不可把愁云挂到脸上,无论旅馆本身遭遇的困难如何,希尔顿旅馆服务员脸上的微笑永远是属于顾客的阳光。"因此,经济危机中继续维持的20%旅馆,只有希尔顿旅馆服务员的脸上带着微笑。当经济萧条刚过,希尔顿旅馆就率先进入新的繁荣时期,跨入黄金时代。

(资料来源:张建国,杨福荣,金春球.服务礼仪.2版.北京:高等教育出版社,2015)

评估练习

1. 以3~5人为小组,开展仪态礼仪规范的练习,并相互指正。
2. 2人面对面进行微笑训练,互相指正。
3. 请简述酒店服务工作中的"界域"。

第三章

酒店从业者的礼貌语言艺术

筷落风波

春节期间,在某酒店多功能餐厅,众多的宾客在恭维台湾吴老先生来大陆投资,吴老先生神采飞扬,高兴地应承着这些祝贺的话。宾主频频碰杯,服务小姐忙进忙出,热情服务。

不料,过于周到的服务小姐不慎将桌上的一双筷子拂落在地。"对不起!"小姐忙道歉,随手从邻桌上拿过一双筷子,褪去纸包,搁在老先生的台上。

吴老先生的脸上顿时多云转阴,煞是难看,默默地注视着服务小姐的一连串动作,刚举起的酒杯一直停留在胸前。众人看到这里,纷纷指责服务小姐。

服务小姐很窘,一时不知所措。

吴老先生终于从牙缝里挤出了话:"晦气!唉,你怎么这么不当心,你知道吗?这筷子落地意味着什么?"他边说边瞪大眼睛:"落地即落第,考试落第,名落孙山,倒霉呀,我第一次在大陆投资,就这么讨个不吉利。"

服务小姐一听,更慌了,一个劲地说着"对不起",手足无措中又将桌上的小碗打碎在地。

服务小姐尴尬万分,虚汗浸背,不知如何是好,一桌人有的目瞪口呆,有的恼火万分,有的……

就在这时,一位女领班款款来到客人面前,拿起桌上的筷子,双手递上去,嘴里发出一阵欢快的笑声:"啊,吴老先生,筷子落地哪有倒霉之理,筷子落地,筷落,就是快乐,就是快快乐乐。"

"这碗吗,"领班一边思索,一边瞥了一眼服务小姐,示意她打扫碎碗。服务小姐顿时领悟,连忙收拾碎碗片。"碗碎了,这也是好事成双,我们中国不是有一句老话吗——岁岁平安,这是吉祥的兆头,应该恭喜您才是呢。您老这次回大陆投资,一定快乐,一定平安。"

刚才还阴郁满面的吴老先生听到这话,顿时转怒为喜,马上向服务小姐要了一瓶葡萄酒,亲自为女领班和自己各斟了满满一杯,站起来笑着说:"小姐,你说得真好!借你的吉言和口彩,我们大家快乐平安,为我的投资成功,来干一杯!"

(资料来源:王艳霞.旅游交际礼仪.2版.济南:山东大学出版社,2010)

辩证性思考

1. 吴老先生为什么发怒,又为什么转怒为喜?
2. 请谈谈服务语言对酒店服务质量有什么影响。

酒店服务与语言的关系密切,没有语言的服务被称为不完整的服务,因此,酒店从业者对语言知识了解程度的深浅和语言艺术水平的高低,将直接影响酒店服务水平。酒店礼貌用语是酒店从业者与顾客之间为了表达愿望、交流感情、进行交往和解决各种问题而使用的一种媒介和工具。它不仅是一个国家和民族文明程度的象征,更是酒店服务质量和服务水平高低的重要标志。酒店从业者能否掌握礼貌语言的应用艺术,既体现了其服务素质的高低,也关系着顾客对其所提供服务的满意程度。

第一节 礼貌用语

教学目标

1. 掌握酒店从业者礼貌用语的要求。
2. 掌握礼貌用语的应用形式。
3. 了解礼貌用语的概念与分类。

一、礼貌用语的概念

礼貌用语是服务性行业的从业者向客人表示意愿、交流思想情感和沟通信息的重要交际工具,是一种对客人表示友好和尊敬的语言。在酒店服务过程中,它具有体现礼貌和提供服务的双重特性,是酒店从业者完成服务工作的重要手段。

俗话说:"一句话使人笑,一句话使人跳。"这句话形象地概括了使用礼貌用语的作用和要求。酒店从业者要善于运用这一有用的交际工具。

二、礼貌用语的分类

一般来讲,礼貌用语可以分为敬语、谦语和雅语三类。

(一)敬语

敬语是表示尊敬和礼貌的语言,其最大的特点是彬彬有礼和热情庄重。使用敬语要注意区分场合,一般情况下,敬语主要在以下几种情况使用:一是比较正式的社交场合;二是与师长或身份、地位较高的人交谈时;三是与初次打交道或会见不太熟悉的人时;四是会议、谈判等公务场合;五是接待场合。

使用敬语可以使听话者直接感受到说话者对自己的尊敬和恭敬。如与对方交流时,以"请"字开头,"谢谢"收尾,"对不起"常挂在嘴边,常用"您"称呼身份、地位较高的人,等等。如"对不起,让您久等了""请问……""劳驾……"

(二) 谦语

谦语是表示谦虚友善的词语,其特点是尊重对方、委婉含蓄,常用商量式、征询式的语气表达。谦语具有广泛性,可以适用于各种场合,在酒店服务中,员工广泛使用谦语是沟通与宾客的思想感情、使交际活动顺利进行的重要途径。

谦语体现了"退让以敬人"的自谦精神,说话者通过自谦表示对听话者的敬意,它以敬人为先导,以退让为前提,是一种典型的礼仪待人的人际沟通方式。如称自己"愚"或"敝人",称自己的见解为"愚见"等。

酒店从业者要注意,在对客服务中禁止使用命令式的语气与宾客沟通,应多用类似"可不可以请您……""麻烦您……可以吗"等商量式的语气沟通。这样可以很好地体现对宾客的尊重,比较容易让人接受。

(三) 雅语

雅语是比较文雅的词语,其特点是和蔼可亲、温文尔雅,可以很好地体现说话者的文明素质。雅语一般适用于比较正规的场合、接待场合和有异性的场合。

雅语就是将双方都明白但不愿点破、不便直言的事用一种比较委婉、含蓄的方式表达。如接待宾客时,用"几位"代替"几个人",用"哪一位"代替"谁",用"贵姓"代替"你姓什么",用"不新鲜""有异味"代替"发霉""臭了",用"我去方便一下"或"去一趟洗手间"代替"去上厕所",用"需不需要加一些主食"代替"要不要饭",用"这件衣服不太适合您"代替"您穿这件衣服很难看",用"发福"代替"发胖",等等。雅语的使用不是机械的、固定的,需要根据不同场合、不同人物、不同时间灵活运用。

在人际交往中,广泛使用谦语和雅语是沟通与交往对象的思想感情、使交往活动顺利进行的有效手段。它既能使双方传达信息,同时又因为没有点破要表达的内容,所以一旦交往不顺利则容易"下台阶",如接待工作中,有宾客提了意见,我们一时难以给予准确的评价,则可以说"您提的意见是值得考虑的,多谢您的关心"。

三、礼貌用语的应用

(一) 迎送用语

迎送用语主要适用于服务人员在自己的工作岗位上欢迎或送别服务对象。具体而言,又可划分为欢迎用语与送别用语,二者分别适用于迎客之时和送客之际。

在服务过程中,服务人员不但要自觉地采用迎送用语,而且必须对于欢迎用语、送别用语一并配套予以使用,做到了这一点,才能使自己的礼貌待客有始有终。

1. 欢迎用语

欢迎用语又叫迎客用语,主要适用于顾客到来之时。最为常用的欢迎用语,主要有"欢迎光临""您好!很高兴见到您""希望您在我们酒店过得愉快"等。

一般而言,服务人员在使用欢迎用语时,应注意三点:一是使用欢迎用语时,通常应当一并使用问候语。二是顾客再次到来时,应以欢迎用语表明自己记得对方,以使对方产生被重视的感觉。具体做法是,在欢迎用语之前加上对方的尊称,或加上其他专用词。三是须同时向被问候者主动施以见面礼,如注目、点头、微笑等。

2. 送别用语

送别用语又叫告别用语,主要适用于送别他人之际。在使用送别用语时,经常需要服务人员同时采用一些适当的告别礼。最为常用的送别用语主要有"再见""慢走""走好""欢迎再来""一路平安""多多保重"等。

使用送别用语时,通常应注意以下两点:一是不要忘记使用送别用语。当服务对象因故没有消费时,服务人员更要一如既往地保持风度,千万不要在对方离去时默不作声。二是不要滥用送别用语。在有些特殊的服务部门里,有些送别语假如使用不当,会令人感到不甚吉利。例如,在医疗部门,对于病愈而去者,就不宜说什么"欢迎再来"。

(二)请托用语

请托用语通常指的是在请求他人帮忙或是托付他人代劳时,照例应当使用的专项用语。在工作岗位上,任何服务人员都免不了可能会有求于人。

1. 标准式请托用语

标准式请托用语的内容,主要就是一个"请"字。当服务人员向服务对象提出某项具体要求时,只要加上一个"请"字,如"请稍后""请让一下",往往更容易为对方所接受。

2. 求助式请托用语

这一形式的请托用语,最为常见的有"劳驾""拜托""打扰""借光"及"请关照"等。求助式请托用语往往是在向他人提出某一具体要求时,比如请人让路、请人帮忙、打断对方的交谈或者要求对方照顾一下自己时,才被使用。

3. 组合式请托用语

有些时候,服务人员在请求或托付他人时,往往会将标准式请托用语与求助式请托用语混合在一起使用,这便是所谓的组合式请托用语。"请您帮我一个忙""劳驾您替我扶一下这件东西""拜托您为这位大爷让一个座位"等,都是较为典型的组合式请托用语。

(三)致谢语

致谢用语又称道谢用语。在人际交往中,使用致谢用语,意在表达自己的感激之意。

对于服务人员来讲,在下列六种情况下,要及时使用致谢用语,向他人表示自己的感激之意:一是获得他人帮助时;二是得到他人支持时;三是赢得他人理解时;四是感到他人善意时;五是婉言谢绝他人时;六是受到他人赞美时。

1. 标准式致谢用语

标准式致谢用语通常只有一个词汇——"谢谢"。在任何需要致谢之时,均可采用这种致谢方式。在许多情况之下,如有必要,在采用标准式致谢用语向人道谢时,还可以在其前后加上尊称或人称代词,如"谢谢您"等。这样做,可以使其对象性更为明确。

2. 加强式致谢用语

有时,为了强化感谢之意,可在标准式致谢用语之前,加上某些副词,这就是所谓的加强式致谢用语。加强式致谢用语如果运用得当,往往会让人感动。最常见的加强式致谢用语有"十分感谢""万分感谢""多谢"等。

3. 具体式致谢用语

具体式致谢用语,一般是因为某一具体事宜而向人致谢。在致谢时,致谢的原因常常会被一并提及。例如"有劳您了""让您替我们费心了""上次给您添了不少麻烦"等。

(四)征询语

在服务过程之中,服务人员往往需要以礼貌的语言主动向服务对象进行征询。在进行征询之前,服务人员只有使用必要的礼貌语言,才会取得良好的反馈。征询用语,就是服务人员此时应当采用的标准礼貌用语。有时,它也叫询问用语。

服务人员在自己的岗位上遇到以下五种情况时,一般应当采用征询用语:一是主动提供服务时;二是了解对方需求时;三是给予对方选择时;四是启发对方思路时;五是征求对方意见时。

服务人员在具体使用征询用语时,务必把握好时机,并且还需兼顾服务对象态度的变化。

1. 主动式征询用语

主动式征询用语多适用于主动向服务对象提供帮助时。例如,"需要帮助吗?""我能为您做点儿什么?""您需要什么?"它的优点是节省时间,直截了当。缺点则是稍微把握不好时机的话,便会令人感到唐突、生硬。

2. 封闭式征询用语

封闭式征询用语多用于向服务对象征求意见或建议之时。它往往只给对方一个选择方案,以供对方及时决定是否采纳。例如,"您觉得这件东西怎么样?""您不来一杯咖啡吗?""您是不是很喜欢某种颜色?""您是不是想先来试一试?""您不介意我来帮助您吧?"

3. 开放式征询用语

开放式征询用语又称选择式征询用语,是指服务人员提出两种或两种以上的方案,以让对方有所选择。这样做往往意味着尊重对方。例如,"您需要这一种,还是那一种?""您打算预订雅座,还是预订散座?""这里有红色、黑色、白色三种,您比较喜欢哪一种颜色?"

(五)赞赏用语

赞赏用语主要是用于人际交往之中称道或者肯定他人之时。服务人员在工作岗位上对服务对象使用赞赏用语时,应做到少而精和恰到好处。

1. 评价式赞赏用语

评价式赞赏用语主要适用于服务人员对服务对象的所作所为,予以正面评价。经常采用的评价式赞赏用语主要有"太好了""真不错""对极了""相当棒"等。

2. 认可式赞赏用语

当服务对象发表某些见解之后,往往需要由服务人员对其做出评判。在对方的见解的确正确时,一般应作出认可。例如,"还是您懂行""您的观点非常正确"等。

3．回应式赞赏用语

回应式的赞赏用语，主要在服务对象夸奖服务人员之后，由后者回应对方之用。例如，"哪里""我做得不像您说的那么好""还是您技高一筹"等。

（六）祝贺语

在服务过程之中，服务人员往往有必要向服务对象适时地使用一些祝贺用语。在不少场合，这么做不但是一种礼貌，而且是人之常情。

1．应酬时的祝贺用语

在各种一般性的场合，它们往往被用来祝贺服务对象顺心如意。其具体内容往往各异，因此在使用它的时候，通常要求对方的心思多少有所了解。常见的应酬式祝贺用语主要有"祝您成功""祝您好运""一帆风顺""心想事成""身体健康""龙马精神""事业成功"等。

2．节庆式的祝贺用语

节庆式的祝贺用语主要在节日、庆典及对方喜庆之日使用。它的时效性极强，通常缺少不得。例如"节日愉快""活动顺利""仪式成功""新年好""周末好""假日愉快""春节快乐""生日快乐""新婚快乐""白头偕老""福如东海，寿比南山""旗开得胜，马到成功"等。

（七）推托语

推托或拒绝别人，也是一门艺术。在推托他人时，如果语言得体，态度友好，推托者往往便可以"逢凶化吉"，使被推托者的失望心理迅速淡化。反之，如果推托得过于冰冷、生硬，如直言"不知道""做不到""不归我管""问别人去""爱找谁找谁去"等，则很有可能令服务对象不快、不满，甚而怒发冲冠，酿成口角。

1．道歉式推托用语

道歉式推托用语，主要是指采用直接道歉的方式推托。当对方的要求难以被立即满足时，不妨直接向对方表示自己的歉疚之意，以求得对方的谅解。

2．转移式推托用语

所谓转移式推托用语，就是不具体地纠缠于对方所提及的某一问题，而是主动提及另外一件事情，以转移对方的注意力。例如"您不再要点别的吗？""这件东西其实跟您刚才想要的差不多""您可以去对面的酒店看一看"等。

3．解释式推托用语

解释式推托用语，就是要求在推托对方时，说明具体的缘由，尽可能地让对方觉得自己的推托合情合理。例如，"我们这里规定，不能乱开发票""我下班后需要休息，不能接受您的邀请"等。

四、酒店从业者礼貌用语要求

（1）遇到宾客要面带微笑，站立服务（坐着时应起立，不可坐着与客人说话），应先开口，主动跟客人问好打招呼，称呼要得当，以尊称开口表示尊重，以简单、亲切的问候及关照的短语表示热情。对于熟客要注意称呼客人的姓氏。招呼客人时可以谈一些适宜得体的话，但不可问一些客人不喜欢回答的问题。

(2) 与客人说话时宜保持 1 米左右的距离，要注意使用礼貌用语，注意"请"字当头，"谢"字不离口，表现出对客人的尊重。

(3) 对客人的话要全神贯注用心倾听，眼睛要望着客人面部（但不要死盯着客人），要等客人把话说完，不要打断客人的谈话。客人说话时，不要有任何不耐烦的表示，要停下手中的工作，眼望对方，面带笑容，要有反应。不要心不在焉，左顾右盼，漫不经心，无关痛痒，对没听清楚的地方要礼貌地请客人重复一遍。

(4) 对客人的问询应圆满答复，若遇不知道、不清楚的事，应查找有关资料或请示领导尽量答复客人，绝对不能以"不知道、不清楚"作回答。回答问题要负责任，不能不懂装懂，模棱两可，胡乱作答。

(5) 说话时，特别是客人要求我们服务时，要从言语中体现出乐意为客人服务，不要表现出厌烦、冷漠、无关痛痒的情况，应说"好的，我马上就来"，千万不能说"你怎么这么啰唆，你没看见，我忙着呢！"

(6) 在与客人对话时，如遇其他客人有事，应及时打招呼或请客人稍等，不能视而不见，无所表示，冷落客人。同时，要尽快结束谈话，招呼客人。如时间较长，应说"对不起，让你久等了"，不能一声不响就开始工作。

(7) 与客人对话态度要和蔼，语言要亲切，声调要自然、清晰、柔和，音量要适中，不要过高，也不要过低，以对方听清楚为宜，答话时迅速、明确。

(8) 当客人提出某项服务要求，我们一时满足不了时，应主动向客人讲清原因，并向客人表示歉意，同时要给客人一个解决问题的建议或主动联系相关人员解决，要让客人感到虽然问题一时难以解决，但受到了重视，并得到了应有的帮助。

(9) 在原则性或较敏感的问题上，态度要明确，但说话要大方、委婉、灵活，既不违反酒店规定，也要维护顾客的自尊心，切忌使用质问式、怀疑式、命令式、顶牛式的说话方法，杜绝蔑视语、嘲笑语、烦躁语、否定语、斗气语，要使用询问式、请求式、商量式、解释式的说话方式。比如，询问式可采用"请问……"，请求式可采用"请您协助……"，商量式可采用"……您看这样好不好？"，解决式可采用"这种情况，酒店的规定是这样的……"

(10) 打扰客人或请求客人协助的时候，首先要表示歉意，说"对不起，打扰您了。"对客人的帮助或协助，要表示感谢。接过客人的任何东西都要表示感谢，客人对我们感谢时，一定要回答"请别客气"。

(11) 对于客人的困难要表示关心、同情和理解，并尽力想办法解决。

(12) 如遇到某些问题与顾客有争议，可委婉解释或请上级处理，切不可与顾客争吵。另外，在对客服务中还要切记以下几点：三人以上对话，要用互相都懂的语言；不得模仿他人的语言；不得聚堆闲聊，大声讲、大声笑、高声喧哗；不高声呼喊另一个人；不得以任何借口顶撞、讽刺、挖苦客人；不准粗言恶语；不高声辩论，大声争吵，高谈阔论；不讲有损酒店的语言。

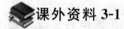
课外资料 3-1

对客服务中的"接待五声""文明十字""禁忌四语"

在对客服务中，酒店从业者要牢记"接待五声""文明十字"，禁用"禁忌四语"。具体

如下:

"接待五声":宾客到来有问候声,遇到宾客有招呼声,得到协助有致谢声,麻烦宾客有致歉声,宾客离店有道别声。

"文明十字":您好、谢谢、请、对不起、再见。

"禁忌四语":不尊重宾客的蔑视语,缺乏耐心的烦躁语,自以为是的否定语,刁难他人的斗气语。

(资料来源:金正昆.社交礼仪教程.4版.北京:中国人民大学出版社,2013)

评估练习

1. 礼貌用语的分类有哪些?
2. 试述酒店从业者的礼貌语言要求。

第二节 称呼、问候与应答礼节

教学目标

1. 掌握职业礼仪的称呼禁忌。
2. 掌握问候礼节。
3. 掌握应答礼节。
4. 了解国内外的称呼习惯。

一、称呼礼节

称呼,主要是指人们在交往过程中彼此的称谓语,它可体现人与人之间的关系。在接待工作中,正确恰当地使用称呼,既可以显示出从业者的修养和风度,也是向顾客表示尊重的一种礼仪。

心理学研究表明:人们对别人如何称呼自己是十分敏感的,恰当的称呼,能使对方产生心理上的相容效应,交往会变得十分顺利;如称呼不当,会使交往双方发生情感的障碍,彼此的心理距离就会拉远,沟通无从谈起。因此,人际交往中的称呼须恰当合适。选择正确、恰当的称呼,既是对他人的尊重,又反映了自身的礼仪修养,甚至还体现着双方关系发展所到达的程度和社会的风尚,因而不能疏忽大意,随便乱用。

称呼如何恰当使用? 根据社交礼仪的规范,选择正确、适当的称呼,有以下三点必须注意:

一是称呼的选用应根据双方关系的深浅程度。称呼如选用得恰当准确,会加深双方的感情和友谊,促进双方关系的顺利发展;如选用不当,往往会导致双方感情的疏远甚至中断,有碍于双方关系的正常发展。

二是要因地、因时而易。如我国 20 世纪五六十年代称"同志",70 年代左右盛行称"师傅",八九十年代男士普遍称"先生"。

三是要入乡随俗,因人施礼。世界上不同国家、不同民族在各自的发展中形成了不同的称呼习俗。尊重各国各民族的称呼习惯,会使交际对象产生良好的心理反应,有利于交往的顺利进行。

(一)涉外交往中的称呼

俗语说:"十里不同风,百里不同俗。"在涉外交往中,称呼是一个比较复杂的问题,对宾客的称呼,应根据其民族、国家、年龄、身份、性别、婚否使用恰当的称呼,称呼不当或称呼错了,将会引起误会、让人反感,是很不礼貌的。

国际上通用的称呼方式主要有:

(1) 目前世界上使用的称呼方式中,频率最高的是"小姐"和"先生"。一般对男子统称"先生",对已婚女子称"夫人"或"女士",对已婚的年纪较大的称"太太",对未婚女子统称"小姐",对不了解婚姻状况的女子,可统称"小姐"。西方女子的心态是,即便已婚,你仍称之为"小姐",被认为是一种可愉快接受的"过错"。对职业女性可统称为"女士"。

(2) 对大使和政府部长以上的高级官员,男女均可称"阁下",或职衔加先生称,如"总理阁下""总统阁下""大使先生阁下"等。但美国、墨西哥、德国等没有称"阁下"的习惯,男士可称"先生",女士称"夫人"或"小姐"。

(3) 在君主制国家,应按习惯称国王、王后为"陛下",称王子、公主、亲王为"殿下"。对有爵位的人士,既可称其爵位,也可称"阁下"或"先生"。

(4) 对军人称呼军衔,或军衔加先生,也可冠以姓与名,如"将军""上校先生""巴顿将军""约翰下士先生"。有些国家,对将军、元帅等高级将领也称"阁下",如"威尔逊将军阁下""戴维斯元帅阁下"等。

(5) 对医生、教授、法官、律师及有博士等学位的人士,均可单独称其学位,同时加上姓氏,也可加先生,如"哈恩教授""法官先生""基辛格博士"等。

(6) 对教会中的神职人员,一般可称教会的职称,或姓名加职称,或职称加先生,如"牧师先生""史密斯神父"等。对主教以上的神职人员,有时也可称"阁下""大人"。

(7) 凡来自与我国有同志相称的国家,对各种人员均可称"同志",如"主席同志""中尉同志""连长同志""司机同志",或姓名加同志。除此之外,对方如称我方为"同志",我方即可对对方以"同志"相称。不过,对"同志"这种称呼,在对外交往中切勿乱用。

案例 3-1

小姐? 太太?

有一位先生为外国朋友订做生日蛋糕。他来到一家酒店的餐厅,对服务员小姐说:"小姐,您好,我要为一位外国朋友订一份生日蛋糕,同时打一份贺卡,你看可以吗?"小姐接过订单一看,忙说:"对不起,请问先生,您的朋友是小姐还是太太?"这位先生也不清楚这位外国朋友结婚没有,从来没有打听过,他为难地抓了抓后脑勺想想,说:"小姐?太太?一大把岁数了,太太。"生日蛋糕做好后,服务员小姐按地址到酒店客房送生日蛋糕。敲门后,一女子开门,服务员有礼貌地说:"请问,您是怀特太太吗?"女子愣了愣,不高兴地说:"错了!"服务员小姐丈二和尚摸不着头脑,抬头看看门牌号,再回头打个电话问那位先生,没错,房间号码没错。服务员再一次敲开门说:"没错,怀特太太,这是您的蛋糕。"那女子大声说:"告诉你错了,这里只有怀特小姐,没有怀特太太!""啪"的一声,门被对方关上了。

评析

在这个案例中,服务员在没有搞清客人是否结婚的前提下,仅凭推测去称呼客人"太太",当然让对方不快。在西方,"女士"是对成年女性的通称,一般冠以她自己而非丈夫的姓名;"夫人""太太"是称呼已婚女性,冠以丈夫的姓名或丈夫的姓以及她自己的名;已离婚的妇女可冠以她自己的姓名或前夫的姓及她自己的名,而不能仅用前夫的姓;成年而未婚的女子称"小姐",冠以她的姓名;而对于不了解其婚姻状况的女子可泛称"小姐"或"女士",已婚的女性被别人称作"小姐"时,会愉快地接受这一"误称"。这些称呼之前也可以冠以职称、头衔。

(资料来源:编者整理)

(二) 国内的习惯称呼

国人历来重视社会交往中的称呼,有敬称、谦称、美称、爱称等之别,恰当的称呼,往往体现一个人谦和、诚挚和高尚、优雅的礼仪修养。

1. 敬称

敬称是对交往对象的尊重和礼貌。敬称对方会获得对方的好感,加深对方对自己的信任,增进与对方的感情。

在社交中普遍使用的敬称有:

(1) 您。

"您"与"你"在古时通用,近代渐被全国用作"你"的敬辞。对长辈、平辈,可称其为"您";对待晚辈,则可称为"你"。以"您"称呼他人,是为了表示自己的恭敬之意。

(2) 先生。

对于有身份者、年纪长者,可以"先生"相称。其前还可冠以姓氏,如"杨先生""黄先生"。

(3) 老师。

对教育界、文艺界人士,以及有成就者、有身份者,均可称之为"老师"、在其前,也可加上姓氏,例如"李老师""刘老师"。

(4) 公或老。

用公作敬称,古已有之,今仍沿用。对德高望重的年长者、资深者,尊称为"公"或"老",多用于年轻、资历浅者对年长、资深者的称呼。年资相仿,互称为"公",以示相互尊重。具体做法是,将姓氏冠于"公"之前,例如"谢公""周老"等。若被尊称者名字为双音,则还可将其名字中的头一个字加在"老"之前,如可称沈雁冰先生为"雁老"。

2. 谦称

谦称自己和敬称他人都是为了表达对他人的敬重有礼。如称自己为"愚""鄙""敝""卑"等,称自己的见解为"愚见""陋见""鄙见",称自己的身体为"贱躯",自己的著作为"拙著""拙文",称自己的居所为"寒舍""陋室""敝斋",等等。

3. 美称

美称主要是指尊长对年幼者表示喜爱和看重的称呼。书面语言中用得较多的是以"贤"构成的一系列美称,如"贤弟""贤侄"等;称对方的子女为"公子""千金"等亦不少见。

4. 职务称

在工作中,以交往对象的职务相称,以示身份有别,敬意有加,是一种最常见的称谓方法。职务称适用于较为正式的场合,可直接称职务,或在职务之前加上姓氏,也可在职务之前加上姓名,如"××经理""李书记""××书记"。需要注意的是,正式场合称呼对方职务时,不宜对职务进行简称,如称陈处长为"陈处",称张院长为"张院"。

5. 职业称

职业称即直接以被称呼者的职业作为称呼。例如,"老师""医生""律师""会计"等。需要注意的是,在正式社交活动中,高校教师如无直接师生关系或同事关系,最好称职称,如"刘教授"。

6. 姓名称

使用单纯的姓名称一般来说是在年龄、职务等相仿的时候,或者是好朋友之间。关系越密切,称呼越简单。如果与有头衔的人关系密切在比较随便的场合可直呼其名,但在较正式或正式场合,最好是以名字加头衔称呼,以示尊重。

(三)职业礼仪称呼禁忌

在职场,酒店从业者要选择正确、恰当的称呼来称呼交往对象,禁止使用以下四种不恰当的称呼:

一是无称呼。对客服务中,正确使用称呼非常重要,切忌使用"喂"或"哎"来招呼宾客。每个人都希望得到他人的尊重,人们比较看中自己业已取得的地位。对有头衔的人称呼他的头衔,就是对他莫大的尊重。

二是替代性称呼。职场中,很多人习惯给交往对象起外号,或用对方身上先天或后天的某些特征来替代职位、职业等正规称呼,这是非常不合适的。如称呼戴眼镜的人为"眼镜",商场员工相互称呼对方品牌名称(类似"七匹狼""老人头"),医院的护士医生以病床号来称呼病患,等等。

三是不恰当的地方性称呼。由于风俗习惯的不同,造成了不同国家、不同民族和不同地区人与人之间称呼的不同,这些称呼不具有普适性,且很多称呼难登大雅之堂。为避免造成误解,这些称呼在跨地区、跨民族、跨国家交流时是不能用的。

四是称兄道弟。在商务交往、酒店服务等正式场合,如果服务人员与顾客之间、同事之间称兄道弟,一方面不规范;另一方面会让人觉得交往双方层次不高。

二、问候礼节

问候,又叫问好或打招呼。它主要适用于人们在公共场所相见之初时,彼此向对方询问安好,致以敬意,或者表达关切之意。适时且适当的问候能增进交往双方的感情,见面时冷漠不语、置之不理往往使人尴尬、不快,甚至误解、反感。

酒店从业者在服务岗位上对问候用语应勤用不怠。具体来讲,适宜用问候用语的主要时机有五个:一是主动服务于他人时;二是他人有求于自己时;三是他人进入本人的服务区域时;四是他人与自己相距过近或是四目相对时;五是自己主动与他人进行联络时。

在进行日常的问候时,应注意问候的次序、方式、内容等问题。

(一)问候的次序

问候礼节讲究"尊者居后",即一个人和另外一个人之间的问候,通常是身份较低者或年轻者首先问候身份较高或年长者。

一个人问候多人时,既可以笼统地加以问候,比如"大家好";也可以逐个加以问候。当一个人逐一问候许多人时,既可以由"尊"而"卑"、由长及幼地依次而行,也可以由近而远依次而行。

如果同时遇到多人,特别在正式会面的时候,宾主之间的问候要讲究一定的次序。切不可随便问候,不讲次序。

在接待工作中,酒店从业者应首先向服务对象进行问候。

(二)问候的方式

1. 语言问候

语言问候礼节是指接待客人时所用的亲切、热情而又有分寸的关切、恭候、致意的问候语。常见的问候用语有标准式问候用语和时效式问候用语。所谓标准式问候,即直截了当地向对方问候。其常规做法主要是在问好之前,加上适当的人称代词,或者其他尊称。例如,"你好""您好""各位好""大家好"。时效式问候用语,即在一定的时间范围之内才有作用的问候用语。它的常见做法,是在问好、问安之前加上具体的时间,或是在二者之前再加以尊称。例如"早上好!""早安!""中午好!""下午好!""午安!""晚上好!""晚安!""小姐,早上好!""先生,早上好!"等。

对于酒店从业者而言,初次见到顾客,热情迎上去亲切地问一声"您好,见到您很高兴",主动打招呼问候,就是向顾客示意——我乐意为您服务或者我们欢迎您的到来。在这一瞬间,酒店从业者与顾客之间就建立了感情联系。若顾客远道而来,初次见面还可以说"欢迎您到我们酒店来,先生(夫人)";对于曾在酒店下榻过或用过餐的顾客则可以说"再次见到您十分愉快"。当顾客到你工作处时要问"早上好!""晚上好",然后问"您有什么事需要我办吗?";分别时说"再见""祝您一路顺风""欢迎您再来""谢谢您来我们这里住,请您以后再来",等等。

2. 动作问候

动作问候又称致意礼,常见的有举手致意、点头致意、欠身致意和脱帽致意。动作问候主要在见面双方彼此不太熟悉、距离较远或在同一地点多次遇到等不方便以语言问候的时候使用。有时候,动作问候也会与语言问候一同使用。比如,双方见面后觉得没有什么话好说,一般就会用点头、微笑、招手、握手等动作问候。再者,交往双方关系一般或仅是面熟而已,而且彼此距离很远,通常微笑点头也算是问候了,女士尤其如此。

(三) 问候注意事项

(1) 问候他人时,应该礼貌地注视对方的脸,并露出笑容,以示尊重。被人招呼问候,应及时回敬问候,并且热情注视对方。

(2) 向对方打招呼,要注意自己的举止,叼着烟、嚼口香糖、双手插在裤袋里或双臂抱在胸前都是非常失礼的。

(3) 问候的语言要有所讲究,千万不要不分场合、地点、时间就问人家"吃饭了没有""上哪去",尤其是国外朋友。此时,"你好"应是最为合适的问候语言。

(4) 切忌在双方相距太远的地方高声叫喊,尤其是在公共场所。

(5) 酒店业倡导"两米微笑、一米问候"。客人迎面走来,服务人员应放慢步伐,离客人约 2 米处,目视客人,面带微笑,轻轻点头致意,并且说"您好"等礼貌用语;擦肩而过时,应注意礼让。如行鞠躬礼时,应停步,躬身 15°～30°,眼往下看,并致问候,边走边看边躬身,则是十分不雅观的。服务人员在工作中,可以边工作,边行礼。如果能暂停下手中的工作行礼,更会让客人感到满意。

案例 3-2

标准的问候语错在了哪里?

某天中午,一位下榻饭店的外宾到餐厅去用午餐。当他走出电梯时,站在梯口的一位女服务员很有礼貌地向客人点头,并且用英语说:"您好,先生!"

客人微笑地回答道:"中午好,小姐。"

当客人走进餐厅后,迎宾员讲了同样的一句话:"您好,先生!"

那位客人微笑地点了一下头,没有开口。

客人吃好午饭,顺便到饭店内的庭园走走。当走出内大门时,一位男服务员又是同样的一句话:"您好,先生!"

这时这位客人只是敷衍地略微点了一下头,已经不耐烦了。

客人重新走进内大门时,不料迎面而来的仍然是那个男服务员,又是"您好,先生"的声音传入客人的耳中,此时客人已生反感,默然地径直乘电梯回客房休息,谁知在电梯口仍碰见原先的那位服务员小姐,又是一声"您好,先生!"

客人到此时忍耐不住了,开口说:"难道你不能说一些其他的话同客人打招呼吗?"

评析

酒店员工的培训教材有规定"您早,先生(夫人、小姐)""您好,先生"等敬语例句。但本案例中,服务员在短短时间内多次和同一客人照面,机械呆板地使用同一敬语,结果使客人产生反感。

俗语讲,"一句话逗人笑,一句话惹人跳",指的是由于语言表达技巧的不同,所产生的效果也就不一样。酒店对各个工种、各个岗位、各个层次的员工所使用的语言作出基本规定是必要的。然而,在实际操作中,无论是一般的服务员,还是管理者,往往因为使用"模式语言"欠灵活,接待客人或处理问题时,语言表达不够艺术,以致惹得客人不愉快,甚至投诉。礼貌规范服务用语标志着一家酒店的服务水平,员工们不但要会讲,而且还要会灵活运用。而鹦鹉学舌,滥用敬语,常会产生负面效应。

(资料来源:编者整理)

课外资料3-2

中西问候礼仪比较

1. 一般的问候方式

不同国家与地区的文化背景和风俗习惯不同,问候的方式也不同。欧美国家人士在问候上与中国人有很大差异。

(1) 中国文化与习惯。

中国人见面不分时间地点常说一句客套话:"你吃过了吗?"(Have you eaten yet?)而外国人听到这样的问候时,首先会感到莫名其妙(confused),然后会误解为对方有意邀请自己吃饭。西方人的反应是什么呢?客气一点的会说"你们为什么老问我吃了饭没有?我有钱。"(Why did you always ask me about my meal? I have money.)不客气的则会说"这不关你的事!"(It's none of your business!)另一句常用套话是"上哪儿去?"(Where are you going?)则有向别人打听隐私之嫌。英美人十分尊重别人的隐私,对方的家庭(family)、年龄(age)、收入(income)、婚姻(marital status)等都不能随便问及,特别是女性和年龄大的人,尤其不能问年龄。

(2) 西方文化与习惯。

正式场合一般会这样相互问候:

A:How do you do?(您好)! B:How do you do?(您好!)

A:How are you?(您好吗?) B:Fine,thanks. And you?(很好,谢谢,您呢?)

非正式场合则问候:

Hi/Hello!(你好!)

Good morning(afternoon/evening)![早上(下午、晚上)好!]

How are you doing?(你近来怎样?)

How are things?(情况怎么样?)

How are you getting on?(你近来如何?)

How's life?(生活情况怎样?)

2. 问候身体的方式

彼此问候免不了要关心对方的身体情况。但由于东西方文化不同,英美人士在关心与询问的方式和言语表达上都和东方人有很大差异。

(1) 中国文化与习惯。

Are you sick?(你生病了吗?)

You must go to see a doctor!(快去看看病吧!)

You need more rest.(你得多休息。)

Drink plenty of water.(多喝点水。)

Put on more clothes.(多穿点衣服。)

这种家长教育孩子式的口吻,对于崇尚自由、强调个性独立的英美人来说是极不舒服的,因而是不得体的。

(2) 西方文化与习惯。

You seem rather tired. Are you OK?(你好像很疲倦,你好吗?)

You look a bit pale. Are you feeling all right?(脸色有点苍白,你感觉好吗?)

You'd better see a doctor.(你最好还是去看一下病。)

3. 谈话的内容

英美人见面时还常常喜欢谈论天气。因为这是一个中性题材,不涉及个人生活和各种敏感话题。他们通常以"Lovely day, isn't it?"(今天天气很好,是吧?)或"It's a bit cooler today, isn't it?"(今天天气凉爽了一些,是吧?)Good morning 一般从早上6点到中午12点使用,Good afternoon 通常从午饭后到下午6点用。晚上见面时,千万不能用Good night,因为Good night 只用于即将分别的场合,有Good-bye 的意思,而应该用Good evening。

(资料来源:金正昆.社交礼仪教程.4版.北京:中国人民大学出版社,2013)

三、应答礼节

应答礼节是指酒店从业者在回应顾客问询、解答顾客问题时应遵守的礼仪规范,其关键在于应答用语的规范使用。应答用语是指从业者在工作岗位上服务顾客时,用于回应顾客的召唤,或是在答复其询问之时所使用的专门用语。在服务过程中,从业者所使用的应答用语是否规范,往往直接地反映着他的服务态度、服务技巧和服务质量。

(一) 应答用语基本形式

1. 肯定式应答用语

主要用来答复服务对象的请求。重要的是,一般不允许从业者对于服务对象说一个"不"字,更不允许对其置之不理。这一类的应答用语主要有"是的""好""随时为您效劳""听候您的吩咐""很高兴能为您服务""我知道了""好的,我明白您的意思""我会尽量按照您的要求去做""一定照办"等。

2. 谦恭式应答语

当服务对象对于提供的服务表示满意,或是直接对从业者进行口头表扬、感谢时,一般以用此类应答用语进行应答。这一类的应答用语主要有"这是我的荣幸""请不必客气""这是我们应该做的""请多多指教""您太客气""过奖了"。

3. 谅解式应答语

在服务对象因故向自己致以歉意时,应及时予以接受,并表示必要的谅解。常用的谅解式应答用语主要有"不要紧""没有关系""不必,不必""我不会介意"等。

(二) 应答注意事项

应答客人询问要停下手中的工作,面带笑容表情亲切,耐心倾听。不要随意打断对方询问。应答顾客询问时要站立说话,不能坐着回答。对于一时回答不了或回答不清地问题,可先向顾客致歉,待查询或请示后再作答。凡是答应顾客随后再作答复的事,届时一定要守信,绝不可以不负责任地置之脑后,因为这是一种失礼的行为。

回答顾客的问题时要做到语气婉转、口齿清晰、语调柔和、声音大小适中。

在众多顾客问询时要从容不迫地一一作答,不能只顾一位,冷落了其他的客人。

对顾客的合理要求要尽量迅速作出使宾客满意的答复;对于顾客过分或无理的要求应沉得住气,婉言拒绝,如婉转地说:"恐怕不行吧。""可能不会吧?""很抱歉,我无法满足您的这种要求。""这件事我还需同主管商量一下。"要时时表现出热情、有教养、有风度。

评估练习

1. 试分析国内和国外在称呼礼节上的异同。
2. 问候的注意事项有哪些?根据自身经验列举1~2个例子。
3. 服务中要注意哪些应答礼仪?

第三节 交谈礼仪

教学目标

1. 掌握交谈话题的选择。
2. 掌握交谈的注意事项。
3. 了解交谈的举止和语言要求。

交谈,是一种有来有往、相互交流感情的双边或多边活动,对话双方互为发言者又互为听众。在这个过程中,善言谈者,能够熟练驾驭语言,达到互相交心、增进友谊的目的,而不善言谈者,则往往会因为出言不逊,好事变坏事。因此,要使交谈顺利并有所收获,需要掌握一些交谈的艺术。交谈是建立良好人际关系的重要途径,也是日常接待的主体。

交谈礼节的根本关键在于尊重对方和自我谦让,同时还要注意交谈的表情、态度、内容、表达方式等要点,才能使交谈达到传递信息、交流情况、沟通感情的效果。

一、交谈的举止

与客人交谈时,思想要集中,表情应大方、自然,面带微笑,语气亲切,语言要表达得体。交谈时可适当辅以手势,但动作不宜过大,更不能手舞足蹈。

要注意不能用手指指人,双手不要交叉胸前或者背后,也不要手插裤袋或攥紧拳头。与客人交谈时应保持适当的距离,不要太近也不要太远,以客人能听清说话的声音为准,一般与客人保持1米左右距离较合适。客人讲话时,要耐心倾听,要目视对方,不能目不转睛,也不要左顾右盼,切忌伸懒腰、打哈欠、频频看表等漫不经心的动作。

二、交谈的语言

与客人交谈时,语言应柔和甜美,表达准确,声音不宜太大,控制在双方都能听到即可。在与客人交谈的过程中,要时时想着把面子留给客人,学会使用柔性语言,多用建议性、征询式语言,用商讨的口吻与人说话,因为命令式、硬性语言往往给人不客气、不尊重的感觉,会造成双方关系的紧张。

三、交谈的内容

谈话的内容即话题应有所选择。话题可以说是谈话者身份的象征,代表着谈话者的档次和品位。一般来讲,商务交往、公务交往中有六类不宜谈及的事情:不能非议国家和政府,尤其在正式场合、外交场合;不能涉及国家秘密和行业机密;不能对交往对象的内部事务随便加以干涉;不能在背后议论同行的领导和同事;不能谈论格调不高的话题;不涉及私人问题,特别是在国际交往中。

交谈中,凡是对方不愿回答的问题,不要追问。如谈到让对方产生反感的话题,应当表示歉意,或立即转换话题,不能"哪壶不开提哪壶"。如果客人向你提出你不愿谈论的问题,可以巧妙地回避或搪塞。如客人问你随身佩戴项链的价格,可答"对不起,我记不起来是多少钱了"。

礼貌规范的谈话一般可以涉及三方面的内容,即交谈对象所擅长的问题;格调高雅的话题,如哲学、历史、地理、艺术、建筑、风土人情等,这些话题档次比较高,习惯上被称为"公共话题";谈论轻松愉快的话题,如电影电视、体育比赛、流行时尚、烹饪小吃、天气状态,等等。

课外资料3-3

社交场合不宜谈及的问题

在正式的社交场合中,尤其是涉外交往中,年龄、收入、婚否、健康问题、个人经历五类私人问题是不宜谈及的,人们习惯上称为"私人问题五不问"。

不同国家有着不同的文化背景,人们对隐私的看法有所不同。欧洲人尤其是英国人隐私范围很广,在交谈中要特别注意;美国人隐私面较窄,谈话中只要不涉及收入、工资、家庭财产等问题,其他都可交谈;东方人隐私观念淡薄,尤其是韩国人,几乎无话不谈,收入、工资等情况都在交谈之列。

(资料来源:王艳霞,旅游交际礼仪.2版.济南:山东大学出版社,2010)

四、交谈的注意事项

(一)创造和谐融洽氛围

为能创造一个愉悦和谐的谈话环境,在公共社交场合,要选择大家都可以介入又都方便发表意见的话题,即寻求共同的经验范围。如现场气氛、环境布置、天气、当日新闻、国际形势、文艺演出、体育比赛等,切忌只谈个别人知道或感兴趣的事,或只与个别人交谈而冷落其他人。不要涉及令人不愉快的内容,如疾病、死亡、荒诞、淫秽的事情。奇闻趣事,有助交谈的气氛,但不宜从头到尾奇闻趣事消遣,更不要用笑话影射在座的人,否则很不通情理。最好交谈一些轻松愉快的问题,把快乐与人分享,把苦恼留给自己。遇到不便谈话的话题不要轻易表态,应当转移话题以缓和气氛。涉及对方反感的话题应及时表示歉意。一般不宜用批评的语气谈论在场者和其他相关人士,也不要讥笑他人,更不能出言不逊,恶语伤人。

(二) 谈话要尊重别人,调和意见

交谈过程中要常常说话,但不要说得太长。社交场合,参加谈话是对众人的一种义务,如果对于所议论的某个主题可以提供若干意见,就该讲出来;如谈话的目的只是娱乐,当然也要尽一份本分。不能只静坐听别人的谈话,而自己却一直三缄其口,因此要常常说话。但谈话并不是独白,如果只顾自己发表意见,而不愿听别人说话,甚至不容别人插话、发表看法,交谈就变成了"一言堂"。为此,自己每次"发言"所用的时间从总体上讲,宜短不宜长,通常自己讲一两分钟之后,就应把"讲坛"主动让给他人。要是碰上别人"发言"过久,应耐心等候。他人讲话结束之前,千万不要打断别人讲话。一次生动活泼的谈话,要求每个交谈者注意不但自己说,也要让别人说。聪明的谈话者,往往不急于发表自己的意见,而设法让对方开口,谈他所关心的问题,吸引对方与自己交谈。

(三) 谈话要看准时机

说话要看准时机,正所谓"言贵精当,更贵适时"。不该说的时候说了,是操之过急;该说的时候没说,是坐失良机。把握住说话的适宜时机,是说话得体的重要因素。比如,在听话人心情比较平和的时候去反映情况或提出批评建议;在双方的感情和认识差距稍小以后再开口劝说。

(四) 注意说话应留有余地

说话要留有余地。比如,在交谈中,遇有需要赞美对方时,应措辞得当,注意分寸,赞美的目的在于使对方感觉到你真的对他很钦佩,用空洞不切实际的溢美之词,反而会使对方感到你缺乏诚意。若一名公关人员热情友好地接待了一位公众之后,得到了"你的接待真令人愉快,你的热情给我留下了深刻印象"的评价,显然比"你是全世界最热情的人"的赞誉入耳得多。所以,称赞要适度,过分的讨好、谄媚则近于肉麻。特别是对上级领导,在社交场合更不宜毕恭毕敬说些奉承话。对晚辈或地位比较低的人,也不要用轻视、冷淡的口吻说话。总之要注意分寸。

(五) 交谈中要善于提问

谈话过程中,不仅要注意倾听,还要善于提问。恰当的提问可从对方那里了解到自己不熟悉的情况,或将对方的思路引导到某个要点上,有时还可以打破冷场,避免僵局。

现实生活中,很难不求人,也很难不被人求,所以无论求别人办事,答应为别人办事,还是拒绝他人,都要注意把话说得留有余地。此外,表扬人,批评人,调解事端,解决冲突,应付尴尬局面,调息不满情绪,乃至布置任务、汇报工作等,都有个语言艺术问题,都应留有余地。

(六)交谈顾全大局,通盘考虑

参与多人交谈时,应表现出对谈话内容兴趣很大,而不必介意其他无关大局的地方,比如对方有浓重的乡音,读错了字或记错了日期等,只要不妨碍交谈的进行,没有必要当面去指正。不要在对方谈兴正浓时,突然凑到某个人耳边窃窃私语,这容易引起别人的反感,有可能使谈话者产生误会:有什么事不好当着大家讲。如果确有私事要说,不如请他到另一边再谈。撇开众人,只跟一小帮人交谈,也说明还不善于与大家打交道。

此外,在交谈过程中要始终注意不要扮演喋喋不休、逢人诉苦、无事不晓或一言不发的角色,这些都不利于交谈的进行,更不利于在众人面前建立良好的形象。

📚 课外资料 3-4

中西体态语的文化差异及交流障碍

一个日本人问一个美国旅客,机场是否提供行李车服务。美国人想告诉他,机场不但提供行李车服务,而且还免费提供!于是他用了人人皆知的表示"OK"的圆形手势作答。然而对那个日本人来说,这个手势表示"钱",因此,日本人断定行李车服务收费昂贵。而这时,旁边一位突尼斯人看到了这一幕,于是认为美国人在对日本人暗示"他是一个卑鄙无耻的小偷",让他小心点,否则杀死他。

如果该案例中的日本人、美国人、突尼斯人事先知道"OK"这一手势可表示不同的含义,也就不会发生这种情况。由此可见,了解中西体态语文化差异对克服交流障碍具有至关重要的作用。近年来,我国对外交往日益频繁。为了扫除交流障碍,了解中西体态语文化差异便显得尤为重要。那么,应从哪些方面来掌握中西体态语文化差异呢?

按照学术化的观点,我们可以从中西体态语文化差异的根源、体势语、体距和体触四个方面来研究其文化差异及其交流障碍。

一、体态语文化差异的根源

中国是历史悠久的礼仪之邦,同时也是封建中央专制集权格局和传统主体文化最稳固、延续时间最长的国家。完备的纲常观念、谨严的等级秩序、系统的礼乐教化、向心型的内敛文化模式,熏陶出中国人谦谨、从众、克制、重礼节、尚伦理、表现含蓄等民族性格特征。而英语国家由于交通较发达,异族入侵和民族迁徙频繁,其古老文化较难保持强有力的历史延续性,呈现出富于变动性和扩张性的多元文化混杂的格局。这些国家较早地击溃专制集权而步入了现代社会体制。这样的历史文化和社会状况使英语国家的人富于冒险精神、崇尚独立、张扬个性、注重个人表现等,形成外向、自信、直率、随便等民族性格特征。

二、体势语的文化差异

面部表情及手、腿、脚、躯干的姿势都属于体势语。所以,可从面部表情、手势、身体其他部位三个方面来研究中西体态语的文化差异具体表现在哪些方面及其所引起的交流障碍。

（一）面部表情

达尔文说:"面部与身体的富于表达力的动作,极有助于发挥语言的力量。"法国作家罗曼·罗兰也曾说过："面部表情是多少世纪培养成功的语言，是比嘴里讲得更复杂到千百倍的语言。"的确，借助和利用面部表情可以更好地表达和传递自己的思想感情。但是，同样的面部表情在不同的国家可能会有不同的含义。例如，在西方一些国家，眨眼是一种感兴趣的表示，而在中国一些地方，同陌生人眨眼则是一种挑衅行为，同女人眨眼更是不可为。如果不了解这些差异，就很可能会造成误解。如在中国和讲英语的国家不论微笑还是大笑，通常表示友好、赞同、满意、高兴、愉快，但在某些场合，中国人的笑会引起西方人的反感。有一个这样的例子，在餐厅里，一个外国人偶然摔了一个碟子，他本来就感到很窘，而在场的中国人发出笑声，使他更加觉得不是滋味，又生气，又反感。

当然，中国人的这种笑，无论是对本国人还是对外国人，并非是嘲笑当事人，也不是幸灾乐祸。这种笑有很多意思，可以表示"别当一回事儿""一笑了之""没关系""我们也常干这种事"等。不过，对于不了解这些意思的人，这样一笑会使他们感到不愉快，而且会对发笑的人产生反感。

面部表情的一个重要方面是目光接触。在英语国家，盯着对方看或看得过久都是不合适的。既使用欣赏的目光看人——如对方长得漂亮——也会使人发怒。而在中国，目不转睛地看可能仅仅是对某人某物感到好奇或者是惊讶，自然不会引起别人的强烈反感。

(二) 手势

手势动作语言是一种表现力极强的肢体语言，它不仅丰富多样化，而且简便、直观性强，所以运用范围广、频率高、收效好。一个很好的例子就是荣获2005年中央电视台春节联欢晚会最受观众喜爱的歌舞类节目特别奖的《千手观音》，21位生活在无声世界里的姑娘用她们的手势语向全国亿万观众传递信息，表达了新春的祝福。但在不同的国家民族间，不少手势也存在很大的分歧。倘若不了解其中的差异，就很容易造成交流障碍。

中国人与英美人有一些相同的手势，但表达的意义却不同。中国人表示"2"时，常伸出中指和食指，英美人则用这一手势表示胜利(现在的中国也引用了此表示法)；中国人表示"8"时伸出食指和拇指，而英美人通常用这一手势表示"2"。曾经一位在上海进行商务谈判的美国人在饭店用餐时点了啤酒，服务人员问他要几瓶，这位商务人员伸出食指和拇指。很快服务人员送上8瓶啤酒，美国商人看了目瞪口呆。

中英用手势表示数字法差别很大。英语国家的人是将一个个手指瓣开，中国人是将一个个手指弯下。英语国家的人数"1"时伸出右手食指，数"2"时再伸中指，再伸无名指表示"3"，加上小手指表示"4"，最后伸开拇指表示"5"。就多数情况而言，中国人数数时是从右手拇指开始，一个个手指弯曲。弯下拇指表示"1"，再弯下食指表示"2"，以此类推表示"3""4""5"。也可用左手食指瓣动右手指数数。当然，现在也有许多中国人使用瓣开手指的方法来计数。在英语国家中表示"6"至"10"必须用两只手，即用一只手表示"5"，另一只手再从"1"数至"5"。中国人也用双手表示"6"至"10"，但一般只有儿童才用。

中西方手势的差异除表现在数字方面外，在其他方面也有很多。现将不同之处举例如下：

1. 动作一样，意义不同

向上伸中指：在中国有些地方表示"胡扯"，四川等地用这一手势来表示对对方的侮辱；在美国、法国表示愤怒或极度不快。

向上伸小指：在中国表示小、微不足道、拙劣、最差的等级或名次，还可表示轻蔑；在美国表示懦弱的男人或打赌。

大拇指向下：在中国表示向下、下面；在英国、美国等国表示不同意，不能结束，或是对方输了；在法国、墨西哥表示坏运气、死了、无用。

伸出的中指压在伸出的食指上：在中国表示数字"10"，在美国、法国等国家表示祈祷幸运。

2. 意义相同，动作有差异

"过来"（叫别人过来）：中国的肢体语言：把手伸向被叫人，手心向下，几个手指同时弯曲几次。美国的肢体语言：把手伸向被叫人，手心向上，握拳用食指前后摆动（中国人对此反感）。

"丢人"（半开玩笑）：中国的肢体语言：伸出食指，用指尖在自己脸上划几下，像搔痒，不过手指是直的。美国的肢体语言：伸出两只手的食指，手心向下，用一个食指擦另一个食指的背面。

"我吃饱了"（吃饭后）：中国的肢体语言：一只手或两只手轻轻拍拍自己的肚子；美国的肢体语言：一只手放在自己的喉头，手心向下（常同时说"到这儿了"）。

3. 只存在于美国文化中的动作

顺指甲：重大思想负担；担心，不知所措。

用大拇指顶着鼻尖，其他四指弯着一起动：挑战，蔑视。

摇动食指（食指向上伸出，其他四指收拢）：警告别人不要做某事，表示对方在做错事。

把胳膊放在胸前，握紧拳头，拇指向下，向下摆几次：反对某一建议、设想；反对某人；表示强烈反对。

4. 只存在于中国文化中的动作

用食指点点或指指自己的鼻子："是我"，"是我干的"（西方人认为这个手势有点可笑）。

说话时用一只张开的手遮着嘴（一般是老年人用）；说秘密话（有时没有明显的意义）。

两只手递（即使可以用一只手拿起的）东西给客人或别人表示尊敬。

别人为自己倒茶或斟酒时，张开一只手或两只手，放在杯子旁边表示感谢。

伸出两个竖起的食指在身前慢慢接近（往往在戏曲中出现）表示：男女相爱；匹配良缘。

这里所举的例子不全，但是可以说明手势语的差异，也说明了解另一种语言中的手势语的重要性。

（三）身体其他部位

中西肢体语言中有很多相似的地方，如男子相逢时不拥抱，一般见面时握手即可；挥手表示再见；皱眉表示不高兴；耸耸鼻子表示不喜欢、讨厌或不快；噘嘴表示不痛快、情绪不佳、愤恨；拍拍男人或男孩子的背表示赞扬、夸奖、鼓励；咬牙表示生气、愤怒或下决心；点头表示"是"，摇头表示"不"。

那么，各种文化背景的民族中，点头是否都表示"是"，摇头是否都表示"不"？

这个问题的答案是否定的。点头也可以表示不同的意义。尼泊尔人、斯里兰卡人和有些印第安人和爱斯基摩人用点头表示"不"。因此，要用外语进行有效的交际，在说某种语言时就得了解说话人的动作、举止等所表示的意思。

下面，再举一些中西肢体语言意义不同的例子。头部左右摆动所表示的意义在中英国家中是不同的。英语国家表示"也许""差不多""马马虎虎""不大清楚",甚至还表示"同性恋"或"阴阳人"。中国人则没有这一动作。又如,中国人可以用点头招呼某人过来,不过这一动作使用的范围是有限制的。因为它往往显得有点高高在上和藐视他人。英语国家没有这层意思。他们常将点头作为一种指点动作,即用前额指点。而他们招呼人过来的动作是扬头。再如,跺脚在中国所表达的意义是"气愤""恼怒""悔恨"。而它在英国所表达的意义是"不耐烦"。

在所有这些由身体部位做出的动作中,最值得注意的是耸肩动作。这一动作如果被说成是英语国家所特有的,那也是不为过的。这一动作表现为皱眉耸肩、双肘弯曲,双手向外摊开甚至还微屈双腿,表示"我不知道""有什么办法呢""我无能为力"等含义。在中国找不到与此截然相同的动作,只有一个与此极为相似的动作,即耸动双肩,然后再加上吐一下舌头的动作。成年人滑稽地做一下这一动作,就表示"我露怯了"。

三、体距的文化差异

有这样一个例子:阿拉伯人同英国人谈话,阿拉伯人按照自己的民族习惯认为站得近些表示友好。英国人按照英国的习惯会往后退,因为他认为保持适当的距离才合适。阿拉伯人往前挪,英国人往后退。谈话结束时,两个人离原来站的地方可能已经相当远!

在这个例子里,双方的距离是关键。不同的民族或种族的人在谈话时,对双方保持多大距离才合适有不同的看法。

一个在华的美国人在他所做的关于美国礼仪的演讲中,形象地比喻我们每一个人身体周围都有一个"气泡"。这个"气泡"以人体为圆心,直径有30～50厘米。如果有人进入这个气泡,你马上会觉得不舒服;如果不小心进入别人的"气泡",应立即表示歉意。这个距离是比较概括的说法,人们依据交际环境的不同,把身体空间分为四个不同的界限,并根据交际性质的不同、交际对象关系的亲疏进行调整。

四种界限表示四种不同情况:关系亲密、私人交往、一般社交、公共场合。交谈双方关系亲密,比如夫妻关系,那么身体的距离从直接接触到相距约45厘米,朋友、熟人或亲戚之间个人交谈一般在相距45～80厘米为宜。在进行一般社交活动时,交谈双方相距1.3米至3米;在工作或办事时,在大型社交聚会上,交谈者一般保持1.3米至2米的距离。在公共场合,交谈者之间相距更远,如在公共场所演说,教师在课堂上讲课,他们和听众距离一般在3.6米以上。在这种地理距离疏远的情况下,一个成熟的讲话者会适时地运用一些体态语来调整心理感受,即拉近心理距离。比如,演讲人会用环视的方式关注到听讲者的每个角落,使任何一个人不感到受冷落,并在其中穿插注视的方式和听讲者进行单个的交流,以调整自己的交流心理,使对象更可感、更具体。

众所周知,美国是一个非常重视隐私的国家。对"一米线"的严格遵守已经固化为他们日常的行为规范。不仅是银行,比如在邮局寄信、在饭店登记入住、结账、办理登机手续,大家都会自觉地等到前一个人办完,工作人员招呼"下一个"时才走上前去。你不会看到一排人站在柜台前面你拥我挤的情景。小小"一米线",作用不小,不可小视。但是,这种意识在国内并没有被广泛接受。希望能够早日普及。

总之,在人际关系网越来越密集、联络方式越来越便捷、个人隐私越来越难以坚守的现代社会,尊重个人空间、保持合适的距离显得尤为可贵和必需。

四、体触的文化差异

在人类的成长过程中,拥抱、依偎、轻拍、抚摸、亲吻这些我们经常运用的身体触摸方式就像水、阳光、食物一样是我们的必需。

而谈话双方身体接触多少因文化不同而各异。在这一方面,有一篇调查报告提供了一些有趣的数字。调查者在各地大学里或附近的商店中观察两人坐着单独说话时的情景,每次至少一小时,记下两人触摸对方的次数:英国首都伦敦(0);美国佛罗里达州盖恩斯维尔(2);法国首都巴黎(110);波多黎各首府圣胡安(180)。这些数字本身很说明问题。

在英语国家里,一般的朋友和熟人之间交谈时,避免身体任何部位与对方接触。即使仅仅触摸一下也可能引起不良的反应。如果一方无意触摸对方一下,一般会说"Sorry""Oh, I'm sorry""Excuse me"等表示"对不起"的道歉话。

在中国,摸摸、拍拍或是亲亲孩子表示亲近和爱抚。但在西方,这种动作会被人认为是无礼的,也会引起孩子父母强烈的反感和厌恶。

除轻轻触摸外,再谈谈当众拥抱问题。首先,来看一则有意思的故事:

在一个社区机构免费的英语口语课上,当一个学期的课程结束后,热情的女老师主动和每个学生拥抱。一个中国的男留学生也在这里练习口语。这个男学生和女老师拥抱时,他窘得满脸通红,在场的每个人都看出了他的窘态。事后他说他当时真是手足无措,实在不习惯这种"亲密"接触。

这是从身体接触上强烈反映中西文化差异的一个例子。

英国人比较保守和冷静,不喜欢在别人面前表露情感,在社交场合中,不会与人拥抱,即使是情侣也很少会拥抱。但是在美国就不同了,美国人性格开朗,感情外露。常在公众场合热烈拥抱。在中国,除了十分亲近的人外,一般不会互相拥抱,更不会把拥抱视为一般的礼节。

需要注意的是,首先,作为一种行为语言,体触的具体动作必须有发出者和承担者来共同完成,两者既可以统一于单个人,也可以统一于多个人之间。其次,行为语言意义上的"触摸"必须具备"语义"功能,即表达情绪和传递信息。一些突发式的触摸动作,如拥挤的公共汽车里人与人之间身体的偶尔相碰,或道路很窄人们狭路相撞等,这些皆不属于我们这里所界定的行为语言意义上的触摸。最后,需要说明的是,触摸与动作的自觉性或非自觉性无关。

体态语存在于社会生活的各个方面,在全球化的今天,年轻一代已较快吸收了外来文化中的体态语,如"OK""V"等手势的引入。随着各国交往日益增多,跨文化交流更加频繁,体态语使用也将更加广泛。因此,我们应重视中西方体态语的差异,掌握好各国体态语。同时对各族因体态语的不同而产生的矛盾应采取"宽容""理解"的态度,以建立和谐、融洽的文化氛围,促进各国人民的交流和发展。

(资料来源:熊征宇.体态语和礼仪.北京:中国经济出版社,2005)

评估练习

1. 交谈的举止有哪些要求?
2. 交谈的话题应如何选择?
3. 根据你自己与人交谈的经验,分析交谈的注意事项。

第四章

酒店从业者的日常交际礼仪

名片的失误

某公司新建的办公大楼需要添置一系列的办公家具,价值数百万元。公司的总经理已作了决定,向A公司购买这批办公用具。

这天,A公司的销售部负责人打来电话,要上门拜访这位总经理。总经理打算等对方来了,就在订单上盖章,定下这笔生意。

不料A公司销售负责人比预定的时间提前了2个小时,原来他听说这家公司的员工宿舍也要在近期内落成,希望员工宿舍需要的家具也能向A公司购买。为了谈这件事,销售负责人还带来了一大堆的资料,摆满了台面。总经理没料到对方会提前到访,刚好手边又有事,便请秘书让对方等一会儿。这位销售员等了不到半小时,就开始不耐烦了,一边收拾起资料,一边说:"我还是改天再来拜访吧。"

这时,总经理发现对方在收拾资料准备离开时,将自己刚才递上的名片不小心掉在了地上,对方却并没发觉,走时还无意从名片上踩了过去。这个不小心的失误,令总经理改变了初衷,A公司不仅没有机会与对方商谈员工宿舍的设备购买,连几乎到手的数百万元办公用具的生意也丢失了。

A公司销售部负责人的失误,看似很小,其实是巨大而不可原谅的失误。名片在商业交际中是一个人的化身,是名片主人"自我的延伸"。弄掉了对方的名片已经是对他人的不尊重,更何况还踩上一脚,顿时让这位总经理产生反感。再加上对方没有按预约的时间到访,不曾提前通知,又没有等待的耐心和诚意,丢失了这笔生意也就不是偶然的了。

(资料来源:刘国柱.现代商务礼仪.北京:电子工业出版社,2005)

辩证性思考

1. A公司的生意为什么丢失了?
2. 拜访他人应注意的问题有哪些?

酒店从业者要使自己有成功的交际形象,就应熟练掌握和运用好日常交往中常用的礼仪,如会面、拜访、接待、电话、座次等礼节,使自己成为一个有礼貌懂礼节的人,这是衡量接待人员的一个重要标准。

第一节　会面礼仪

教学目标

1. 掌握握手、介绍、鞠躬、名片使用等的礼仪规范。
2. 了解合十、拥抱、亲吻等其他会面礼仪。

一、握手礼

握手,是大多数国家和民族见面与离别的礼节。它有感谢、慰问、祝贺或相互鼓励的表示。握手作为一种礼节,应当注意以下四个方面的问题:

(一) 握手姿态

行握手礼时,通常距离受礼者约一步,两足立正,上身稍向前倾,伸出右手,手掌垂直于地面,四指并齐,拇指张开与对方相握,微微抖动3~4次(时间以3秒钟为宜),然后与对方手松开,恢复原状。

(二) 讲究次序

行握手礼时讲求"尊者居前"的伸手次序。女士与男士握手,应女士先伸手,然后男士回握;长辈与晚辈握手,长辈先,晚辈后;上级与下级握手,上级先,下级后。另外,酒店从业者需特别注意拜访时握手的特例,即到来时,主人先伸手,表示迎客;离去时,客人先伸手,表示道别。

(三) 握手力度

规范的有礼貌的握手应注意握手的力度。跟上级或长辈握手,只需伸手过去擎着,不要过于用力;跟下级或晚辈握手,要热情地把手伸过去,时间不要太短,用力不要太轻;异性之间握手,女方伸出手后,男方应视双方的熟悉程度回握,但不可用力,一般只象征性地轻轻一握。

(四) 握手禁忌

社交中的握手有诸多禁忌,如忌贸然伸手;忌用左手握手;忌戴墨镜、太阳镜握手;忌戴帽子、手套握手;忌交叉握手;忌抓指尖式;忌握手时目光左顾右盼;忌长久地握住异性的手不放。

二、介绍礼

介绍是人与人相互认识的桥梁,是人们开始交往的第一步,是与他人认识、沟通、增进了解、建立联系的方式之一。介绍也是日常接待工作中必不可少的一个环节,是酒店从业者在人际交往和接待工作中相互了解的基本方式。

介绍礼一般分以下四种形式：

（一）自我介绍

自我介绍是交际场合常用的介绍方式，主要用于为自己搭建平台认识对方、结交朋友。一般来讲，自我介绍有三点注意事项：首先，先递名片，再作介绍，以加深别人对自己的印象。其次，自我介绍的时间要简短，尽量控制在1分钟之内。当然，如果对方也有与自己相识的愿望，并非常热情，可进一步作自我介绍。最后，自我介绍的内容要规范，一般应介绍单位、部门、职务、姓名等四个要素，如"我是青岛北海贸易有限公司人事部的经理王强"。

（二）他人介绍

由他人做介绍，自己处在当事人位置。如果你是身份高者、年长者，应立即与对方热情握手；如果是身份低、年轻者，应根据对方的反应而作出反应，比如对方先伸手，则应立即回握。

（三）为他人介绍

酒店从业者在接待工作中，为他人作介绍是常有的事情。在社交场合中，通过接待人员介绍让宾客相互认识是一种起码的礼貌。

首先，为他人介绍时的表情和介绍手势应文雅。无论介绍哪一方，都应手心朝上，手背朝下，四指并拢，拇指张开，指向被介绍一方，并向另一方点头微笑，切忌伸出手指指来指去。

其次，介绍时应注重先后的顺序，简单地讲，即"尊者居后"。介绍时，应先将男士介绍给女士，再将女士介绍给男士；先介绍年轻的，后介绍年老的；先介绍地位低的，后介绍地位高的；女性之间，则先介绍未婚的，后介绍已婚的；主人与客人之间，先介绍主人，后介绍客人。

最后，关于介绍人的问题。在社交活动中，第三者介绍，由谁来充当介绍人是个很重要的问题，因为介绍人不同，表示对客人的待遇不同。一般来讲，充当介绍的人一般有三类：商务交往、公务交往中，一般设有专职的接待人员，如秘书、办公室主任、会务接待等；社交活动中，介绍人则通常为双方的熟人；对贵宾的介绍，则应为我方职务最高者，以表示对贵宾的重视、尊重和规格。

（四）集体介绍

集体介绍一般有两种情况，即将一个人介绍给大家和将大家介绍给一个人。将一个人介绍给大家通常适合于在重大活动中对身份高者、年长者和特邀嘉宾的介绍，如导游将经理介绍给旅行团的团员，只需要注意一些一般性的礼节即可。而将大家介绍给一个人则需注意介绍的顺序，一般是按身份高低或者按座次顺序进行介绍。

三、鞠躬礼

鞠躬礼，即弯身行礼，是中国、日本、朝鲜等国家的传统礼仪，用来表示对别人的尊敬。

鞠躬礼除了向客人表示欢迎、问候之外,还用于下级向上级、学生向老师、晚辈向长辈表示由衷的敬意,有时也用于向他人表示深深的感激之情。鞠躬礼常见的适用场合有演员谢幕、讲演、领奖、举行婚礼、悼念等。

(一)鞠躬礼规范

行鞠躬礼时,施礼者通常距离受礼者 2 米左右,脱帽,呈立正姿势,目视受礼者,身体前部向前弯腰一定程度,目光向下看,然后恢复原状。

(二)鞠躬礼的分类

鞠躬礼一般分为一鞠躬和三鞠躬两种。一鞠躬为身体上部前倾一次,鞠躬 15°～45°;三鞠躬为身体上部前倾三次,鞠躬大约 90°,主要适用于传统婚礼、悼念活动等。

(三)鞠躬的深度

鞠躬的深度视受礼对象和场合而定。一般问候、打招呼施 15°左右鞠躬礼,迎接宾客施 30°左右鞠躬礼,送别宾客行 45°鞠躬礼,90°大鞠躬通常用于悔过、谢罪等特殊情况。

(四)鞠躬礼的注意事项

行鞠躬礼时,施礼者应脖颈挺直,目光应向下看,鞠躬后视线落在对方脚尖部位。目光向下表示一种谦恭的态度,不可以在弯腰的同时抬起眼睛望着对方。鞠躬礼毕起身时,目光应有礼貌地注视对方,如果目光旁视,会让人感到行礼不是诚心诚意。施礼者和受礼者在施礼过程中要相互注视。

在我国,接待外宾时也常用鞠躬礼。如果客人施用这种礼节,受礼方一般也应该用鞠躬礼回之,但长辈和上级欠身点头即算还礼。日本人见面一般不握手,而习惯于相互鞠躬。在接待日本客人时,要尊重其风格,行鞠躬礼。

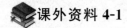

课外资料 4-1

世界各国的鞠躬礼

一、日本

日本是最擅长鞠躬的国家。据统计,一个普通职员一天平均要每 11 分钟鞠躬一次。如果是服务行业职员,每天鞠躬 2000 多次。日本鞠躬一般行 60°～90°礼,双手摊平扶膝,同时表示问候。

二、朝鲜

一般在见面和离别时行鞠躬礼,此时,女子一手提裙,一手下垂鞠躬。

三、西欧

西欧国家,下级对上级或同级时,有时也用鞠躬礼。行礼时,通常脱帽,立正,双目注视对方,面带微笑,鞠躬 15°。

(资料来源:王艳霞.旅游交际礼仪.2 版.济南:山东大学出版社,2010)

四、合十礼

合十礼原为印度的一种礼节,后来为东南亚佛教国家及各国佛教徒普遍采用的一种见面和告别礼节。行礼时面对受礼者,双手掌合拢并齐,掌尖与鼻尖基本平齐,手掌稍向外向下倾斜,头微微向下,神情安详,以示虔敬。

合十礼一般分为三种形式:

(一)跪合十礼

行礼时,双腿跪地,双手合掌于两眉中间,头部微俯,以示恭敬虔诚。此礼节一般为佛教徒拜佛祖或高僧时所行之礼节。

(二)蹲合十礼

行礼时,身体要蹲下,将合十的掌尖举至两眉间,以示尊敬。此礼节用于佛教盛行国家的人拜见父母或师长时用。

(三)站合十礼

行礼时,要站立端正,将合十的掌尖置于胸部或口部,以示诚意。此礼为佛教国家平民之间、平级官员之间相拜,或公务人员拜见长官时用。

合十礼讲究行礼的顺序和施礼手掌的高度。见面时,地位低、年轻者应向地位高、年长者先行合十礼,而地位高、年长者还礼时,手的位置可低些。一般来说,施合十礼的双掌举得越高,表示尊敬的程度越深,但一般不宜高过额头。另外,在行合十礼时,不可同时点头。

五、拥抱礼

拥抱礼为欧美各国、中东及南美洲国家的见面礼节,通常用于迎宾、祝贺、感谢等隆重场合。

拥抱礼的标准做法为两人正面对立,右臂偏向左,左臂偏向下,右手扶在对方左后肩,左手扶在对方右后腰,按各自的方位,两个人头部及上身都向左互相拥抱,然后头部及上身向右拥抱,再次向左拥抱,礼毕。拥抱时,还可以用右手掌拍打对方左臂后侧,以示亲热。

一般来讲,拥抱时间的长短,视对方关系亲密程度定。礼节性的拥抱一般时间较短,双方身体也不必贴得很紧,多行于男士之间或女士之间,异性之间不采用。在我国,一般限于亲密之人。

六、亲吻礼

亲吻礼为西方国家、东欧、阿拉伯国家流行的一种见面和告别礼节,同时人们也常用亲吻礼来表达爱情、友情、尊敬或爱护。行亲吻礼时,往往与一定程度的拥抱相结合。

亲吻礼依双方关系的亲疏不同,亲吻的部位也不尽相同:父母及长辈对子女及晚辈一般吻额头；朋友、同事间一般吻左右面颊；情侣或夫妻之间吻对方嘴唇，以示爱慕之心；交往不深的男女之间，男性只能吻女性的手指或手背。另外，亲吻礼还有吻脚这一形式。在印度，妻子送丈夫出远门时，最高的礼节是摸脚跟和吻脚。在尼泊尔，过重大节日往往行传统的吻脚礼。

当代，许多国家的迎宾场合，宾主往往以握手、拥抱、左右吻面或贴面的连续性礼节，表示敬意和热烈气氛。

七、名片礼

名片是商务人员、白领人士随身必备的物品之一，其作为商务人员、白领人士的"自我介绍信"和"社交联谊卡"，在私人交往和公务交往中都起着十分重要的作用。近年来，人们在社会交往、公关活动中交换名片越来越普遍。恰到好处地使用名片，可以显示自己的涵养和风度，有助于人际交往和沟通。

（一）名片使用的基本规则

规范地使用名片应注意其基本规则，即三个"不准"：

一是不准随意涂改；二是不准提供两个以上的头衔，一般为一两个为宜；三是一般不提供私人联络方式，尤其在商务交往、公务交往中（强调公私分明，工作场合提供办公电话，私人交往提供私人电话）。

（二）名片的基本内容

社交活动中所使用的名片一般含有三大类的基本内容，即本人归属，通常包括企业标识、单位全称、所属部门三部分内容；本人称谓，包括本人姓名、行政职务、学术头衔三部分；联络方式，主要有所在地址、邮政编码、办公电话等内容。除此之外，在名片上还可酌情提供本人的 e-mail、传真、手机、私宅电话等内容。

（三）名片的递接

1. 名片的递送

首先，出示名片，应把握机会。一般来讲，"交谈开始前""交谈融洽时""握手告别时"通常被认为是交换名片的良机。

其次，在社交场合递送名片应讲究顺序。交换名片的顺序一般是"先客后主，先低后高"。与多人交换名片时，应依照职位高低的顺序，或是由近及远，依次进行，切勿跳跃式地进行，以免对方有厚此薄彼之感。

最后，递送名片的方法要规范。递送名片时应以双手食指和拇指执名片的两角，以文字正对对方，一边自我介绍，一边递上名片。此时，眼睛要正视对方，面带微笑，并附有"请多多关照、请多多指教"等寒暄语，切忌目光游离、漫不经心。对于对方递过来的名片，也应该用双手去接，以示尊重和礼节。如果差不多同时递过名片，自己的应从对方的稍下方递过去，同时以左手接过对方的名片。

2. 名片的接受

接受名片时应起身,面带微笑注视对方,以双手接过对方名片。接过名片时应说"谢谢"。随后有一个微笑阅读名片的过程,阅读时可将对方的姓名、职衔念出声来,并抬头看看对方的脸,使对方产生一种受重视的满足感。

需要特别注意的是,名片交换讲究"有来有往"的规则,即接受别人名片后应回敬一张本人的名片。如身上未带名片,应向对方表示歉意。如本人没有名片,较为礼貌的说法为"对不起,我的名片忘记带了"或"很抱歉,我的名片刚好用完了"。

3. 名片的存放

首先,本人的名片应放在随手可取的地方,不应东摸西摸,半天找不到。最好是用专用的名片夹、名片包,然后放到公文包中,或西装右胸内侧衣袋。

其次,接过别人的名片切不可随意摆弄或扔在桌子上,也不要不加确认就随便地塞在口袋里或放入包中。应放在自己的上衣口袋或名片夹里,切忌放入下衣口袋里。

评估练习

1. 如何行握手礼才是合乎礼仪规范的?握手的禁忌有哪些?
2. 请简述介绍礼的四种形式和标准做法。
3. 鞠躬礼的注意事项有哪些?
4. 怎样正确地递送和接收名片?

第二节 拜访与接待礼仪

教学目标

1. 掌握拜访的礼仪规范。
2. 掌握接待的礼仪规范。

一、拜访礼仪

拜访,又称拜会、拜见,是指前往他人的工作单位或住所,去会晤、探望对方,进行接触。如果对拜访的基本礼节不懂,就可能破坏朋友之间的感情,损害自身的形象,甚至会把成功的道路堵塞。拜访的主要作用是交流信息和联络感情,但要注意不要在有求于人的时候才想到拜访。要想使拜访达到预期的效果,一定要遵守一定的礼仪规范与要求。

(一)拜访前的准备

1. 了解情况

拜访前对拜访对象先做一些必要的了解,特别是初次登门,一定要了解对方的基本情况,如企业的经营状况、企业文化、企业在商界的信誉等,以免交谈时无话可说而陷入尴尬局面。

2. 预约为先

去他人的工作单位和住所拜访,可以提前写信、打电话或者口信预约,并把拜访的目的告诉对方。不做不速之客,不请自来。因为对于受访者来说,可能会由于不速之客的到来打乱了全部既定安排。对于很多人而言,未曾约定的拜会是不受欢迎的。

(1) 时间的选择。

公务拜访应选择对方上班时间。最好不要选择星期一,因为星期一是一周的开始,往往是大家最忙的时间。私人拜访以不影响对方休息为原则。尽量避免在吃饭、午休或晚间22:00以后登门。一般情况,上午为9:00—10:00,下午为15:00—16:00,晚上为19:00—20:00为最适宜的时间。

(2) 地点的选择。

公务拜访通常在办公室;私人拜会在家中,也可选在公共娱乐场所,如茶楼、咖啡厅等。

(3) 预约的方式。

预约的方式通常有电话预约、当面预约或书信预约等。较为正式的拜访,应发传真或e-mail至要拜访的单位,注明时间、人员、事由。

3. 着装得体

得体着装能反映出你对受访者的尊重程度,拜访者应根据访问对象身份、拜访的目的修饰仪容,选择着装。私宅拜访,不能太随意,也不要太隆重。公务拜访则应特别关注着装,因为你的拜访在很大意义上代表的是你单位的形象。

4. 认真准备

拜访前应清楚自己的拜访属于哪种性质,应根据拜访的性质作必要的准备。如果是商务性拜访,应事先将自己前往的目的、宗旨、本单位的有关介绍材料、单位的意见等材料准备齐全。名片是自己商务身份的代表,因此,在拜访前,务必准备、检查一下自己的名片,一是是否准备好名片;二是所带的名片是否适合这次拜访。除此之外,拜访者还要考虑是否需要准备馈赠礼品。

(二) 拜访礼规

1. 如约而行

约定了会面的具体时间,拜访者应该守约、守时,如期而至。在很多国家,准时赴约是判断对方可信、可靠度的一个最基本的原则,迟到、失约会动摇一个人的信誉基础。要按事先预定的时间如期赴约,不能迟到,也不要早到,按双方约定的时间准时到达最得体。一般比约定时间早到3~5分钟是最佳时间。如果因故不能赴约必须提前通知对方,以便别人安排其他事情,如果估计要迟到一定要及时通知对方,告诉对方预计到达的时间,并对自己的迟到表示歉意。

2. 进行通报

进行拜访时,倘若抵达约定地点后,未与受访者直接见面,或对方没有派人员在此迎候,则应提前联络对方是否直接到办公室见面。公务拜访可请前台工作人员帮助联络受访者,以确定等待还是自行前往。

3. 进门守礼

拜访时,进门之前应先敲门或按门铃。按门铃的时间不要太长,敲门声也不要太大,只要主人能够听到就可以了;待主人请你进房时,方可入内。进房前,应礼貌地询问是否要换鞋;随身的外衣、雨具以及携带的礼品或物品,应放在主人指定的地方;戴有帽子或墨镜,进入室内应脱下或摘下。主人开门之后,如未邀请入室,不要擅自闯入。如果入室之后,主人没请你脱下外衣或就座,则表示主人不打算留客,你应简短说明来意后立即离去。

4. 做客有方

进门后,应主动向所有相识的人(包括主人的家人或先到的客人)打招呼、问好。如主人没有向你介绍其他客人,不可随便打听其他客人与主人是什么关系,也不要主动与其他客人亲昵地攀谈或乱插话,不要喧宾夺主。主人请你入座时,应道声"谢谢",不要自己找座位,要根据主人的邀请,坐在主人指定的座位上。

拜访时态度要诚恳大方,言谈要得体。没有主人邀请,不应该参观主人的房间,更不应该到处乱闯,特别不应该随便进入卧室。即使是比较熟悉的朋友,也不要去触动主人的物品和室内陈设、书籍。对主人家的个人生活和家庭情况不要过度关心,否则也是不礼貌的。

5. 适时告辞

拜访的时间不宜过长,当宾主双方都谈完该谈的事,叙完该叙的情谊之后,就应及时起身告辞。要有良好的时间观念。一般情况下,礼节性拜访,尤其是初次登门拜访,应控制在一刻钟至半小时之内。最长的拜访,通常也不宜超过两个小时。有些重要的拜访,往往需要宾主双方提前议定拜访的时间和长度。在这种情况下,务必严守约定,绝不能单方面延长拜访时间。

告辞时应对主人的款待表示谢意。并说一些"打扰了""添麻烦了""谢谢"之类的客套语。如有必要,还应根据对象和实情说"请你以后多指教""希望以后多多合作"等。若主人的长辈在家,应先向长辈告辞;若主人处还有其他客人,也要礼貌地和他们道别。出门后应主动请主人留步,礼谢远送。

二、接待礼仪

接待,又叫迎访,即迎接客人来访。不仅拜访要讲究礼节、礼貌,接待客人同样也要讲究礼仪、技巧,只有热情、周到、礼貌待客,才能赢得朋友,获得尊重。反之,可能得罪客人而失去朋友。一般而言,接待主要包括迎客、待客、送客三个环节。

(一)接待前的准备

首先,应清扫整理房间。其次,根据客人年龄、性别、爱好,备好茶水、果品和点心等待客的必备物品。公事拜访还要准备客人所需要的资料。再次,要做好个人仪表的准备。衣着要整洁、大方。最后,根据需要,还可以做膳食、住宿和交通工具的准备。外宾来访一般会携带礼物,我方可视情况准备回赠的礼品。

（二）迎客礼仪

1．迎客地点

迎接公务访客，主人可根据情况亲自或派人到大门口、楼下、办公室或住所门外迎接。对于外国或外地客人，应主动驱车或派车到车站、机场或码头迎接。必要时可以准备接站牌，上写"欢迎××同志"；会议性的访客，一趟车到站人数较多，可以写"××会议接待处"。本地访客，主人可根据情况亲自或派人到大门口、楼下、办公室或住所门外迎接。接待家庭访客，到了约定时间，主人应去门口恭候客人，室外室内要打扫干净，主人衣着要整齐，只穿汗衫背心是很不礼貌的。

2．行车途中

如派人派车去车站、机场或码头迎接客人，接待人员应注意行车途中的礼节。开车以后，接待人员要主动与客人寒暄，可以介绍一下这次活动的主要内容、日程安排，此前到达的已有哪些客人、有哪些人员参与活动等。还可以介绍一下当地的风土人情，问一下客人有什么私事要办、需不需要帮助等，不要使客人受到冷落。到达驻地，接待人员应先下车，给客人打开车门，说一声"请慢下车"，招呼客人下车。

3．确定接待规格

接待方应遵从"身份对等"的原则确定接待规格，即主要迎送人员的身份和职务应与来访者相差不大，以对口、对等为宜。如果当事人因故不能出面，或不能完全对等，要灵活变通，由职位相当人士或副职出面。根据来宾身份，接待规格一般分为高规格接待、低规格接待、同等接待三种。

高规格接待即本单位陪客比来客职务要高的接待。通常有以下几种情况：上级领导派一般工作人员向下级领导口授意见；兄弟单位领导派员到本单位商谈重要事宜；下级人员来访，要办重要事宜等。这些情况一般都要求领导出面作陪。

低规格接待即本单位陪客比来客职务低的接待。低规格接待通常在基层单位中比较多见，一般有几种情况：上级领导部门或主管部门领导来本地、本单位视察；老干部故地重游；老干部和上级领导路过本地，短暂休息；外地参观团来本地参观。

同等接待即陪客与客人职务、级别大体一样的接待。一般是来的客人什么级别，本单位也派什么级别的人员陪同，职称或职务相同则更好，或按预约由具体经办部门对等接待，较高层次的领导只需在事前看望一下即可。

4．迎接、陪行

与客人见面，接待人员要主动问候，适时介绍，主动伸手与客人握手，以示欢迎。如果走过去的距离较远，经客人允许，可以帮助其拿包或其他东西。当接待人员带领客人到达目的地，应该有正确的引导方法和引导姿势。接待人员中应该有一个人在左前方带路，其余的人按尊卑顺序在左侧陪同来宾一起前行。

到达会客室的门口，要先向来宾介绍这是什么地方，然后为来宾开门。外开的门，接待人员应拉开门并站在门后请来宾先进；内开的门，接待人员向里推开后自己先进去，然后在门后拉住门，请来宾进入。

(三) 待客礼仪

待客之礼,应是主动、热情、周到、善解人意的。

1. 请客入室

客人到来时,要立即请客人入室,室内的人都应起身相迎。端坐不动随便请客人自己进来,会使客人感到不受重视。

2. 介绍、让座

如果客人对前来欢迎的人不认识,应向客人一一进行介绍。被介绍的人应满面微笑地与客人伸手相握,并说"您好!""欢迎您!""见到您真高兴!"等。向领导引见客人时,应礼貌地向双方作介绍。介绍时应简洁、明了,如"李总,这位是××公司的王经理""王经理,这位是我们公司的李总经理"。双方握手问候后,主人应让座。对家人、亲朋好友或同事,也要一一介绍,以表现出友好的态度。然后安排客人就座,应把最佳的"上座"位置让给客人坐。客人进屋后,主人要协助客人把携带的物品放好。

3. 奉茶

主客双方坐下后,接待员应按礼仪次序的要求为客人上茶水。安排妥善后,如自己没必要参加会谈,可避开,等候领导吩咐,或经领导同意后离开,回到自己的工作岗位。离开时应向客人礼貌致意,退出门外,轻轻把门关上。为客人上茶,茶水要浓度适中,一般斟在六七成满较为适宜。茶与果品应双手送上,烟要亲自为客人点火。

> **课外资料 4-2**
>
> **上茶不过三杯**
>
> 中国人待客有"上茶不过三杯"一说。第一杯叫作敬客茶,第二杯叫作续水茶,第三杯则叫作送客茶。如果一再劝人用茶,而无话可讲,则往往意味着提醒来宾"应该打道回府了"。有鉴于此,在以茶招待较为守旧的老年人或海外华人时,不宜再三为之斟茶。
>
> (资料来源:宋学军.商务礼仪.北京:九州出版社,2004)

4. 礼貌交谈

在办公室与客人交谈,一般应是工作上的事。谈话要尽量简短,几句寒暄后要马上进入正题,不能漫无边际地聊天。交谈时要控制音量,专心致志。对交谈的内容、来访者的意图等可作适当的记录,以便向有关部门、领导汇报、落实和交代。对客人提出的要求要认真考虑,不能立即答复的,应诚恳地向客人说明,或向有关部门、领导汇报后再答复。如果对方的意见和要求不能满足,应委婉拒绝。总之,无论结果如何,都不能失礼和失态,要注意维护企业、单位的利益和尊严。

(四) 送客礼仪

中国人常说:"迎人迎三步,送人送七步。"接待工作顺利完成后,后续的工作送客也很重要。送客又被称之商务活动的"后续服务"。做好"后续服务",是为了留给客人美好的回忆,为以后的商务交往活动打下基础。

当客人提出告辞时,主人应婉言相留。如客人执意要走,也要等客人起身告辞时,主人再站起来相送。如果是非常熟悉的朋友,一般送到大门口、楼下,与客人说"再见"或"欢迎下次再来"的礼貌用语,目送客人远去,再返身回屋。如果是远道的朋友送行,要送到车站、机场或码头,要等火车、飞机、汽车或轮船开动后再离开。

需要特别注意的,一是要协助外地客人办好返程手续。要准确掌握外地客人离开本地时间,以及所乘交通工具的意向,为其预订好车票、机票,尽早通知客人,使其做好返程准备。作为主人,可以为长途旅行的客人准备一些途中吃的食品。另外,最好由原接待人员将客人送至车站、码头、机场。如果原接待人员因为特殊原因不能送行,应向客人解释清楚,并表示歉意。送客的时间一定要严格掌握。二是送客的人到达的时间要恰当,要给客人留出收拾东西、打点行装的时间。来得太早,不但会影响客人收拾行李,而且也有催他们走的嫌疑;来得太晚,可能会错过飞机或火车的开行时间,让客人着急。

课外资料 4-3

出迎三步,身送七步

中国人常说:"迎人迎三步,送人送七步。"

迎来送往是日常礼仪的重要部分,可是许多人只注重"迎",而忽略了"送"。去某人家,让座、敬茶、寒暄……极尽周到热情之能事,告别的时候到了,一出门,没走两步,"砰"一声巨响从身后传来,让客人的心冷冷地颤了一下。这样的情况,相信许多人都曾碰到过。

在待人接物、迎来送往方面,周恩来非常重视每一个细节。20世纪50年代的一天,周总理前去机场欢送西哈努克亲王离京,前往送行的还有军队的一些高级干部。大家笑容可掬、毕恭毕敬地亲切握手、拥抱、告别,又目送着西哈努克进了舱门。因为飞机起飞之际,有场足球出线比赛,这些送行的高级干部一见西哈努克进了机舱,便迫不及待地四下散去,就像电影散场一样。

周恩来满面春风地站立着,静等飞机升空,突然发觉周围气氛异常。他转头一看,勃然变色。但他马上镇定了自己的情绪,只向身边的秘书轻语:"你跑步去,告诉机场门口,一个也不许放走,我等下有话说。"整个送行过程中,周恩来始终立正站立,看着飞机起飞,在机场上空绕一圈,摆摆机翼,然后渐渐远去,渐渐消失……干部们也回来了,站在那里目送着飞机离去。随后,周恩来和前来送行的外交使节告别。直到外交使节全离开了,才面对那些干部说:"你们都过来。客人还没走,机场已经没人了,人家会怎么想?你们是不是不懂外交礼节?那好,我来给你们上上课!"周恩来声音不高不低,语速不紧不忙地讲起了基本的外交礼节:"按外交礼仪,主人不但要送外宾登机,还要静候飞机起飞,飞机起飞后也不能离开,因为飞机还要在机场上空绕圈,要摆动机翼……"从那以后,这样的事后来再也没有发生过。

很多知名企业家也很注意送人的礼节。一位内地企业家在接受电视采访时谈到了他去李嘉诚办公室拜访李嘉诚的经历。那天,李嘉诚和儿子一起接见了他。会谈结束之后,李嘉诚起身从办公室陪他出来,送他到电梯口。更让人惊叹的是,李嘉诚不是送到即走,而是一直等到电梯上来,他进去了门,再举手告别,等到门合上。身为亚洲首富的李嘉诚肯定是日理万机的,可他依旧注重礼节,亲自送人,没有丝毫的怠慢。这位内地企业家面对着电视机前的亿万观众动情地说:"李嘉诚这么大年纪了,对我们晚辈如此尊重,他不成功都难。"

心理学上不但有首因效应,也有"末因效应"——"最初的"和"最后的"信息,都能给人们留下深刻印象,"最初的"印象尚可弥补,而"最后的"信息往往无法改变——"送往"的意义大于"迎来"。

送客礼仪是接待工作的最后一个环节。送客时应按照接待时的规格对等送别,"出迎三步,身送七步"是迎送宾客最基本的礼仪。因此,每次见面结束,都要以将再次见面的心情来恭送对方回去。送客如果处理不好,就将影响整个接待工作,使接待工作前功尽弃。

有始有终,而不是虎头蛇尾,这不仅仅是礼节,也是做人的要求。做人不能只做面前,而不管身后。

(资料来源:杨玉荣.国际商务礼仪.北京:北京交通大学出版社,2012)

评估练习

1. 拜访礼仪的规范有哪些?
2. 请简述公务接待的基本流程及注意事项。

第三节 通 信 礼 仪

教学目标

1. 掌握电话使用的礼仪规范。
2. 掌握手机使用的礼仪规范。
3. 了解网络礼仪规范。

现代社会是一个信息社会,对现代人来说,信息就是财富。目前,多种多样的现代化通信工具层出不穷,应用最多、最广的是电话、手机、电子邮件等,它们已经成为人们获取信息、传递信息的有效工具。因此,现代通信礼仪的作用也逐渐明显。

一、电话礼仪

随着生活节奏、工作效率的加快提高,电话日益成为现代人工作生活必备的沟通工具。酒店从业者应懂得基本的电话礼节,学会规范正确地使用电话。如果不熟悉或不讲究电话礼仪,很可能导致双方都不愉快,给工作生活带来诸多不便。

(一)接打电话的程序

1. 拨打电话的程序

(1)做好拨打前的充分准备,首先,做好拨打前的思想准备,精神饱满,使自己的声音富有影响力;其次,要考虑好大致的通话内容,可记几点以备忘;最后,做好必要的物质准备,如准备好常用电话号码表、笔、纸,以便于做必要的电话记录。

(2) 电话接通后,应问候"您好",并确认拨打无误"这里是××单位吗?"
(3) 得到明确答复后,自报家门"我是××单位××人"。随后,报出自己要找的人。
(4) 通话双方进行电话交流。
(5) 通话结束,以"再见"结束通话。

2. 接听电话的程序

(1) 应坚持接听电话"铃响不过三"的基本原则,在电话铃声响后三声之内接起电话。
(2) 接起电话,首先问候"您好",接着报公司名称、部门——"这里是××公司××部"。
(3) 报姓名,即自我介绍,如"我是李总的秘书××"。
(4) 询问来电需要什么服务,表示愿意为对方效劳,如"请问有什么需要我帮助的吗?"
(5) 认真倾听电话内容。
(6) 通话结束,以"再见"结束通话。

(二) 电话形象

正确地使用电话,并不是每一个会打电话的人都能够做到的。要正确地利用电话,不只是要熟练掌握使用电话的技巧,更重要的是,要自觉维护自己的"电话形象"。

"电话形象",是电话礼仪的主旨所在。它的含义是:人们在使用电话时的种种表现,会使通话对象"如见其人",能够给对方以及其他在场的人,留下完整的、深刻的印象。

一般认为,一个人的"电话形象",主要是由他使用电话时的语言、内容、态度、表情、举止以及时间感等几个方面所构成的。它被视为个人形象的重要组成部分之一。据此,大体上可以对通话之人的文明礼貌的修养和为人处世的风格,有所了解。因此,在使用电话时,务必对维护电话形象的问题倍加关注,自觉自愿地知礼、守礼、待人以礼。

1. 通话的时机

要打好一次电话,首先就应当明确:通话唯有在适宜之时进行,才会事半功倍。打电话若是不考虑时间问题,往往就会无事生非。按照惯例,通话的最佳时间有二:一是双方预先约定的时间,二是对方方便的时间。打公务电话,尽量要公事公办,不要在他人的私人时间,尤其是节、假日时间去麻烦对方。非特殊需要不要在半夜、拂晓或别人吃饭、休息的时间打电话,以免引起对方的反感。

2. 通话的内容

通话的内容要简练、明白、口齿清晰、吐字干脆。要坚持"以短为佳,宁短毋长"的基本原则,尽量使自己的通话保持在3分钟以内,以免浪费他人和自己的时间。

3. 通话时的举止表现

首先,要微笑,因为微笑的声音可以通过电话传递给对方一种温馨愉悦之感。其次,打电话时,应停止一切不必要的动作,采取正确站姿,最好双手持握话筒,并起身站立。不要边吃东西边打电话,不要在通话时把话筒夹在脖子下头,不要抱着电话机随意走动,或是趴着、仰着、坐在桌角上,或是高架双腿与人通话。拨号时,不要以笔代手。不能对着话筒发出咳嗽的声音。

4. 电话公务

电话公务管理应当完善,即"谁接的电话""如何处理的"等问题应当明确。这些,一般都能通过电话记录体现出来。电话记录中,应特别注意有六项要素要记录到位,即 who(谁来的电话)、whom(打电话找谁)、what(来电内容)、why(来电原因)、where(来电中提到的地点)、when(来电时间、来电中提到的时间)。

(三)接打电话的注意事项

(1) 声音要自然,充满表现力,不要装腔作势,嗲声嗲气。

(2) 在通话时,不宜发声过高,免得受话人承受不起。标准的做法是:声音宁小毋大,并使话筒与口部保持 3 厘米左右的距离。

(3) 如对方帮你去找人听电话,此时,打电话的人应当手握话筒等在一边,不能放下话筒干别的事情。

(4) 如对方告知要找的人不在,切不可"咔嚓"一下就挂断电话,而应说"谢谢,我过会儿再打"或"如方便,麻烦转告××……"或"请告诉他回来后给我来个电话,我的电话号码是××××"等。

(5) 如果要求对方对你的电话有所记录,应有耐心,别催问"好了吗?""怎么这么慢?"

(6) 认真倾听对方电话的内容,不时说些"是""好"之类的话语,让对方感到你在认真地听。

(7) 不要轻易打断对方说话。

(8) 如果电话号码拨错了,或接听到打错的电话,一定要有礼貌,如"对不起,我打错了"。

(9) 电话完毕,挂断电话的声音不要太响,以免失礼。挂断电话应坚持"位高者先挂"的规则,如果通话双方平级,则坚持"主叫先挂"的规则。

(10) 如果接待来访客人时,电话响了,应对对方说声"对不起",然后再接听电话。千万不可以对客人置之不理,径自接听电话。回来后,应说:"对不起,让您久等了"。如果你是客人,此时应当表示让主人先接听电话,处理业务上的事情。

课外资料 4-4

接听电话的十大要诀

要诀一:用姓氏称呼对方。

要诀二:以"再见"结束电话。

要诀三:避免让客户重述内容。

要诀四:使用电话敬语。

要诀五:提供方案,由客户选择,永远给对方优先选择的权利。

要诀六:绝不使用"喂""谁"。

要诀七:主动提供帮助。

要诀八:避免多余的声音。

要诀九:避免否定的或绝对性的词语。

要诀十：要有助人为乐的精神，不要表现出没有耐心。
(资料来源：孔秋英.电话 IQ——电话礼仪与沟通技巧.上海：上海远东出版社，2004)

二、手机礼仪

手机被称作"第五媒体"，已是现代社会生活中不可或缺的通信工具。当今社会，手机已成为现代人随身必备、使用最为频繁的电子通信工具，因此，其使用的礼仪也越来越受到关注。

（一）手机的使用

1. 场合适宜

使用手机一定要讲究社会公德。酒店从业者在公务交往中，尤其是在庄严而隆重的场合，如与客户洽谈、陪同客户观看文艺演出、参加仪式、出席宴会、举行会议等，不要使用手机，应使之静音或转为震动，以避免干扰或影响他人，或破坏现场的气氛。若急需通话，应寻找无人之处；若不得不当众使用，应向周围的人致歉，并尽量压低声音。

在一切不宜打手机的场合，如加油站、医院病房、驾车等，应自觉关闭手机；而在一些公共场所，包括楼梯、电梯、路口等人来人往的地方，不应旁若无人地使用手机。

2. 放置到位

手机的使用者，不可有意识将自己的手机展示于人，应将其放置于合乎礼仪的位置。通常，随身携带手机最佳位置有二：一是公文包；二是上衣口袋。切勿将手机挂在脖子上、别在腰带上、放在桌子上，也不要拿在手里或放在上衣外口袋里。

3. 保证畅通

使用手机的主要目的是保证自己与外界的联络畅通，酒店从业者对此不仅必须重视，而且还应采取一切行之有效的措施。万一因故暂时不方便使用手机，可在语音箱上留言，说明具体原因，告知来电者自己的其他联系方式，或者采用呼叫转移的方式与外界保持联系。

4. 重视私密

一般而言，手机的号码，不宜随便告诉别人。因此，不应当随便打探他人的手机号码，更不应当不负责任地将别人的手机号码转告他人，或是对外界广而告之。为了体现自己的涵养，不要借用他人的手机打电话，若不得已需要借用他人手机使用时，请不要走出手机主人的视线，且应该长话短说。

（二）短信的使用

手机短信的使用越来越广泛，已成为手机礼仪关注的焦点。

1. 讲究场合

在一切需要手机震动状态或是关机的场合，如在会议中、在商务洽谈中等，使用手机接收短信，要设定成静音或震动状态或关闭。

2. 礼貌收发

在与他人商谈中，如果边谈话，边查看手机短信，这是对他人的不尊重。一般情况下，短信应有头有尾,有称谓有署名。而就祝福短信而言,一来一往足矣,二来二往就多了,三来三往就成了繁文缛节。

3. 内容文明

使用短信,应和手机通话一样文明,注意忌滥、忌黄、忌黑。忌滥,即不要以短信骚扰客户;忌黄,即不要给客户发送庸俗的、不健康的、格调不高的信息;忌黑,即不要制造和传播反动、封建、违法或涉及敏感政治问题的短信。

(三) 铃声的使用

随着手机铃声越来越丰富,个性化的铃声正迅速走俏。形形色色的铃声中有文明的,也有不文明的。因此,合乎礼仪地使用手机铃声,已成为手机礼仪新规则中不可或缺的内容。

1. 注意场合

个性化铃声为生活增添了色彩,但使用个性化铃声应注意场合。在办公室和一些严肃的场合,若出现"抓贼啊"等给公众传播错误信息的铃声,是非常失礼的。

2. 内容文明

铃声内容应文明健康、格调高雅。不雅的铃声如"汪汪"的狗叫声,既会让拨打者尴尬,也会有损个人和公司形象。

3. 符合身份

设置铃声,应注意与自己身份相匹配,男生不要设置成女声,女生最好也不设成男声。商务人士需要经常联系业务、与客户交往,最好不要用过于怪异、格调低下的彩铃声,以免影响个人和公司形象。

4. 音量适中

铃声音量不能调得过大。在公共场所,如医院、幼儿园、办公室等地铃声过大会干扰和影响他人。

(四) 拍照的使用

现在的手机几乎都有拍照功能,但不要因为拍得方便就随意拍照。在用手机拍照或者摄影时,应该征得对方的同意,并要保护对方的隐私权。不要在车厢、剧院、餐馆等地方用摄像机、手机对着行人拍照。如果对方允许拍照,也不能未经对方同意将其照片转发给其他人欣赏,甚至传到网络上广为传播。

三、网络礼仪

网络,正迅速融入现代社会,它为现代生活打开了一个五彩缤纷的虚拟空间。随着网络的发展,网络礼仪也应运而生。网络礼仪,其英文为netiquette,是在网上交往活动中表示尊重、友好的行为规范与准则。

(一) 网络礼仪的原则

1. 互相尊重

网络把来自五湖四海的人聚集在一起,网络的虚拟性,可让人们在未见其人、未闻其声的情况下进行交流。不要以为自己面对的是计算机屏幕，便变得粗劣和无礼，别忘记网络那端人的存在；不要随意评论对方的长相、宗教信仰、智商、生活方式和饮食习惯等。尊重，是网络礼仪的首要原则。

2．行为一致

网络世界虽为虚拟空间，但不可因此降低道德标准。网上的道德和法律与现实生活是相同的，在现实生活中大多数人都是遵纪守法的，在网上也应同样如此。网上网下应行为一致。

3．文明交流

网络是虚拟的空间，网上的言谈用语成为体现一个人品格修养与道德水平的唯一依据。网络交流方式很多，如 BBS、聊天室、博客、QQ、微信等，无论使用何种方式，都必须注意文明交流。文字要准确、简洁，用语要文明、规范和礼貌。网上发表言论时，不使用过火的词语和侮辱性的语言，不要恶意攻击、诋毁他人等。

4．保守秘密

在网上，不可将自己所掌握的秘密当作可炫耀的资本加以传播或泄密；不要公开发布私人邮件；不要公开别人与你用电子邮件或私聊（ICQ/QQ/MSN）的记录，它是个人隐私的一部分；未经同意，不要公开他人的网名；如果不小心看到别人的电子邮件或秘密，不应该到处传播。

5．注意安全

使用网络要有安全自保意识。不要随便传递内部文件和信息，以免造成泄密；公用账户、私人密码不要在公众场合使用；要防范黑客、病毒，要谨慎对待不明电子邮件；对于有关部门发布的信息预警，要及时采取措施防范。

6．诚实守信

诚实是做人之本。在未见其人的网络虚拟世界中，诚实更能体现出一个人的品格和修养。网上购物要诚信，网络营销要守信。不要发布和传播虚假信息，不要转载、复制拥有版权的文字、图片和影像资料等。

（二）电子邮件

随着网络的日益普及，电子邮件以其方便快捷、安全保密、费用低廉的特点，博得了人们的喜爱，已是一种重要的通信方式。电子邮件，即通常说的 e-mail，又称电子函件或电子信函。它是利用电子计算机所组成的互联网络，向交往对象所发出的一种电子信件。使用电子邮件，也应像使用其他通信工具一样讲究礼仪。

1．精心撰写

准备发送的电子邮件，一定要精心构思，认真撰写。若是随想随写，是对他人的不尊重。撰写电子邮件应注意以下几点：

一是主题明确，一目了然。一般来说，一封电子邮件应当只有一个主题，并且需要在主题栏注明，以便收件人见到就明白整个电子邮件的内容。

二是语言流畅，便于阅读。不要写生僻字、异体字；引用数据、资料最好标明出处，以便收件人核对。

三是内容清楚,简明扼要。网上的时间极为宝贵,所以,电子邮件的内容应当简明扼要,越短越好。

2. 书写规范

虽然是电子邮件,但其格式应与普通书信一样,称呼、问候、致谢、署名、日期等不可缺少。所不同的是,电子邮件必须有标题,让收信人一看就知道来信的要旨。

可加附件是电子邮件最大的优势。附件可以是图表、照片或者是一些用文字处理软件编辑的文件,甚至可以是一本或几本书。以发附件为主要目的的邮件也要有内容,只发附件而不写正文是不礼貌的。

在发信前还要仔细检查一下信件的内容,避免由于键盘输入的错误,使信文语句不通或发生歧义。

3. 讲究收发

在发邮件前,需用杀毒软件扫描文件,以免将病毒传染给对方。将计算机病毒带给对方的行为是不能被原谅的。对于一些要求转发的邮件应尽快删除,因为传播垃圾邮件是不道德的行为。

职场人士不要轻易地向他人乱发无聊、无用的邮件,不要让自己的邮件变成"垃圾邮件"。必须注意的是一封电子邮件只涉及一个主题,若有其他问题可以发两封邮件,因为这样可以便于收信人转发。

4. 尊重隐私

当一封信同时传给不同的收件人时,要用"秘密抄送"方式传递,这样就使收信人看不见其他收件人以及他们的邮箱代号了,随便公布他人的邮箱代号同样也是不道德的。此外,不得擅自传递私人信件,转发他人的邮件必须得到本人同意。

5. 及时回复

一是定期打开收件箱,查看有无新邮件,以免遗漏或耽误重要邮件的阅读和回复。

二是及时回复商务邮件。邮件最好在 24 小时内予以回复,以确保信息的及时交流和商务活动的顺利开展。若涉及较难处理的问题,可先告知对方来信已收到,择日予以答复,也可以使用计算机的"自动回复"功能。

三是若由于因公出差或其他原因未能及时打开收件箱查阅和回复,应迅速补办具体事宜,尽快回复,并向对方致歉。

评估练习

1. 什么是"电话形象"?公务交往中,酒店从业者应如何维护良好的电话形象?
2. 接打电话的注意事项有哪些?
3. 谈谈自己见到的使用手机的不文明现象。

第四节 位次礼仪

教学目标

1. 掌握行进、乘车的位次安排,并能自觉遵守。

2. 掌握会谈、会议、签字仪式的位次礼仪。

位次是商务交往中人们相互间各自所处位置的尊卑顺序,其尊卑是约定俗成的规范。恰当的位次,是对交往对象的尊重和友好。位次礼仪,是酒店职业礼仪的重要内容之一。一般情况下,不同场合位次礼仪要求是不同的。

一、行进中的位次

所谓行进中的位次排列,指的是人们在步行的时候位次排列的顺序,在陪同、接待来宾或领导时,行进的位次引人关注。

(一) 常规行走

常规行走应坚持"前为尊、后为卑、右为大、左为小"的行路规则。具体来讲,与客人并排行走时,应该铭记两人以右为尊;单行行进时,前方高于后方,没有特殊情况,应让客人或领导在前面行进。此外,三人行走时内侧高于外侧,中央高于两侧,即要让客人或领导走在中央或内侧。

(二) 陪同引导

客人不了解行进方向,则由接待人员引领客人行走。并行时,一般应让客人走在自己的右侧;引导时,应走在客人左前方两三步远的位置;上下楼或转弯应用手示意,并礼貌地说:"这边请。"

(三) 上下楼梯

上下楼梯是在服务交往中经常遇到的情况。其规则是:单行行进,以前方为上。没有特殊原因,应靠右侧单行行进,让客人或领导走在前面,把选择前进方向的权利让给客人或领导。上楼时,客人走在前面,接待人员走在后面;下楼时,接待人员走在前面,客人在后面。特殊原因需要引路时,客人在后。但男女同行时,上下楼宜令女士居后。

接待人员要注意在上下楼梯、途中有障碍物和需要拐弯时适时进行危机提醒。

(四) 出入电梯

乘升降式电梯,应遵循陪同人员"先进后出"的原则。陪同客人来到电梯门前后,先按电梯呼梯按钮。轿厢到达厅门打开时,若客人不止一人,可先行进入电梯,一手按"开门"按钮,另一手拦住电梯侧门,礼貌地说"请进",请客人进入电梯轿厢。进入电梯后,按下客人或长辈要去的楼层按钮。若电梯行进间有其他人员进入,可主动询问要去几楼,并帮忙按下按钮。到达目的楼层,一手按住"开门"按钮,另一只手做出请的动作,可说:"到了,您先请!"客人走出电梯后,自己立刻步出电梯,并热诚地为其引导行进的方向。若乘有人值守的电梯,则客人先进、先出,陪同人员后进、后出。

乘自动扶梯,规范做法是右侧站立、左侧急行,前方为上、前尊后卑,即靠右站立,把左侧的通道留给有急事的人,让尊者、女士、客人走在前面。

二、乘车的位次

(一) 座次的礼节

在乘车礼仪中,最重要的是座次问题。座次的安排要考虑到驾驶者、车的类型、安全系数、客人意愿四个要素。

1. 小轿车

乘坐轿车首先存在上下车的问题,一般情况下遵循客人先上后下的原则。当然,如果很多人坐一辆车不方便,那么就谁最方便下谁先下。因此乘坐最重要的一个礼仪问题是轿车里位次的尊卑。轿车里的位次,大体上有三种情况,不同情况有不同的讲究。

第一种情况称为公务交往,换言之,接待客人是一种公务活动。参与活动的车辆归属于单位,驾驶司机一般是专职司机。就双排座轿车而论,公务接待时轿车的上座指的是后排右座,也就是司机对角线位置,因为后排比前排安全,右侧比左侧上下车方便。公务接待时,副驾驶座一般叫随员座,坐秘书、翻译、保镖、警卫、办公室主任或者导引方向者。

第二种情况称为社交应酬。工作之余,三五好友外出吃饭活动,这时一般车辆的归属是个人的,开车的人是车主。车主开车时,上座是副驾驶座,表示对开车人的尊重。在这一情况下坐后座是不礼貌的。

第三种是接待重要客人。接待高级领导、高级将领、重要企业家时人们会发现轿车的上座是司机后面的座位,因为该位置比较隐秘且是车上安全系数较高的位置。

2. 大中型轿车

大中型轿车上,通常合"礼"的座次排列应当是由前而后,由右至左,即以司机座位后第一排座位为尊,后排座位次之;每排座位的尊卑,自右往左依次递减。

3. 吉普车

吉普车无论是主人驾车还是司机驾车,其座次由高而低是:副驾驶座、后排右座、后排左座。

(二) 上下车的礼节

1. 小轿车

(1) 乘坐顺序。

乘坐轿车,若环境允许,应请女士、客人、长者、职位高者先上车,后下车,即遵循"女士为尊、客人为尊、长者为尊、职位高者为尊"的原则。

上车时,应让车子开到客人跟前,帮助客人打开右侧车门,并以手挡在车篷上框(护顶),提醒客人注意,等客人坐好后,关上门,然后才可以从左侧车门上车。下车时(若无专人负责开启车门),则应先下车,并绕过去为客人打开车门,以手挡住车门上框,协助下车。亲友一同乘车时,男士和晚辈也应如此。男女同乘、下级上级同乘,男士和下级应主动帮助女士或上级乘车。

(2) 进出姿势。

穿短裙的女士上下车最好采用背入式和正出式,即上车时,应先站在座位边上,双腿并拢,弯腰捋裙,臀部先入座,再将双腿一起收入车内,双膝要始终保持合并的姿势;下车时,正面面对车门,双腿并拢移出车门,双脚着地后,再移身车外。

2. 大中型轿车

乘坐大中型轿车与乘坐小轿车上下车的礼宾顺序正相反。其基本要求是:男士、身份低者等先上车,坐在后面的位置;尊者、女士、身份高者等后上车,最后由工作人员关好门。

3. 吉普车

乘吉普车时,后排位低者先上车,前排尊者后上;下车时顺序则相反。

三、会谈的位次

会谈,也称谈判、洽谈及磋商,通常是指双方或多方就某些共同关心的问题交换意见。会谈可分双边会谈和多边会谈。为了体现会谈的严肃性,人们对会谈的位次十分重视。

(一) 双边会谈

双边会谈是指由两方参加的会谈。一般采用长方形、椭圆形或圆形桌子,宾主分坐于两侧,其座次排列有两种,一种是横桌式;另一种是竖桌式。

1. 横桌式

横桌式是把长方形、椭圆形或圆形桌子横放在会议室。首先,遵循"面门为上"的规则来安排宾主双方,即以正门为准,客方面向正门,主方背对正门。其次,主方与客方人员位次的安排要遵循"居中为上"的原则,即双方职位最高者居中。其余人员按照"左高右低"(国内会谈)或"右高左低"(国际惯例)的原则,分坐职位最高者两侧(图 4-1)。

2. 竖桌式

竖桌式是把长方形、椭圆形或圆形桌子竖放在会议室,以入门方向为准,右侧为客方,左侧为主方。宾主双方人员位次排列与横桌式一样(图 4-2)。

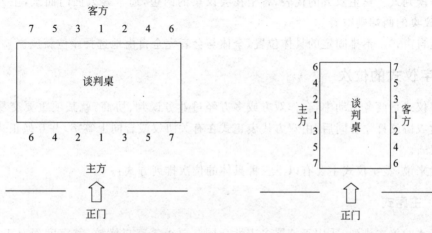

图 4-1 横桌式谈判位次排列　　图 4-2 竖桌式谈判位次排列

（二）多方会谈

多方会谈是指由三方及以上参加的会谈。多方会谈位次排列有两种形式：一种是自由式，即自由择座，不具体安排位次。另一种是主席式，面对房间正门设立一个主位，各方发言时，方可在主位上就座，其余人员则面对主位，背门而坐。

四、会议的位次

（一）大型会议

大型会议，一般是指与会者众多、规模较大的会议。它的最大特点是，会议要求设主席台与群众席。前者必须认真排位，后者的位次则可排可不排。

在主席台上就座之人，通常应当与在群众席上就座之人呈面对面之势。

商务会议与国际会议，主席台的位次排列方法是"前排高于后排""中央高于两侧""右侧高于左侧"（我国政务会议崇尚左高于右）。即将职位最高者（或声望高的来宾）就座于主席台的前排中央，其余人员按先右后左、一右一左的顺序排列（图4-3）。

主持人之位，可在前排正中；发言席的标准位置有两种：一是设于主席台的正前方；二是设于主席台的右前方。

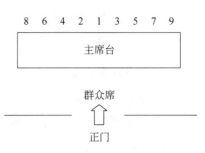

图4-3 大型会议位次排列

（二）小型会议

小型会议，一般指参加者较少、规模不大的会议。它的主要特征是不设立专用的主席台。一般情况下，小型会议排座有以下三种情况：

一是等级式。会议的主席坐在离会议厅门口最远的桌子末端，主席两边是参加会议的客人和拜访者的座位，或是给高级管理人员坐的。

二是谈判式。宾主双方的代表，各坐在会议桌的两边，通常客人面门而坐，主人背门而坐，会议桌的两端则空着。

三是自由式。不排固定的具体位置，全体与会者完全自由地选择座位就座。

五、签字仪式的位次

签字仪式是商务活动中，合作双方或多方经过业务谈判、协商，就某项重要交易或合作项目达成协议订立合同后，由双方代表正式在有关协议或合同上签字，并互换正式文本的一种仪式。

一般来说，签字仪式主要有以下三种具体的位次排列方式：

（一）主席式

主席式的位次排列，适用于签署多边性合同。要求签字桌横放，签字席面对正门，仅设一个。所有相关各方的随员,包括签字人员在内,应按照一定序列,面对签字席就座或站立。签字时,各方签字人依照有关各方事先同意的先后顺序,依次走向签字席就座签字。各方助签人,随之一同行动,并站立于签字人左侧。具体排列如图 4-4 所示。

(二) 并列式

并列式的座次排列,是最常见的排列方式。基本规范为签字桌面门横放,座位的安排是主左客右。双方助签人员,分别站立在各自签字人的外侧。双方其他随员,依照职位的高低,站立于主客方签字人身后,客方自左至右、主方自右至左地依次列成一行。一行站不完时,可遵照"前高后低"的惯例,排成两行、三行或四行。原则上,双方随员人数,应大体相近。具体排列如图 4-5 所示。

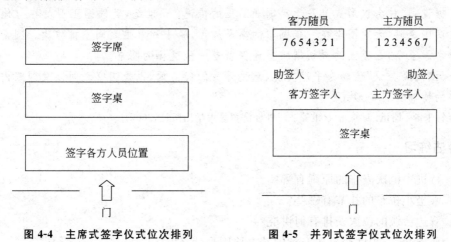

图 4-4　主席式签字仪式位次排列　　图 4-5　并列式签字仪式位次排列

(三) 相对式

相对式的位次排列,也是常见的排列方式。和并列式不同的是,双方的其他随员,按照一定顺序在己方主签人的正对面就座。具体排列如图 4-6 所示。

图 4-6　相对式签字仪式位次排列

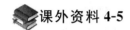 课外资料 4-5

圆 桌 会 议

"圆桌会议"指围绕圆桌举行的会议,圆桌并没有主席位置,亦没有随从位置,人人平等。

圆桌会议是一种平等、对话的协商会议形式,是一个与会者围圆桌而坐的会议。在举行国际或国内政治谈判时,为避免席次争执、表示参加各方地位平等起见,参加各方围圆桌而坐,或用方桌但摆成圆形。

在国际会议的实践中,主席和各国代表的席位不分上下尊卑,可避免其他排座方式出现一些代表席位居前、居中,另一些代表居后、居侧的矛盾,更好体现各国平等原则和协商精神。据说,这种会议形式来源于英国亚瑟王的传说。5世纪,英国国王亚瑟在与他的骑士们共商国是时,大家围坐在一张圆形的桌子周围,骑士和君主之间不排位次。圆桌会议由此得名。至今,在英国的温切斯特堡还保留着一张这样的圆桌。

今天"圆桌会议"已成为平等交流、意见开放的代名词,也是国家之间以及国家内部一种重要的协商和讨论形式。

(资料来源:谢讯.商务礼仪.北京:对外经济贸易大学出版社,2007)

评估练习

1. 行进中位次安排的原则有哪些?
2. 乘坐小轿车的礼节有哪些?
3. 双边会谈的位次安排有何讲究?
4. 商务会议,主席台位次安排的基本原则是什么?
5. 简述签字仪式的三种类型及位次安排。

第五章

仪餐与宴请礼仪

痛苦的客人

现代待人接物的礼节中,有一个重要的条件,那就是使对方感到轻松愉快。如果违背了这一前提,即便你是出于好意,也可能让对方觉得勉强、拘束,甚至受罪。

某公司的业务员小陈有一次去北方的一个城市出差。事情谈完后,对方在城内一家有名的餐厅请小陈吃饭。小陈一进餐厅,主人便殷勤地将他带到"上座"坐。保守的主人认为将客人安排在"上座"是他义不容辞的最大礼貌与义务。然而时值炎热的夏季,此"上座"是离冷气最远的座位,小陈为了满足主人招待周到的愿望,不得不坐在"上座"忍受着热的煎熬,虽难受也不好说。

很快酒菜上来了,这里的人招呼客人有劝酒的习惯。像北方很多地方一样,只要主人敬酒,你就不能不接受,不管客人的酒量如何,凡是有敬就必须喝,才算是符合传统的礼节。酒量是因人而异的,过量人就受不了。小陈一再解释自己不会喝酒,却敌不过热情的主人,不得不一杯又一杯,忍受痛苦喝下去。足足半斤白酒下肚,刚一出餐厅的门口,小陈就趴在路边的栏杆上"喷涌而出",回去后痔疮发作,休息了好几天才缓过劲来。之后再回想起这次做客,小陈只觉得是一场活受罪,丝毫谈不上什么愉快的享受。

作为主人,光有热情好客的心还不够,要能让客人在感受到你的情意的同时,觉得轻松舒服,不受拘束,才是真正尽到主人的责任和义务。

(资料来源:赵春珍.中外礼仪故事与案例赏析.北京:首都经济贸易大学出版社,2011)

辩证性思考

1. 你认为案例中的"主人"在宴请中有哪些失礼的地方?
2. 请谈一谈宴请客人应该注意哪些事项。

仪餐,即餐饮礼仪,一般来说,是指人们以食物、饮料款待他人时,以及自己在餐饮活动之中,必须认真遵守的行为规范。对酒店从业者而言,学习餐饮礼仪,首先应当注重以下两条基本原则。一是"4M原则",它包含了4个以M为字头的英文单词:菜单(menu)、举止(manner)、音乐(music)、环境(media),这条原则指的是人们在安排或参与餐饮活动时,必须优先对菜单、举止、音乐、环境四个方面的问题加以高度重视,并应力求使自己在这些方面的所作所为符合律己、敬人的行为规范。二是"餐饮适量原则",即在餐饮活动中,无论是活动的规模、参与的人数、用餐的档次,还是餐饮的具体数量,都要量力而行。

第一节 中 餐 礼 仪

教学目标

1. 掌握中餐席位的排列。
2. 掌握中餐的点菜礼仪。
3. 了解中餐的用餐方式。
4. 了解中餐的时空选择。
5. 了解中餐餐具的使用。
6. 了解中餐的用餐举止。

中餐,是中式餐饮的简称。它所指的是一切具有中国特色的、依照传统方式制作的、中国人日常生活之中所享用的餐食和饮品。中餐礼仪,是中华饮食文化的重要组成部分之一,主要指人们以中餐待客或者品尝中餐时,应当自觉遵守的习惯做法和传统习俗。

一、用餐方式

中餐的用餐方式,主要是指以哪一种具体形式用餐的问题。按照目前约定俗成的做法,根据用餐规模的不同,中餐用餐方式可以划分为以下四种具体形式:

(一)宴会

宴会是指以用餐为形式的社交聚会,有正式宴会和非正式宴会两种类型。正式宴会是隆重而正规的宴请,一般在高档饭店或特定的场所举行。正式宴会往往是经过精心准备的,对于到场人数、穿着打扮、席位排列、菜肴数目、音乐演奏、宾主致辞等,都有十分严谨的要求和讲究。非正式宴会,也称为便宴,多见于日常交往。它的总特征是,形式从简,偏重于人际交往,而且不注重规模、档次。非正式宴会对穿着打扮、席位排列、菜肴数目往往不作过高要求,而且也不安排音乐演奏和宾主致辞。

(二)家宴

家宴是在家里举行的宴会。一般在礼仪上不作特殊要求,只要营造亲切、友好、自然的气氛,使来宾感受到主人的重视和友好,宾主双方在轻松、自然、随意的环境中增进交流即可。家宴一般由主人亲自下厨烹饪并充当服务员招待客人,使客人有宾至如归的感觉。

(三)便餐

便餐也就是人们常说的"家常便饭"。用便餐的地点比较随意,只要用餐讲究公德,注意卫生、环境和秩序,其他方面没有过多要求。

(四)工作餐

工作餐是公务或商务交往中具有业务关系的合作伙伴,为保持联系、交换信息或洽谈合作,以用餐形式进行的聚会。工作餐一般规模较小,通常在中午举行,时间、地点可以临时选择。工作餐不适合主题之外的人加入。

二、时空选择

吃中餐,特别是举办正式的中餐宴会时,必须兼顾其举办的具体时间和地点。

(一)时间选择

中餐宴请的具体时间要遵从民俗惯例。一般讲究主随客便,如果可能,可先与主宾协商,尽可能提供几种时间选择,以显诚意,力求主客皆宜。例如,在国内外举办正式宴会,通常都要安排在晚上进行。因工作交往而安排工作餐,大都选择在午间进行。

(二)地点选择

宴请不仅是为了"吃东西",还要"吃文化"。所以,选择地点首先要环境优雅;其次要卫生放心,用餐地点太脏、太乱,会破坏用餐者的食欲,影响用餐者的兴致;最后要交通便利,要充分考虑聚餐者来去是否方便,有没有公共交通线路通过,有没有停车场等问题。

三、席位安排

在中餐礼仪中,席位的排列是一项十分重要的内容。它关系来宾的身份和主人给予对方的礼遇,所以受到宾主双方的同等重视。中餐席位排列,包括桌次排列和位次排列。桌次是指参加宴请人员达到两桌及以上时,不同餐桌的排列次序;位次是指同一餐桌上不同人员所坐的位置安排。

(一)桌次排列

在中餐宴请活动中,一般采用圆桌布置菜肴、酒水。中餐宴会桌次的安排,无论是两桌,还是多桌,其排列原则大致相同。即主桌排定后,其余桌次的安排,以离主桌的远近而定,这种排列原则习惯上叫作"主桌定位"原则。一般而言,餐桌离主桌越近,桌次越高;离主桌越远,桌次越低;平行桌以面门右为高,左为低。

具体来说,有以下几项排列规则:

一是"以右为上"原则(图5-1)。当餐桌分左右时,以面门为据,居右之桌为上。二是"以远为上"原则(图5-2)。当餐桌距离餐厅正门有远近之分时,以距门远者为上。三是"居中为上"原则(图5-3)。多张餐桌并列时,以居于中间者为上。在桌次较多的情况下,上述排列规则同时使用(图5-4)。

安排桌次时,所用餐桌的大小、形状要基本一致。除主桌可以略大外,其他餐桌都不要过大或过小。为了确保赴宴者准确地找到自己的桌次,可以在请柬上注明桌次,在宴会厅入口张贴桌次排列示意图,在每张餐桌上摆放桌次牌,安排引位员引导来宾按桌就座。

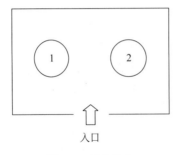

图 5-1　以右为上

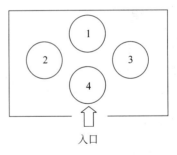

图 5-2　以远为上

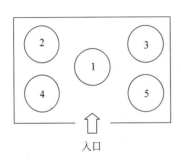

图 5-3　居中为上

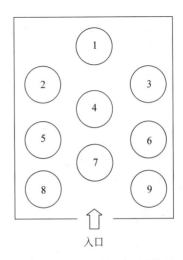

图 5-4　上述排列规则同时使用

（二）位次排列

位次排列是指在同一桌上的位次高低，排位次是宴请的重要事项，它关系到来宾的身份和主人给予对方的礼遇，一般遵循以下四个原则。

一是"面门为上"原则。即面对正门者是上座，背对正门者是下座。二是"右高左低"原则，两人一同并排就座，通常右为上座，左为下座。三是"中座为尊"原则，三人一同就座用餐，坐在中间的人位次高于两侧的人。四是特殊原则。高档餐厅里，室内外往往有优美的景致或高雅的演出供用餐者欣赏，这时观赏的角度最佳的座位就是上座。在某些中低档餐馆用餐时，通常以靠墙的位置为上座，靠过道的位置为下座。

就主客身份而言，一般来说，主人在主桌面对正门而坐。同一桌上位次的尊卑根据距离该桌主人的远近而定，以近为上，以远为下，以右为尊。每桌只有一个主位时，主宾紧靠右边就座；每桌有两个主位（主人和副主人）时，1号主宾在主人右边就座，2号宾客既可以在主人左边就座，也可以在副主人右边就座，其余人员以此类推。如图 5-5 所示。当主宾身份高于主人，为表示尊重，也可安排主宾在主人位子上就座，而主人则坐在主宾位子上。

为便于来宾准确无误地在自己位次上就座，招待人员和主人要及时引导，也可设双面座位卡。举行涉外宴请时,座位卡应以中、外两种文字书写。我国的惯例是,中文在上,外文在下。

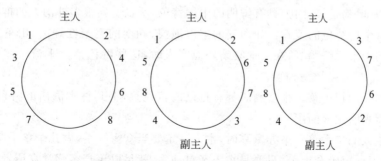

图 5-5　中餐宴请位次排列的三种方法

案例 5-1

她为什么不辞而别?

武汉市与日本某市缔结友好城市,在某饭店举办大型中餐宴会,邀请本市最著名的演员助兴。这位演员到达后,费了很长时间才找到自己的位置。当她入座后发现与同桌的许多客人都是接送领导和客人的司机,演员感到自尊心受到了伤害,没有同任何打招呼就悄悄离开了饭店。当时宴会的组织者并未觉察到这一点,直到宴会主持人拟邀请这位演员演唱时,才发现演员并不在现场。幸好主持人头脑灵活,临时改换其他节目,才没有出现"冷场"。

评析

一个大型活动的组织者,事先应精心策划,对被邀请的对象逐一分析,从门口接待到宴请的桌次和座位安排均应一一落实,分工到位。而这位中餐宴会的组织者,对著名演员的到来一无所知,也无人接待她,而且座位安排不当,极大地伤害了这位著名演员的自尊心,难怪她要不告而别了。

(资料来源:金正昆.国际礼仪概论.北京:北京大学出版社)

四、点菜礼仪

点菜是一门学问,要兼顾个人财力及客人的饮食习惯。点菜数量以 10 人为例,一般十菜一汤比较合适,荤素比例应该是 8∶2 或 7∶3,菜肴品种应注意各菜肴之间的特点,不能太单调,也不能太花哨,同时要照顾到饭桌上每个人的口味。

标准的中餐上菜次序,通常首先是冷盘,再是热炒,随后是主菜,然后上点心和汤,最后上果盘。如果上咸点心的话,就上咸汤;如果上甜点心的话,就要上甜汤。

(一)菜单安排

根据中国的饮食习惯,与其说"请吃饭"不如说"请吃菜"。主人需要对菜单再三斟酌,

优先考虑的菜肴有以下四类:

其一,有中餐特色的菜肴。宴请外宾时,这条一定要重视。像炸春卷、煮元宵、蒸饺子、狮子头、宫保鸡丁等,因为具有鲜明的中国特色,所以受到很多外国人的推崇。

其二,有本地特色的菜肴。如西安的羊肉泡馍、湖南的毛家红烧肉、山东的糖醋黄河鲤鱼、北京的全聚德烤鸭等,在当地宴请外地客人时,这些特色菜比千篇一律的菜式更受好评。

其三,本店的特色菜。很多酒店都有自己的特色菜,上几种本酒店的特色菜,既能保证味道,又能表明主人的用心。

其四,主人的拿手菜。举办家宴时,主人一定要当众露一手,做几个拿手菜。其实,所谓的拿手菜不一定十全十美,只要是主人亲自动手,就足以让宾客感觉宴请者的诚意。

在正式而隆重的宴会上,主人选定的菜单可以打印或精心书写,每人一份,用餐者不但用餐前心中有数,而且餐后可留作纪念。

(二)点菜禁忌

安排菜单时,必须考虑来宾的饮食禁忌,主要有以下四种禁忌需要注意:

第一,宗教饮食禁忌。世界上各种宗教都有各自特殊的饮食禁忌。例如,穆斯林通常不食猪肉和非诵安拉之名宰杀之物,并且不饮酒。国内的佛教徒在饮食上禁食荤腥之物,它不仅指的是不吃肉食,而且也包括了葱、蒜、韭菜、芥末之类吃起来气味刺鼻的食物。对此要是不求甚解,或是贸然犯禁,会带来很大麻烦。

第二,地区饮食禁忌。不同地区人们的饮食偏好往往不同。比如,湖南人普遍喜欢吃辛辣食物,少吃甜食;江浙人不喜欢吃辛辣食物,喜好甜食;北方喜欢吃面食;英美国家的人通常不吃宠物、稀有动物、动物内脏、动物的头部和脚爪。点菜若是不顾别人的好恶,则会让人心生不快。

第三,职业饮食禁忌。例如,驾驶员工作期间不得饮酒;脑力劳动者用脑多,活动量小,脑活动比肌肉活动所消耗的能量少得多,如果摄入过多的脂肪食品如肥肉、动物内脏等,会使身体肥胖,引发高胆固醇和高血脂病;高温作业者饮食不能太清淡,高温中机体散热出汗多,不仅流失大量水分,而且失去大量无机盐,若饭食过淡,无机盐代谢紊乱,会引起严重脱水甚至中暑。

第四,个人饮食禁忌。出于健康原因,有些宾客对于某些食品也有所禁忌,比如,心脏病、脑血管病、动脉硬化、高血压、中风后遗症的人,不适合吃狗肉;肝炎患者忌吃羊肉和甲鱼;胃肠炎、胃溃疡等消化系统不佳的人不适合吃甲鱼;高血压高胆固醇患者要少喝鸡汤等。

五、餐具使用

中餐餐具,一般分为主餐具与辅餐具两类。主餐具是指进食时主要使用的,往往必不可少的餐具,通常包括筷、匙、碗、盘等。辅餐具是指进餐时可有可无、时有时无的餐具,它们主要在用餐时发挥辅助作用,一般包括水杯、湿巾、水盂、牙签等。

(一) 筷子

中国的筷子非常讲究,远在商代就有用象牙制成的筷子。做筷子的材料各不相同,考究的有金筷、银筷、象牙筷;较常用的有木筷、竹筷、塑料筷。

在餐前发放筷子时,要将筷子一双双理顺,轻轻地放在餐桌的筷架上。不能一横一竖交叉摆放;不能搁在碗、杯子或盘子上。用餐过程中,不可将筷子在各碟菜中来回移动或在空中游弋;不要把筷子竖插在食物上面,因为这种插法只有祭奠死者的时候才用;不要用筷子叉取食物放进嘴里;不要用舌头舔食筷子上的附着物;不要用筷子推动碗、盘子和杯子。

席间说话时,不要把筷子当道具随意挥舞;不要用筷子敲打碗盘;用完筷子要悄悄放下,尽量不要发出响声;若有事暂时离席,应把筷子轻轻放在筷架上;筷子是用来夹取食物的,不要用来剔牙、挠痒或夹取食物外的东西。

(二) 汤匙

汤匙的主要作用是舀取菜肴、食物。有时,用筷子取食的同时也可以用汤匙来辅助,尽量不要单用汤匙取菜。

用汤匙取食物时,不要过满,免得溢出来弄脏餐桌或自己的衣服。在舀取食物后,可以在原处暂停片刻,等待汤汁不再往下流,再移回来享用。如果取用的食物太烫,不可用汤匙舀来舀去,也不要用嘴吹,应放到自己碗里等稍凉后再吃。不要把汤匙塞到嘴里,或者反复吮吸、舔食。

暂时不用汤匙时,应放在自己的碟子里,不要直接放在餐桌上,或是让它在食物中"立正"。

(三) 碗

碗主要用来盛放主食、羹汤。正式宴请场合,用碗要注意:一是不能端起碗来进食,尤其是不能双手端碗进食;二是碗里的食物应以筷子、汤匙加以辅助进食,不要直接用手拿;三是剩余的食物不要直接端碗倒进嘴中;四是暂时不用的碗不能放杂物,也不要倒扣在餐桌上。

(四) 盘子

盘子在中餐中主要用来盛放食物,其使用方面的讲究,和碗略同。盘子在餐桌上一般保持原位,不被搬动,而且不宜多个摞放在一起。

中餐中,稍小点的盘子被称作碟子。这里需要着重加以介绍的是一种用途比较特殊的被称作食碟的盘子。食碟既可以用来暂放从菜盘里取来享用的菜肴,也可以用来存放食物残渣。使用食碟时,一次不要放过多菜肴,也不要把多种菜肴堆放在一起,既不好看,也不好吃。不吃的残渣、骨、刺不要吐在地上、桌上,应轻轻放在食碟前端,放的时候不能直接从嘴里吐在食碟上,要用筷子夹放。如果食碟放满了,可以让服务员更换。

（五）杯子

在正式中餐宴请中,每位用餐者面前一般排列着大小不等的三只杯子,自左而右,它们依次分别是白酒杯、红酒杯、水杯。白酒杯小些,红酒杯大些,不能混用。水杯主要用来盛放白水、豆浆、果汁、可乐等饮料,不要用它来盛酒,也不要倒扣水杯。另外,喝进嘴里的东西不能再吐回水杯。

（六）餐巾

餐巾应铺放在并拢的大腿上,不能围在脖子上或掖在衣领里、腰带上。餐巾可用于轻揩嘴部和手,不能用于擦餐具和擦汗。

（七）湿巾

很多酒店在用餐前,会为每位用餐者上一块湿毛巾,它是用来擦手的。擦手后应该放回盘子里,让服务员拿走。有时在正式宴会结束前,会再上一块湿毛巾,和前者不同的是,它是用来擦嘴的,不可用于擦脸、擦汗。

（八）水盂

有时,品尝食物需要用手直接进行,这时服务员会放一个盛装清水的水盂在桌上,这个水是用来洗手的。洗手时要注意不要双手完全放进去,而应两手指尖放进去,轮流蘸湿,而后轻轻浸入水中涮洗。洗毕,应将手置于餐桌之下,用纸巾擦干。

（九）牙签

尽量不要当众剔牙,非剔不可时,用另一只手掩住口部,剔出来的东西不要当众"观赏"或再次入口,也不要随手乱弹。剔牙后,不要长时间叼着牙签。取用食物时,不要用牙签来扎取。

六、用餐举止

（一）耐心等待

入座后,可以和同席的人随意交谈,营造和谐融洽的用餐氛围。不要旁若无人,兀然独坐,也不要直勾勾地盯着餐桌,或者下意识地摸弄餐具,显出一副迫不及待的样子。当主人举杯示意开始时,客人才能开始进餐。

（二）文明夹菜

夹菜时不要抢在邻座前面夹取,不要碰到邻座;不要挑食,不要只盯着自己喜欢的菜吃,或者急忙把喜欢的菜堆在自己的盘子里,一次夹菜不宜太多;不要把盘里的菜拨到桌上,不要碰翻餐具或菜肴;一般不要为别人夹菜,自己喜欢的食物别人不一定喜欢,确实需要帮助他人,要使用公筷或被帮助者的筷子夹取,用自己的筷子夹不卫生。

（三）吃相文雅

要细嚼慢咽，不能狼吞虎咽，否则给人留下贪婪的印象。不要发出怪异的声音，如喝汤时发出"咕噜咕噜"声，吃菜时嘴里"叽叽"作响，这都是粗俗的表现。餐桌上不要接打电话，不能吸烟，更不要当众修饰仪容，如梳理头发、化妆补妆，如确实需要，可去化妆间或洗手间修饰。不要宽衣解带、脱鞋脱袜等，不要随意拉开座位，四处走动。餐后不要不加控制地打饱嗝或嗳气。如果需要清嗓子、擤鼻涕、吐痰等，须去洗手间解决。

（四）礼貌告辞

在主人还没有示意结束时，客人不能离席。如有事确需先行离开，要向在座的人，尤其是主人告辞和表示歉意，说声"失陪了"或"对不起，我有事先行一步"等。

评估练习

1．简述中餐宴会位次排列的原则。
2．分析中餐用餐应注意的事项。
3．实操题：王小姐是武汉一家外贸公司的公关部经理。这天，公司来了一个由英国投资商查理夫妇、公司总裁、总裁助理、市场部经理等一行5人组成的考察团进行项目考察，老板要求王小姐安排一场具有中国特色的欢迎晚宴，武汉外贸公司的总经理、总经理秘书、副总经理、项目部经理和王小姐参加。如果你是王小姐，如何做能让双方满意，请根据中餐礼仪的相关知识，制定一份欢迎晚宴的安排方案。

方案要求：(1)时间、地点；(2)菜单安排；(3)位次排列。

第二节　西餐礼仪

教学目标

1．掌握西餐席位排列。
2．掌握西餐餐具使用。
3．掌握西餐就餐礼仪。
4．了解西餐菜肴特点。

西餐，是对西式饭菜的一种约定俗成的统称。客观地讲，所谓西餐，其实是一个十分笼统的概念，因为无论从形式上还是从内容上讲，西方各国的饭菜毕竟有着很大的差异，难以一概而论。不过在中国人眼里，除了与中餐在口味上存在区别之外，西餐还有两个鲜明的特点。其一，它源自西方国家；其二，它必须以刀、叉取食。久而久之，凡具有以上两个特点者，皆可以西餐相称。

一、菜肴特点

西餐的主要特点是主料突出、形色美观、口味鲜美、营养丰富、供应方便，其烹饪方法与中餐有较大不同。

(一) 西餐代表菜式

西餐大致可分为法式、英式、意式、俄式、美式、德式等多种不同风格的菜肴。

1. 法式菜

法式大餐被誉为"西菜之首"。法式菜肴选料广泛(如蜗牛、鹅肝都是法式菜肴中的美味),加工精细,烹调考究,滋味有浓有淡,花色品种多。法式菜还讲究吃半熟食或生食,如牛排、羊腿以半熟鲜嫩为特点,海味的蚝也可生吃,烧野鸭一般六成熟即可食用。法式菜肴重视调味,调味品种类多样,如用酒来调品,什么样的菜选用什么酒都有严格的规定,譬如清汤用葡萄酒,海味用白兰地,甜品用各式甜酒或白兰地,等等。法国人十分喜爱吃奶酪、水果和各种新鲜蔬菜。法式菜肴的名菜有马赛鱼羹、鹅肝排、巴黎龙虾、红酒山鸡、沙福罗鸡、肌酐牛排等。

2. 英式菜

英国的饮食有"家庭美肴"之称。英式菜肴油少、清淡,调味时较少用酒,调味品大都放在餐台上由客人自己选用。烹调讲究鲜嫩,选料注重海鲜及各式蔬菜,菜量要求少而精。英式菜肴的烹调方法多以蒸、煮、烧、熏见长。英式菜肴的名菜有鸡丁沙拉、烤大虾苏夫力、薯烩羊肉、烤羊马鞍、冬至布丁、明治排等。

3. 意式菜

意大利是西餐烹饪的始祖,可与法国、英国相媲美。意式菜肴以味浓著称,以炒、煎、炸、烩等烹调方法见长。意大利人喜爱面食,做法、吃法甚多。其面条制作有独到之处,各种形状、颜色、味道的面条至少有几十种,如字母形、贝壳形、实心面条、通心面条等。意大利人还喜食意式馄饨、意式饺子等。意式菜肴的名菜有通心粉素菜汤、焗馄饨、奶酪焗通心粉、肉末通心粉、比萨饼等。

4. 俄式菜

俄式大餐是西菜的经典。沙皇俄国时代的上层人士非常崇拜法国,贵族不仅以讲法语为荣,而且饮食和烹饪技术也主要学习法国。但经过很多年演变,他们逐渐形成了自己的烹调特色。俄国人喜欢热量高的食物品种,喜食热食,爱吃鱼肉、肉末、鸡蛋和蔬菜制成的小包子和肉饼等,各式小吃颇负盛名。俄式菜肴口味较重,喜欢用油,制作方法较为简单,以烤、熏腌为特色。口味以酸、甜、辣、咸为主,酸黄瓜、酸白菜往往是饭店或家庭餐桌上的必备食品。俄式菜肴在西餐中影响较大,一些地处寒带的北欧国家和中欧南斯拉夫人生活习惯与俄罗斯人相似,大多喜欢腌制的各种鱼肉、熏肉、香肠、火腿以及酸菜、酸黄瓜等。俄式菜肴的名菜有什锦冷盘、鱼子酱、酸黄瓜汤、冷苹果汤、鱼肉包子、黄油鸡卷等。

5. 美式菜

美式菜是在英式菜的基础上发展起来的,继承了英式菜简单、清淡的特点,口味咸中带甜。美国人对饮食要求不高,只要营养、快捷即可,他们一般对辣味不感兴趣,喜欢铁扒类的菜肴,喜欢各种新鲜蔬菜和水果,常用水果作为配料与菜肴一起烹制,如菠萝焗火腿、菜果烤鸭。美式菜肴的名菜有烤火鸡、橘子烧野鸭、美式牛扒、苹果沙拉、糖酱煎饼等。

6. 德式菜

德国人喜欢肉食,尤其喜欢吃香肠,他们制作的香肠有千余种,许多种类风行世界。他们还喜欢吃水果、奶酪、酸菜、土豆等,不求浮华只求实惠营养,自助快餐就是德国人发明的。德国以酸、咸口味为主,调味较为浓重,烹饪方法以烤、焖、串烧、烩为主。德国人喜喝啤酒,每年慕尼黑啤酒节大约要消耗掉 100 万升啤酒。

(二)上菜顺序

西餐的菜单安排与中餐有很大不同。一般西餐有 6～7 道,每道一般只有一种,其上菜的顺序也就是用餐顺序。

1. 头盘

头盘也称开胃品,一般有冷头盘和热头盘之分,常见的品种有鱼子酱、鹅肝酱、熏鲑鱼、鸡尾杯、焗蜗牛等。

2. 汤

汤大致分为清汤、奶油汤、蔬菜汤和冷汤四类。品种有牛尾清汤、各式奶油汤、海鲜汤、美食蛤蜊汤、意式蔬菜汤、俄式罗宋汤、法式洋葱汤。

3. 副菜

通常水产类菜肴与蛋类、面包类、酥盒菜肴均称为副菜。西餐吃鱼类菜肴讲究使用专用的调味汁,品种有鞑靼汁、荷兰汁、酒店汁、白奶油汁、大主教汁、美国汁和水手鱼汁等。

4. 主菜

肉、禽类菜肴是主菜。其中最具代表性的是牛肉或牛排,肉类菜肴配用的调味汁主要有黑椒汁、番茄汁、蘑菇汁、香草汁等。禽类菜肴的禽多指鸡、鸭、鹅,可煮、可炸、可烤、可焗,主要的调味汁有咖喱汁、奶油汁等。

5. 蔬菜

蔬菜可安排在肉类菜肴之后,也可与肉类菜肴同时上桌,蔬菜类菜肴在西餐中制成沙拉。与主菜同时搭配的沙拉,成为蔬菜沙拉,一般用生菜、番茄、黄瓜、芦笋等制作。

6. 甜品

西餐的甜品是主菜后食用的,可以算作是第六道菜。从真正意义上讲,它包括所有主菜后的食物,如布丁、冰淇淋、奶酪、水果等。

7. 咖啡

饮咖啡一般要加糖和淡奶油。

一般情况下,所有的类别不需要全点,点太多吃不完反而失礼。前菜、主菜(鱼或肉择其一)加甜点是最恰当的组合。点菜并不是由前菜开始点,而是先选一样最想吃的主菜,再配上适合主菜的汤。

二、席位排列

(一)席位排列原则

1. 恭敬主宾

在西餐中,主宾极受尊重。即使用餐的来宾中有人在地位、身份、年纪方面高于主宾,但主宾仍是主人关注的中心。在排定位次时,应请男、女主宾分别紧靠着女主人和男主人就座,以便进一步受到照顾。

2. 女士优先

在西餐礼仪里,女士处处备受尊重。在排定用餐位次时,主位一般应请女主人就座,而男主人则须退居第二主位。

3. 以右为尊

在排定位次时,以右为尊依旧是基本指针。就某一特定位置而言,其右位高于其左位。例如,应安排男主宾坐在女主人右侧,女主宾坐在男主人右侧。

4. 面门为上

面门为上有时又叫迎门为上,意思是,面对餐厅正门的位子,通常在序列上要高于背对餐厅正门的位子。

5. 距离定位

一般来说,西餐桌上位次的尊卑,往往与其距离主位的远近密切相关。通常情况下,离主位近的位子高于距主位远的位子。

6. 交叉排列

用中餐时,用餐者经常有可能与熟人,尤其是与其恋人、配偶在一起就座,但在用西餐时,这种情景便不复存在了。商界人士所出席的正式的西餐宴会,在排列位次时,要遵守交叉排列的原则。依照这一原则,男女应当交叉排列,生人与熟人也应当交叉排列。因此,一个用餐者的对面和两侧,往往是异性,而且还有可能与其不熟悉。这样做,据说最大的好处是可以广交朋友。不过,这也要求用餐者最好是双数,并且男女人数各半。

(二)席位排列方法

西餐用餐时,人们所用的餐桌有长桌、方桌和圆桌,有时还会以之拼成其他各种图案,但最常见、最正规的西餐当属长桌。

1. 长桌

以长桌排位,一般有两种主要排列方法。一是男女主人在长桌中央对面而坐,餐桌两端可以坐人,也可以不坐人;二是男女主人分别就座于长桌两端。分别如图 5-6、图 5-7 所示。

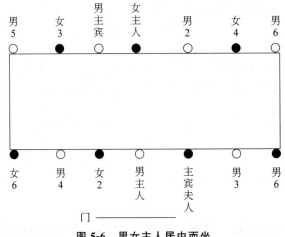

图 5-6　男女主人居中而坐

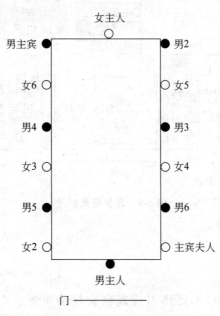

图 5-7　男女主人两端对坐

2. 方桌

以方桌排列位次时,就座于餐桌四面的人数应相等。在一般情况下,一桌共坐 8 人,每侧各坐 2 人情况比较多见。在进行排列时,应使男、女主人与男、女主宾对面而坐,所有人均与各自的恋人或配偶坐成斜对角。

三、餐具使用

(一) 餐具摆放

高级西餐宴会摆台是基本统一的,其原则有:第一,垫盘局中,叉左刀右,刀尖向上,刀口向内;第二,盘前横匙,主食靠左,餐具靠右,其余用具酌情摆放;第三,酒杯的数量与酒的种类相等,摆法是从左到右,依次摆水杯、红葡萄酒杯、白葡萄酒杯、香槟酒杯;第四,西餐中餐巾放在盘子里,如果在宾客落座前需要往盘子里放某些物品,餐巾就放在盘子旁边。

餐具摆放应根据先后顺序从外到内摆放。有的菜用过后,会撤掉一部分刀叉。在吃的过程中或吃完以后,餐具如何摆放也很有讲究,可不用示意就使服务员知道你的用餐需求。如吃到一半,想放下刀叉略作休息,那么刀叉放在垫盘上呈"八"字形,刀口朝内,叉尖向下,表示你还要继续用餐;若刀叉平行摆放在垫盘上,刀口向外,叉尖向上,则表示你不再用餐;用餐后,如果把刀叉放在一起摆成四点钟方向,则表示用餐完毕;汤匙横放在汤盘内,匙心向上,也表示用汤餐具可以收走。

西餐餐具摆放如图 5-8 所示。

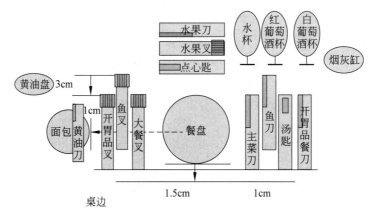

图 5-8　西餐餐具摆放

（二）餐具使用

1. 刀

刀是用来切割食物的,不要用刀挑起食物往嘴里送。右手拿刀,食指按在柄背上,不要放在刀背上。用餐时,有三种不同规格的刀同时出现,一般正确的用法是:带小锯齿的刀是用来切割肉质食品;中等大小的刀用来切蔬菜;而那种小巧的,刀尖是圆头的、顶部有些上翘的小刀,则是用来切小面包的,然后用它挑些果酱、奶油涂在面包上面。

2. 叉

左手拿叉,叉起食物往嘴里送的动作要轻,捡起适量食物一次性放入口中。叉子叉起食物入嘴时,牙齿只碰到食物,不要咬叉,也不要让刀叉在牙齿上或盘中发出声响。如果食用某道菜不需要用刀,也可以用右手握叉。例如意大利人在吃面条时,只用一把叉,不需要其他餐具;又如素食盘,食用不需切的蔬菜和副食,也可用右手握叉来进餐。美式吃法将食物全部切成小块,再用右手拿叉慢慢吃。

3. 勺子

在正式场合下,勺有多种,小的勺是用于搅拌咖啡和吃甜点心的;扁平的用于涂抹黄油和分食蛋糕;比较大的用来喝汤或盛碎小食物;最大的是用于分食汤的,常见于自助餐。喝浓汤时勺子横拿,由内向外轻舀。喝汤时嘴唇轻触勺子内侧,不要端起汤盆来喝。汤即将喝完时,左手可以靠在胸前轻轻将汤盆内侧抬起,汤汁集中于盆底一侧,右手用勺舀净。

4. 餐巾

（1）餐巾的铺放。

西餐餐巾有长方形和正方形两种,通常会叠成一定的图案,放在就餐者的杯子里,有时直接平放于就餐者的右侧桌面上或者面前的垫盘上。用餐前应先将餐巾打开铺在自己并拢的大腿上,如果是正方形的餐巾,应将它对折成等腰三角形,直角朝向膝盖方向;如果是长形方巾,应将其对折,然后折扣向外平铺在大腿上。餐巾的打开、折放应在桌下悄然进行,不要影响他人。

(2) 餐巾的用途。

餐巾对服装有保洁的作用,防止菜肴、汤汁落下来弄脏衣服;也可用来擦拭口部,通常用其内侧,但不能用其擦脸、擦汗或擦餐具;还可用来遮掩口部,在一定要剔牙或吐出嘴里的东西时,可用餐巾遮掩,以免失态。不能将口红整个印在餐巾上,口红应在餐前以面纸轻压。

(3) 餐巾的暗示。

西餐以女主人为第一主人,当女主人铺开餐巾时,暗示用餐开始。当女主人把餐巾放到桌上时,暗示用餐结束。就餐者如果中途离开,一会儿还要回来继续用餐,可将餐巾放在本人所坐的椅面上。餐巾叠放好放在盘子右边的桌面上,则暗示"我不再吃了,可以撤掉",但不可叠得方方正正而被误认为未用过。

课外资料 5-1

吃西餐的 6 个 "M"

第一个是"menu"(菜单)。

当您走进西餐馆,服务员先领您入座,待您坐稳,首先送上来的便是菜单。菜单被视为餐馆的门面,老板也一向重视,用最好的面料做菜单的封面,有的甚至用软羊皮打上各种美丽的花纹。如何点好菜,有个绝招,打开菜谱,看哪道菜是以饭店名称命名的,一定可以取之,要知道,厨师是不会拿自己店名开玩笑的,所以他们下功夫做出的菜,肯定会好吃的,一定要点。看菜单、点菜已成了吃西餐的一个必不可少的程序,是一种生活方式。

第二个是"music"(音乐)。

豪华高级的西餐厅,会有乐队,演奏一些柔和的乐曲,一般的小西餐厅也会播放一些美妙的乐曲。西餐厅讲究乐声的"可闻度",即声音要达到"似听到又听不到的程度",就是说,要集中精力和友人谈话就听不到,要想休息放松一下就听得到,这个火候要掌握好。

第三个是"mood"(气氛)。

西餐讲究环境雅致、气氛和谐。一定要有音乐相伴,有洁白的桌布,有鲜花摆放,所有餐具一定洁净。如遇晚餐,要灯光暗淡,桌上要有红色蜡烛,营造一种浪漫、迷人、淡雅的气氛。

第四个是"meeting"(会面)。

会面指和谁一起吃西餐,这是有选择的,一定要是亲朋好友或趣味相投的人。吃西餐主要是为联络感情,很少在西餐桌上谈生意。所以西餐厅内,少有面红耳赤的场面出现。

第五个是"manner"(礼俗)。

礼俗也称为"吃相"和"吃态",总之要遵循西方习俗,勿有唐突之举,特别在手拿刀叉时,若手舞足蹈,就会"失态"。使用刀叉,应是右手持刀,左手拿叉,将食物切成小块,然后用刀叉送入口内。一般来讲,欧洲人使用刀叉时不换手,一直用左手持叉将食物送入口内。美国人则是切好后,把刀放下,右手持叉将食物送入口中。但无论何时,刀是绝不能送物入口的。西餐宴会,主人都会安排男女相邻而坐,讲究"女士优先"的西方绅士,都会表现出对女士的殷勤。

第六个是"meal"(食品)。

一位美国美食家曾这样说:"日本人用眼睛吃饭,料理的形式很美,吃我们的西餐,是用鼻子的,所以我们鼻子很大;只有你们伟大的中国人才懂得用舌头吃饭。"我们中餐以"味"为核心,西餐以营养为核心,至于味道那是无法同中餐相提并论的。

(资料来源:叶蓉.社交礼仪.北京:化学工业出版社,2013)

四、就餐礼仪

(一)赴宴

接到邀请后应及时告知设宴主人是否赴宴,能否准时赴宴,并询问邀请的目的、时间和地点,届时出席的宾客情况,着装要求等细则,以便事先准备,而不致犯唐突错误。赴宴的服装应与宴请的人士相符,避免奇装异服。如有特殊情况不能赴宴,应及时告知主人。如果参加家宴,不能空手赴宴,一般要赠送礼品,礼品可为葡萄酒、鲜花、工艺品等,同时要尊重当地的风俗习惯和主人的喜好。不要携带未受邀请的其他友人或配偶、子女出席宴会。避免携带多余的物品,否则主人可能误认为所带物品为礼品而造成尴尬。

(二)入座

最得体的入座方式是从座椅左侧入座,离座时也要从椅子左边离开,这是一种礼仪。当椅子被拉开后,身体几乎要碰到桌子的距离站直,领位者会把椅子推进来,腿弯碰到后面的椅子时,就可以坐下来了。

入座时,上体要自然挺直、立腰、挺胸,神态要从容自如,双肩平正放松,两臂自然弯曲放在腿上,亦可放在椅子或沙发扶手上,以自然得体为宜,掌心向下。用餐时,上臂和背部不要靠到椅背,腹部和桌子保持一个拳头的距离。

入座后,不要用手托腮或手肘放在桌子上,不要随意摆弄餐巾和餐具。避免不符合礼仪的举止体态,如随意脱下上衣,摘掉领带,卷起衣袖;说话时比比画画,频频离席,或挪动座椅;头枕椅背打哈欠、伸懒腰、揉眼睛、挠头发等。

在欧美,女士入座后通常会直接把手提包放在脚边的地板上,除了晚装的小手包,若把手提包放在桌上是很失礼的行为。可以把手提包放在后背与椅背之间或大腿上。若邻座没有人,也可放置在邻座椅子上,或挂在专用皮包架上。

(三)进餐

待主人示意进餐时,即开始进餐。

1. 从外侧向内侧取用刀叉

切东西时左手拿叉按住食物,右手执刀将其切成小块,用叉子送入口中。使用刀时,刀刃不可向外。进餐中放下刀叉时应摆成"八"字形,分别放在餐盘边上。刀刃朝内,表示还要继续吃。每吃完一道菜,将刀叉并拢放在盘中。不用刀时,可右手持叉。发言或交谈时,应将刀叉放在盘上,不可手持刀叉指手画脚。不要一手拿刀或叉,另一只手拿餐巾擦嘴;也不可一手拿酒杯,另一只手拿刀或叉取菜。任何时候,不可将刀叉的一端放在桌上,另一端放在盘上。

2. 吃相文雅

吃东西时要闭嘴咀嚼,不要舔嘴唇或咂嘴。面包一般掰成小块送入口中,不要拿着整块面包去咬。抹黄油和果酱时也要将面包掰成小块再抹。吃面包可蘸调味汁,吃得连调味汁都不剩是对厨师的礼貌。如盘内剩余少量菜肴时,不要用叉子刮盘底,更不要用手指相助食用,应以小块面包或叉子相助食用。

吃鸡时,欧美人多以鸡胸脯肉为贵。吃鸡腿时应先用力将腿骨去掉,不要用手拿着吃。吃鱼时不要将鱼翻身,要吃完上层后用刀叉将鱼骨剔掉后再吃下层肉,切一块吃一块,块不能切得太大。有的带骨头的肉可以用手拿着吃,但要想吃得更优雅,还是用刀较好,可用叉子将正块肉固定,再用刀沿骨头插入,把肉切开,最好是边切边吃。

喝汤时不要啜,如汤菜过热,可待稍凉后再吃,不要用嘴吹,如果汤用有握环的碗装,可直接拿住握环端起来喝。

喝咖啡时可添加牛奶或糖,添加后要用小勺搅拌均匀,然后把小勺放在咖啡的垫碟上。喝时应右手拿杯柄,左手端垫碟,直接用嘴喝,不要用小勺一勺一勺地舀着喝。吃水果时,不要拿着整个水果去咬,应先用水果刀把水果切成四瓣,再用刀去掉皮、核,用叉子叉着吃。

吃沙拉时,如果沙拉是一大盘端上来则使用沙拉叉吃,如果和主菜放在一起则要使用主菜叉吃。将大片的生菜叶用叉子切成小块,如果不好切可以刀叉并用,一次只切一块,吃完再切,不要将整碗整盘的沙拉都切成小块后再吃。如果主材沙拉配有沙拉酱,先将沙拉酱浇在一部分沙拉上,吃完这部分再浇酱,直到夹到碗底的生菜叶部分。

吃面条时要用叉子先将面条卷起,然后送入口中吃。吃鱼、肉等带刺或骨头的菜肴时,不要直接外吐,可用餐巾捂嘴轻轻吐在叉上放入盘内。嘴内有食物切勿说话。剔牙时,用手或餐巾遮口。吃剩的菜、用过的餐具、牙签都应放在盘内,勿置于桌上。

有些食物可以用手拿着吃,如带芯的玉米、肋骨、带壳的蛤蚌和牡蛎、龙虾、三明治、干蛋糕、小甜饼、某些水果、脆熏肉、蛙腿、鸡翅和排骨(非正式场合)、土豆或炸薯片、小萝卜、橄榄和芹菜等。必须用手吃时,会附上洗手水,当洗手水和带骨头的菜一起端上来时意味着"请用手吃"。用手拿东西吃后,将手指放在装洗手水的碗里洗净。吃一般的菜时,如把手指弄脏,可请侍者端洗手水来,洗完后不可甩手。

3. 饮酒有仪

(1)西餐酒水搭配。

正式西餐宴会,酒水是主角,十分讲究与菜肴的搭配。一般来讲,每吃一道菜,便要换上一种酒水。宴会上所用的酒水可分为餐前酒、佐餐酒和餐后酒三种,每种又有许多具体的种类。选择佐餐酒的一般原则是"白酒配白肉,红酒配红肉"。

(2)饮酒注意事项。

不同的酒水配用不同的专用酒杯。餐桌上横排着的几个酒水杯一般按照由外侧向内侧的顺序依次取用,也可根据女主人的选择紧随其后。在酒店就餐时,酒类服务通常由服务员负责将少量酒倒入酒杯中,让客人鉴别一下品质是否有误,只需把它当成一种形式,喝一小口并回"good"。接着,侍者会来倒酒,这时,应把酒杯放在桌上由侍者去倒。喝酒时绝对不能吸着喝,而应倾斜酒杯,将酒放于舌头上吮,轻轻摇动酒杯让酒与空气接触以增加酒味的醇香。注意：一饮而尽或者边喝边透过酒杯看人，都是失礼的行为。也不要用手指擦杯沿上的红口印，用面巾纸擦较好。

案例 5-2

小张错在哪？

刘小姐和一位姓张的男士在一家西餐厅就餐，小张点了海鲜大餐，刘小姐则点了烤羊排。主菜上桌，两人的话匣子也打开了，小张边听刘小姐聊起童年往事，边吃着海鲜，心情愉快极了。正在陶醉的当口，他发现有根鱼刺塞在牙缝中，让他很不舒服。小张心想，用手去掏太不雅了，所以就用舌头舔，舔时还发出"啧啧喳喳"的声音，好不容易将它舔吐出来，就随手放在餐巾上。之后他在吃虾时又在餐巾上吐了几口虾壳。过了一会儿，小张想打喷嚏，便拿起餐巾遮嘴，用力打了一个喷嚏，餐巾上的鱼刺、虾壳随着风势飞出去，其中的一些正好飞落在刘小姐的烤羊排上。刘小姐被小张的一连串行为惹得相当不快，接下来，刘小姐话也少了许多，饭也没怎么吃。

评析

（1）小张的行为不合乎礼仪。

（2）在吃西餐时一定要注意检点个人举止：①进食噤声：用餐之际，不论是有意还是无意，吃东西还是喝东西，绝对不要弄出声来，更不要搞得铿锵作响；②防止异响：除用餐外，体内的任何声响，不论咳嗽、打喷嚏，还是打嗝、放屁，都应自觉控制，不要当众出丑，此外也不要把座椅、餐桌、餐具弄出怪异之声来；③慎用餐具：用餐时，务必正确地使用各种餐具；④吃相干净：用餐时，要自觉维护环境卫生，并注意个人卫生。

（3）案例中的小张有鱼刺塞在牙缝中，他用舌头舔，结果发出"啧啧喳喳"的声音，违反进食噤声的用餐礼仪；小张用力地打了一个喷嚏，在吃西餐时应该自觉控制，不要当众出丑；吃西餐时，餐巾主要是用来保洁服装、揩拭口部、掩口遮掩和用来暗示。可是小张却用来装食物垃圾，这样做是不符合礼仪的。正由于他将餐巾挪作他用，所以才会在打喷嚏时将垃圾弄得到处飞扬，影响环境卫生和个人卫生。

（资料来源：谢讯.商务礼仪.北京：对外经济贸易大学出版社，2007）

课外资料 5-2

自助餐礼仪

自助餐也称冷餐会，是起源于西餐的一种就餐方式。厨师将烹制好的冷、热菜肴及水果点心陈列在餐厅的长条桌上，由客人随意取食，自我服务。

西餐传入我国后，自助餐的就餐方式也随之传入我国。这种就餐方式最早出现在20世纪30年代外国人在中国开的大饭店里，但它真正与中国老百姓接触，是在20世纪80年代后期。随着中国对外开放，新兴的旅游合资宾馆、酒店将自助餐推广到我国大众化餐饮市场，自助餐以其形式多样、菜式丰富、营养全面、价格低廉、用餐简便而深受消费者喜爱。

一、自助餐的特点

（一）自助餐优点

相对于中餐和其他西餐形式，自助餐有以下优点。

第一，免排座次。正规的自助餐，不固定用餐者的座次，有的甚至不为其提供座椅，这样即可免除座次排列之劳，还便于用餐者自由交际。

第二，节省费用。自助餐多以冷食为主，可以不上高档的菜肴、酒水，故可大大节约主办者的开支，避免浪费。

第三，招待多人。每逢需要为众多人士提供饮食时，自助餐不失为一种首选，它不仅可用来款待数量较多的来宾，而且还能较好地处理众口难调的问题。

第四，各取所需。享受自助餐，用餐者碰上自己偏爱的菜肴可以随意取用，不必担心他人会为此嘲笑自己。

（二）自助餐菜肴特点

自助餐种类比较多，档次也有很大的差别。自助餐食物一般包括冷菜、汤、热菜、点心、甜品、水果以及酒水等几种类型，其享用一般顺序如下。

第一是开胃菜，基本上是以具有特色风味的咸、酸为主的冷菜。

第二是汤，包括浓汤和清汤。

第三是鱼类菜肴，包括各种淡水鱼、海水鱼、贝类等。餐厅档次的高低都从这道菜开始明显体现，档次越高的餐厅，鱼类菜肴越多，且越珍贵。

第四是肉禽类菜肴，也是主菜，有牛肉、羊肉、猪肉，也有鸡肉、鸭肉、鹅肉等，可煮、可炸、可烤、可焖。牛排、羊排等肉类的新鲜度和烹调口味体现自助餐厅的档次与功底。

第五是蔬菜类。蔬菜类菜肴一般安排在肉禽类菜肴之后，也可与肉禽类菜肴同时食用，品种有生菜类，也有熟食类。有些餐厅会安排厨师现场制作一些烤、烧类菜品，客人现点现食，以保证火候和新鲜的程度。

第六是甜品，一般在主菜之后食用，如果冻、薄饼、冰淇淋等，最后是水果。

二、自助餐礼仪

自助餐礼仪分为安排自助餐的礼仪与享用自助餐的礼仪两部分。

（一）安排自助餐

安排自助餐的礼仪，指的是自助餐的主办者在筹办自助餐时的规范性，一般而言，它包括用餐时间、就餐地点、食物准备、招待客人四个方面。

1. 用餐时间

在商务交往中，自助餐大都被安排在各种正式的商务活动之后，作为附属的环节之一，而不宜以此作为一种正规的商务活动的形式，它很少被安排在晚间举行，而且每次用餐的时间不超过1小时。自助餐的用餐时间没有特别规定，只要主人宣布用餐开始，大家即可开始就餐。用餐期间，就餐者可随到随吃，不必非要在主人宣布用餐开始之前到场恭候。享用自助餐也不像正式宴会那样，必须统一退场，用餐者只要觉得吃好了，与主人告辞后，随时可以离去。通常，自助餐是无人出面正式宣告其结束的。

2. 就餐地点

自助餐安排在室内室外皆可，如大型餐厅、露天花园。有时，亦可外租、外借与此相类似的场地。在选择、布置自助餐就餐地点时,必须考虑三个因素:一是空间够用,既能容纳全部就餐人员,又能为其提供足够的交际空间;二是环境宜人,须兼顾安全、卫生、温度、湿度等问题,就餐环境如异味扑鼻、过冷过热、空气不畅、过于拥挤,都会影响就餐效果,在室外就餐时,往往需要提供遮阳伞;三是桌椅够用,自助餐分为设座椅和不设座椅两种,无论哪一种,都要考虑就餐者的歇脚要求,预先摆放一定数量的桌椅,供就餐者自由使用。

3. 食物准备

自助餐所备食物在品种上应多多益善。备菜要兼顾共性与个性:共性在于,提供冷食为主;个性在于,强调有所侧重。有时以冷菜为主,有时以甜品为主,有时以茶点为主,有时以酒水为主,还可酌情安排一些时令菜肴或特色菜肴。为了方便就餐者选择,同一类型的食物应集中在一起摆放。同时,还需注意食物的卫生以及热菜、热饮的保温问题。

4. 招待客人

招待客人是自助餐主办者的责任和义务,有以下三个方面需要注意。

一是照顾好主宾。在任何情况下,主宾都是主人照顾的重要对象。主人在自助餐上对主宾所提供的照顾,主要表现在陪同其就餐,与其进行适当交谈,为其引见其他客人等。同时,要留给主宾自由活动的时间,不要始终伴随其左右。

二是充当引见者。自助餐给参加者提供了主动、适度的交际平台,主人要尽可能地为彼此互不相识的客人多创造相识的机会,并积极为其牵线搭桥,充当介绍人。

三是安排服务者。小型的自助餐主人可以充当服务者。若是大规模自助餐,则需有专门的服务人员。自助餐的侍者须由健康而敏捷的男性担任,其主要职责是主动为就餐者提供辅佐性服务:推着装有各种食物的餐车,或是托着装有多种酒水的托盘,在来宾之间巡回走动,供宾客自由取用,并负责补充供不应求的食物、饮料、餐具等。

(二) 享用自助餐

享用自助餐的礼仪,就是指就餐者需要遵循的礼仪规范。涉及以下六点。

1. 排队取食

自助餐用餐较为自由,但并不意味着随心所欲。在取菜时,大家必须自觉维护公共秩序,讲究先来后到,排队选取食物,不要拥挤、争抢、插队。取菜之前,先准备一只食盘。轮到自己取菜时,使用共用餐具将食物装入自己的食盘之内,然后迅速离去。切勿在众多食物面前犹豫再三,让身后的人久等,更不应该在取菜时挑挑拣拣,甚至直接下手或用自己的餐具取菜。

2. 循序取食

享用自助餐,首先要了解取菜顺序,然后循序渐进。一般自助餐取菜的先后顺序是:冷菜、汤、热菜、点心、甜品和水果。取食时,最好先在供食区转一圈,对所有食物心中有数后,再去选择食物。

3. 量力而行

享用自助餐,必须量力而行,不要贪多,看见喜欢的食物就狂取一通,结果吃不完,导致食物浪费。多吃是允许的,而浪费食物则不允许。为了避免浪费,要遵守"多次少取"原则,不能为了省事而一次取用过量,装得太多,若多种菜肴混在一起,会导致五味杂陈,相互串味。

4. 避免外带

不论由主人亲自操办的自助餐,还是对外营业的自助餐,都有一项规定,即只允许在用餐现场自行享用,不允许携带食物回家。

5. 送回餐具

用餐结束后,一般要自觉地将餐具送至回收处。在庭院、花园里享用自助餐时,尤其应当如此。在餐厅里用餐,餐具虽然可以由侍者收拾,但如果自己的餐桌上杯盘狼藉、不堪入目也是失礼之举,应在离去前对其稍加整理。

6. 友好相处

就餐期间,须与他人和睦相处,对于不相识的用餐者,应当以礼相待。在排队、取食、寻位期间,主动谦让他人。同时,积极交际,主动寻找机会与主人攀谈,与老朋友叙旧,并争取结识新朋友,不应只顾埋头大吃,或者来了就吃,吃完就走。

(资料来源:叶蓉.社交礼仪.北京:化学工业出版社,2013)

评估练习

1. 简述西餐上菜的顺序。
2. 简要分析西餐餐具的使用方法。
3. 简述西餐进餐的注意事项。

第三节　酒 水 礼 仪

教学目标

1. 了解饮酒礼仪。
2. 了解饮茶礼仪。
3. 了解饮用咖啡礼仪。

酒水是酒类和水类的统称。酒,即含有酒精的饮料,包括白酒、啤酒、葡萄酒、黄酒等;水,就是不含酒精的软饮料,比如茶、咖啡、果汁等其他类型的饮料。以茶待客、以酒会友,古往今来,酒水一直在人际交往中扮演着重要角色。

一、饮酒礼仪

酒是人类生活的主要饮料之一,它不仅是客观的物质存在,而且是一种文化象征。饮酒也是社交场合常见的交际方式,从饮酒中可以看出一个人的素质、修养和品位。

(一)选酒

1. 中餐中酒菜的搭配

若无特殊规定,正式中餐宴会通常上白酒与葡萄酒,而且葡萄酒多是甜红葡萄酒,这不仅因为红色充满喜庆,而且不少人对口感不甜、微酸的干红葡萄酒不认同,而甜味大多能被认可。在搭配菜肴方面,中餐对所选的酒讲究不多。爱喝什么酒就可以喝什么酒,想什么时候喝亦完全自便。啤酒一般不上正规的中餐宴会,在便餐、大排档中颇为多见。

2. 西餐中酒菜的搭配

西餐宴会中的酒分为以下三种。

(1) 餐前酒。

餐前酒也叫开胃酒,在用餐前饮用,或在吃开胃菜时饮用。主要有鸡尾酒、威士忌、香槟酒和味美思(味美思是以葡萄酒为酒基,用芳香植物的浸液调制而成的加香葡萄酒)等。最常见的香槟杯是郁金香型酒杯,杯身像一个细长的管子,像郁金香花蕾一样。香槟酒的标准拿法是拇指、食指和中指三个手指捏杯腿。香槟酒最佳饮用温度是4℃左右。

(2) 佐餐酒。

佐餐酒也叫餐酒,是正式用餐时饮用的酒水,西餐的佐餐酒均为葡萄酒,而且多为红葡萄酒或半干葡萄酒。选择佐餐酒的一般原则是"白酒配白肉,红酒配红肉",即白葡萄酒配海鲜类菜,红葡萄酒配肉类、禽类菜。白葡萄酒最佳饮用温度是13℃左右,它的标准拿法是拿杯腿,避免手的温度影响酒的味道,喝白葡萄酒时可加冰块。红葡萄酒的标准饮用温度是18℃左右,不在里面添加东西,拿杯肚子,不捏杯腿。

(3) 餐后酒。

餐后酒是用来消化的酒水,比较有名的是白兰地。白兰地最佳饮用温度是20℃以上,因此白兰地酒杯是大肚子、小口、矮腿,方便用手掌加温,标准拿法是用中指和无名指夹着杯腿,让整个酒杯坐在手掌之上,用手掌托着杯子。

(二) 斟酒

入席后,主人应当首先为客人斟酒,酒瓶应当场打开,斟酒时应右手持酒瓶,将商标朝向宾客。斟酒的姿势要端正,应站在客人身后右侧,身体既不要紧靠客人,也不能距离客人太远,身体稍微前倾,右脚伸入两个椅子之间。斟酒时,酒杯应放在餐桌上,瓶口不要碰到杯口,距离约2厘米为宜。中餐在斟倒各种酒时,一律以八分为宜,以示对宾客的尊重。西餐斟酒不宜太满,一般红葡萄酒斟至酒杯的二分之一,白葡萄酒斟至三分之一即可。若是啤酒,斟酒要慢,使之沿着酒杯流入杯内,避免产生大量泡沫。

中餐宴席斟酒的顺序一般从主宾开始,主宾在先,主人在后;女士在先,男士在后。然后依座次按顺时针为客人斟上酒水或饮料。如果在座有年长者或职务较高的同事,或远道而来的客人,应先给他们斟酒。

依照餐饮的礼节,当服务员或他人为自己斟酒时,不可端起酒杯。别人为自己斟酒时,单手扶杯或一只手的食指和中指微屈,轻叩桌面以示谢意,切不可不理会斟酒者,表现出傲慢的态度。

(三) 祝酒

正式宴会上,主人与主宾还会郑重其事地发表专门的祝酒词,祝酒词要围绕聚会的中心话题,语言应简短、精练、亲切,有一定内涵,能为宴会创造良好的气氛。碰杯时,主人和主宾先碰,然后再与其他客人一一碰杯。如果人数较多,则可以同时举杯示意,不一定碰杯。

规模较大的宴会上,主人将依次到各桌敬酒,每桌可派一名代表到主人餐桌上回敬一杯。主人敬酒时,各桌人员应起立举杯,碰杯时要目视对方致意。当主桌未祝酒时,其他桌不可先起立或串桌祝酒。客人不宜先提议为主人干杯,以免喧宾夺主。

(四)饮酒

主人讲话时不可举杯敬酒,否则对发言者来说是很不礼貌的。

饮用两种以上同类的酒时,应当从低级别的酒喝起。喝两种以上的葡萄酒,应从味道淡的酒喝起。一样品牌的酒,从年代近的酒开始,渐至陈年老酒。

饮酒前先以餐巾擦唇。用餐时嘴边可能沾有油污或肉汁,喝酒前轻轻擦一擦嘴唇是有必要的,不但喝酒如此,喝饮料也是如此。

有人给你敬酒,不要生硬地拒绝,实在不能喝,委婉地告知,即使能够喝酒,也要少饮为佳。一旦发觉自己不胜酒力,要注意自己的形象,不要借酒撒泼。

劝酒要礼貌,主人看到某人酒杯空了,要礼貌地询问:"请再喝一杯。"如果被劝者用手遮掩口杯并说不想喝了,则不必勉强。

案例 5-3

小张的苦恼

小张是刚毕业的大学生。初到工作岗位,热情很高,非常希望通过自己积极的表现赢得领导和同事们的好感。他每天很早就来到办公室,主动打扫卫生,帮大家整理办公用品。不管什么时候,只要电话一响,小张就第一个抢着接听。三个月的见习期过后,小张顺利转正,和同事们的关系也渐渐熟络起来。彼此的谈话也变得比较随意,原来的尊称逐渐被"老刘""老李"所取代,对同龄人经常直呼其名,甚至用"胖子""小个"这样的生理特点来称呼别人。有的时候,遇到心烦的事情,小张喜欢找朋友出去喝点,但酒量不大的他经常不胜酒力。酩酊大醉后就在办公室对付一夜。第二天上班时,办公室还能闻到很浓的酒味。主动打扫卫生的习惯也逐渐被遗忘了。有时,由于上网熬夜,在办公室打个盹也是常事。因为是新人,难免会在工作中出一些差错。在一次总结会上,小张发现办公室很多人都对他的工作提出了批评,基本上没有人帮他说话。小张很是苦恼,自己并没有做什么特别出格的事,为什么同事都开始针对自己了呢,难道自己有什么不对?

评析

(1)小张在称呼方面有错。在工作岗位上称呼姓名一般限于熟人之间。小张参加工作不久,称呼他人,尤其是比自己年长的人应该使用尊称,而不是"老刘""老李";在人际交往中使用称呼时,对关系一般者,切勿自作主张给对方起绰号,更不能随意以道听途说来的对方的绰号去称呼。小张刚来不久,就对同龄人直呼其名,甚至用"胖子""小个"这样对对方具有侮辱性质的绰号。由于小张在称呼上不当,所以惹得大家对他有意见。

(2)饮酒宜适度。在任何时候,饮酒都不要争强好胜,故作潇洒,非要"一醉方休"不可。饮酒过多,不仅容易伤身体,而且容易出丑丢人,惹是生非。小张明知酒力不行,却喝得醉醺醺,明显有违喝酒所应遵循的礼仪。

(3) 办公室是公共场所,不应该把办公室当作住宿场所。

(资料来源:编者整理)

二、饮茶礼仪

中国是茶的故乡,有着悠久的茶历史以及严格的敬茶礼节,还有着奇特的饮茶风俗。茶礼有缘,古已有之。"客来敬茶",是中国汉族同胞重情好客的传统美德与礼节。直到现在,宾客至家,总要沏上一杯香茶;喜庆活动,也喜欢用茶点招待;开个茶话会,既简便经济,又典雅庄重。

(一) 茶的种类

1. 绿茶

绿茶,又称不发酵茶,是以适宜茶树新梢为原料,经杀青、揉捻、干燥等典型工艺过程制成的茶叶。其干茶色泽和冲泡后的茶汤、叶底以绿色为主调,故名。绿茶的特性,较多地保留了鲜叶内的天然物质。其中茶多酚咖啡因保留鲜叶的85%以上,叶绿素保留50%左右,维生素损失也较少,从而形成了绿茶"清汤绿叶,滋味收敛性强"的特点。科学研究结果表明,绿茶中保留的天然物质成分,对防衰老、防癌、抗癌、杀菌、消炎等均有特殊效果,为其他茶类所不及。在中国绿茶中,名品最多,不但香高味长,品质优异,且造型独特,具有较高的艺术欣赏价值。绿茶按其干燥和杀青方法的不同,一般分为炒青、烘青、晒青和蒸青绿茶。

2. 红茶

红茶是以适宜的茶树新芽叶为原料,经过萎凋、揉捻(切)、发酵、干燥等典型工艺过程精制而成。因其干茶色泽和冲泡的茶汤以红色为主调,故名红茶。红茶创制时称为"乌茶"。红茶在加工过程中发生了以茶多酚酶促氧化为中心的化学反应,鲜叶中的化学成分变化较大,茶多酚减少90%以上,产生了茶黄素、茶红素等新成分。香气物质比鲜叶明显增加。所以红茶具有红茶、红汤、红叶和香甜味醇的特征。红茶富含胡萝卜素、维生素A、钙、磷、镁、钾、咖啡因、异亮氨酸、亮氨酸、赖氨酸、谷氨酸、丙氨酸、天门冬氨酸等多种营养元素。红茶可以帮助胃肠消化、促进食欲,可利尿、消除水肿,并强壮心脏功能。

3. 花茶

花茶,又名香片,利用茶善于吸收异味的特点,将有香味的鲜花和新茶一起焖,茶将香味吸收后再把干花筛除,制成的花茶香味浓郁,茶汤色深,深得偏好重口味的中国北方人喜爱。花茶主要以绿茶、红茶或者乌龙茶作为茶坯,配以能够吐香的鲜花作为原料,采用窨制工艺制作而成。根据其所用的香花品种不同,分为茉莉花茶、玉兰花茶、桂花花茶、珠兰花茶等,其中以茉莉花茶产量最大。花茶外形条索紧结匀整,色泽黄绿尚润;内质香气鲜灵浓郁,具有明显的鲜花香气,汤色浅黄明亮,叶底细嫩匀亮。营养学专家认为,常喝鲜花茶可调节神经,促进新陈代谢,提高机体免疫力。

4. 乌龙茶

乌龙茶,亦称青茶、半发酵茶及全发酵茶,品种较多,是中国几大茶类中,独具鲜明汉族特色的茶叶品类。乌龙茶是经过采摘、萎凋、摇青、炒青、揉捻、烘焙等工序后制出的品质优异的茶类。乌龙茶由宋代贡茶龙团、凤饼演变而来,创制于1725年(清雍正年间)前后。品尝后齿颊留香,回味甘鲜。乌龙茶的药理作用,突出表现在分解脂肪、减肥健美等方面,乌龙茶为中国特有的茶类,主要产于福建的闽北、闽南及广东、台湾三个省。近年来四川、湖南等省也有少量生产。乌龙茶除了内销外,主要出口日本和东南亚。主要生产地区是福建省安溪县长坑乡等地。

5. 白茶

白茶是六大茶类之一,主要产区在福建福鼎、政和、松溪、建阳,云南景谷,江西靖安等地。基本工艺包括萎凋、烘焙(或阴干)、拣剔、复火等工序。云南白茶工艺主要是晒青,晒青茶的优势在于保持茶叶原有的清香口感。萎凋是形成白茶品质的关键工序。白茶具有外形芽毫完整、满身披毫、毫香清鲜、汤色黄绿清澈、滋味清淡回甘的品质特点,属轻微发酵茶,是我国茶类中的特殊珍品。因其成品茶多为芽头,满披白毫,如银似雪而得名。

6. 砖茶

砖茶又称蒸压茶(俗称边销茶),顾名思义,就是外形像砖一样的茶叶,它也是紧压茶中比较有代表性的一种,以茶叶、茶茎,有时还配以茶末压制成块状。砖茶根据原料和制作工艺的不同,可以分为黑砖茶、花砖茶、茯砖茶、米砖茶、青砖茶、康砖茶等几类。所有的砖茶都是蒸压成型,但成型方式有所不同。如黑砖茶、花砖茶、茯砖茶、青砖茶、米砖茶是用机压成型,康砖茶则是用棍锤筑造成型。

(二) 饮茶礼仪

1. 上茶要讲究

一般来讲,客人在开会或在接待室里,给客人上茶从右侧上比较好,因为一般人都用右手去端茶杯,杯的把手,也就是杯柄,应该朝外,这样客人伸手好拿。

上茶的顺序也有讲究。一般应先宾后主,先女后男,先尊后卑。如果宾主双方不止一人,正确的顺序是先给客人一方上,给客人上的时候按照顺序,地位高的先上,地位低的后上;然后再给主人一方上,地位高的先上,地位低的后上。

2. 品茶要优雅

无论是主人还是客人,都不应大口吞咽茶水,或发出"咕咚咕咚"的声音。应先捧到鼻子边上嗅一嗅,然后一小口一小口地仔细品尝,茶水在嘴里含一含,舌头浸一浸,然后再慢慢咽下去。遇到漂浮在水面的茶叶,可以用茶杯盖拂去,或轻轻吹开,切不可用手捞起来扔在地上,也不要吃茶叶。

3. 请茶要适当

放置茶壶时,壶嘴不能正对他人,否则表示请人赶快离开。斟茶时只斟七分即可,暗寓"七分茶三分情"之意。俗话说"茶满欺客",茶满不便于握杯啜饮。我国旧时有以再三请茶作为提醒客人应当告辞了的做法,因此提醒大家在招待老年人或海外华人时要注意,不要一而再、再而三地劝其饮茶。

西方常以茶会作为招待宾客的一种形式,茶会通常在下午4时左右开始,设在客厅内。准备好座椅和茶几就行了,不必安排座次。茶会上除饮茶之外,还可以上一些点心或风味小吃,国内现在也以茶会招待外宾。

三、饮用咖啡礼仪

咖啡与茶叶、可可成为世界三大饮料。日常饮用咖啡是用咖啡豆配合各种不同的烹煮器具制作出来的,咖啡豆就是取咖啡树果实内之果仁,再用适当的方法烘焙而成。

咖啡之所以受欢迎,主要是由于它含有数百种对人体健康有益的成分。咖啡中不仅富含抗痴呆物质,还含有抵抗肝受损、各种癌症、哮喘、心脏病,震慑性麻痹,降低胆结石的发病率等物质。

尽管咖啡富含对身体有益的物质,但是过度饮用并不可取。专家指出,喝咖啡最好掌握一定的时间,要适时适度适量。例如,清晨起床后,来一杯咖啡可以醒脑,白天工作时间轻呷一口咖啡可以提神,而餐后或晚间饮咖啡以略清淡为宜。

(一) 咖啡种类

常见的咖啡有如下几种。

1. 黑咖啡

黑咖啡是不加任何修饰的咖啡,黑咖啡能让人品味咖啡的原始感受。黑咖啡集合了咖啡香甘醇酸苦五味,它原始而又粗犷,深邃而又耐人寻味。

2. 白咖啡

白咖啡并不是白色的。它和普通咖啡的区别在于制作工艺的不同。白咖啡选用特等liberica、Aribica、Robusta 及特级的脱脂奶精原料,经中轻度低温烘焙及特殊工艺加工后去除大量的咖啡因,去除高温碳烤所产生的焦苦与酸涩味,不加任何添加剂来加强味道,保留咖啡原有的色泽和香味,甘醇芳香不伤胃,更符合现在健康饮食的养生观念。

3. 加味咖啡

加味咖啡是依据各地口味的不同,在咖啡中加入巧克力、糖浆、肉桂、果汁、肉豆蔻、橘子花等不同调料的咖啡。

4. 浓缩咖啡

浓缩咖啡或称意式浓缩咖啡,是以极热但非沸腾的热水,借由高压冲过研磨成很细的咖啡沫冲煮出的咖啡。

5. 卡布奇诺

20 世纪初期,意大利人阿奇布夏发明蒸汽压力咖啡机的同时,也发展出了卡布奇诺咖啡。卡布奇诺是一种加入以同量的意大利特浓咖啡和蒸汽泡沫牛奶相混合的意大利咖啡。此时咖啡的颜色,就像卡布奇诺教会的修道士在深褐色的外衣上覆上一条头巾一样,因此得名。传统的卡布奇诺咖啡是三分之一浓缩咖啡、三分之一蒸汽牛奶和三分之一泡沫牛奶。

6. 拿铁咖啡

拿铁咖啡是咖啡加上大量的热牛奶和糖,又称"咖啡牛奶",一份浓缩咖啡加上两份以上的热牛奶,也可依需求加上两份浓缩咖啡。

7. 焦糖玛奇朵

在香浓热牛奶中加入浓缩咖啡、香草,最后淋上纯正焦糖。

8. 摩卡咖啡

咖啡中加入巧克力、牛奶和搅拌奶油,有时加入冰块。

9. 美式咖啡

浓缩咖啡加入大量热水,但比普通的浓缩咖啡柔和。

10. 爱尔兰咖啡

在咖啡中加入威士忌,顶部放上奶油。

11. 鸳鸯咖啡

鸳鸯咖啡是我国香港地区流行的新式咖啡。咖啡和红茶一半一半地搭配,故名之为"鸳鸯"。因咖啡属燥热性饮料,红茶属温凉性饮料,仿佛一对同命鸳鸯,无论水深火热、冰天雪地,都是生命共同体。

(二)饮用礼仪

1. 端杯

在餐饮后饮用的咖啡,一般都是用袖珍型的杯子盛出。这种杯子的杯耳较小,手指无法穿过去。但即使用较大的杯子,也不要用手指穿过杯耳再端杯子,应用拇指和食指捏住杯柄再将杯子端起。

2. 托碟

盛放咖啡的杯碟都是特制的,应当放在饮用者的正面或者右侧,杯柄指向右方,杯碟不分开。饮咖啡时,可以用右手捏着杯柄,左手轻轻托着咖啡碟,慢慢地移向嘴边轻啜。不宜满把握杯、大口吞咽,也不宜俯首去就咖啡杯。喝咖啡时,不要发出声响。添加咖啡时,不要把咖啡杯从咖啡碟中拿起来。

3. 加糖

给咖啡加糖时,砂糖可以用咖啡匙舀取,直接加入杯内;也可先用糖夹子把方糖夹在靠咖啡碟的近身一侧,再用咖啡匙把方糖加在杯子里。如果直接用糖夹子或手把方糖放入杯内,可能会使咖啡溅出,从而弄脏衣服或台布。

4. 用匙

咖啡匙是专门用来搅拌咖啡的,饮用咖啡时应当把它取出来,放于碟子左边或横放于靠近身体的一侧。不要用咖啡匙舀着咖啡一匙一匙地慢慢喝,也不要用咖啡匙来捣碎杯中的方糖。

5. 勿吹

刚刚煮好的咖啡太热,可以用咖啡匙在杯中轻轻搅拌使之冷却,或者待其自然冷却后再饮用。用嘴试图去把咖啡吹凉,是不文雅的动作。

6. 佐餐

有时喝咖啡可以吃一些点心,但不要一手端着咖啡杯,一手拿着点心,吃一口喝一口地交替进行。喝咖啡时应当放下点心,吃点心时则放下咖啡杯。

7. 适量

喝咖啡不能像喝茶或可乐一样，连续喝三四杯，正式的咖啡杯分量刚好，一般以80～100毫升为宜。

8. 正确交谈

社交场合中喝咖啡只是社交媒介和借助手段，营造交谈氛围。在饮用咖啡时，切不可只顾品尝咖啡，忘了"主要任务"。交谈时，不要高谈阔论，宜柔声细语；不要乱开玩笑，大声喧哗，宜含蓄有度，礼让谦恭。注意不要在他人饮用咖啡时忽然提问，避免对方仓促应对。

评估练习

1. 饮茶的礼仪有哪些？
2. 简述饮用咖啡的礼仪。

第四节 宴请礼仪

教学目标

1. 掌握宴请方礼仪。
2. 掌握赴宴方礼仪。
3. 了解国际上通用的宴请形式。

在社会交往中，宴请是最常见的交际活动，尤其是宴会，是最高层次的社交活动之一。所以宴请礼仪在整个社交礼仪中占有非常重要的地位。由于各国、各民族都有自己国家和民族的文化特点与生活习惯，不同形式的宴请对礼仪规范和个人行为举止都有不同的要求，如果不注意学习、掌握宴请的礼仪，在宴请中礼仪失当，不仅会贻笑大方，损害个人的形象，也会影响正常的社会交往和友好合作。

一、常见的宴请形式

宴请可以根据不同的标准具体划分为多种形式，每种形式的宴请在菜肴、人数、时间、着装等方面也有许多不同的要求。就目前来看，国际上宴请主要分为宴会、招待会、茶会和工作进餐四种形式。宴请活动采用何种形式，要根据活动的目的、邀请的对象、人数、时间、地点以及经费开支等各种因素而定。

（一）宴会

宴会是最正式、最隆重的宴请。宴会为正餐，坐下进食，由服务人员按顺序上菜。宴会种类繁多，按举办时间划分，可分为早宴、午宴、晚宴，以晚宴档次最高；按餐别划分，可分为中餐宴会、西餐宴会、中西合餐宴会；按性质划分，可分为工作宴会、欢迎宴会、节庆宴会；按礼宾规格划分，可分为国宴、正式宴会、便宴和家宴。一般情况下，宴会持续时间为两个小时左右。

1. 国宴

国宴是国家元首或政府首脑为国家庆典或欢迎外国元首、政府首脑而举行的规格最高的正式宴会。宴会厅内要悬挂国旗,并由乐队演奏国歌和席间乐。国宴由国家元首或政府首脑主持,席间由主人和主宾致辞与祝酒。国宴的礼仪要求最为严格,参加国宴者必须着正装,座次按礼宾次序排列。

2. 正式宴会

正式宴会规格仅次于国宴,除了不挂国旗、不奏国歌以及出席人员的规格不同外,其余的安排大体与国宴相同。礼仪要求也比较严格,宾主按身份排席次和座次,许多国家还在请柬上注明对客人的服饰要求。席间一般也有致辞和祝酒,有时也设乐队演奏席间乐。正式宴会对服务人员以及餐具、酒水和菜肴的道数均有一定的要求。

3. 便宴

便宴不属于正式宴会,故比较亲切、随便,更适合于日常友好的交往。便宴形式简便,偏重人际交往,而不注重规模、档次。可以不排座次,不作正式讲话致辞,菜肴的道数亦可酌减。

4. 家宴

家宴指在家中设宴招待客人,是便宴的一种形式。家宴往往由主妇亲自下厨烹调,家人共同招待客人,显得亲切、自然,让客人产生"宾至如归"的感觉。西方人士喜欢采用这种方式,以示友好、融洽。

(二) 招待会

招待会不备正餐,是一种较为灵活的宴请方式。它备有食品、酒水、饮料,由客人根据自己的口味选择自己喜欢的食物和饮料,然后或站或坐,与他人一起或独自一个人用餐。招待会一般不排座次,可以自由活动。常见的招待会有冷餐会、酒会等。

1. 冷餐会

冷餐会,又可以叫自助餐宴会,是一种非常流行、灵活、方便的宴请形式。根据主客双方的身份,冷餐会规格隆重程度可高可低,常用于官方的正式活动,以宴请人数众多的宾客。冷餐会一般在中午12时至下午2时,下午5时至7时左右举办。菜肴以冷食为主,也可以用热菜,连同餐具陈设在桌子上。客人不排座位,可以按食品类别顺序多次取食。酒水陈放在桌子上,供客人自取,也可由服务人员端送。食品、材料应按量取食,不可浪费。冷餐会可设在室内或院子里、花园里举行,可不设桌椅,站立进餐,也可设桌椅自由入座。

2. 酒会

酒会,亦称鸡尾酒会,规格可高可低,适用于各种节日、庆典、仪式及招待性演出前后。酒会的形式活泼,便于宾客之间广泛地接触和交流。酒会以酒水为主,佐以各种小吃、果汁,不用或少用烈酒,食品多为三明治、面包托、小香肠、炸春卷等,不设刀叉,以牙签取食。食品和酒水由服务人员用托盘端送,或部分放置在小桌上由客人自己取。酒会一般采取站立的形式,不设座椅,仅设小桌或茶几,以便客人随意走动,广泛交流。酒会举办的时间比较灵活,中午、下午、晚上均可。请柬上往往注明整个活动延续的时间,客人可在其间任何时候到达或退席,来去自由,不受时间约束。

(三)茶会

茶会是一种简便的接待形式,通常安排在下午4时或上午10时左右在客厅举行,内设茶几、座椅。会上备有茶、点心或地方风味小吃,请客人一边品尝,一边交谈。茶会不排座次,如果是为贵宾举行的活动,入座时应有意识地将主宾和主人安排坐在一起,其他人员可随意就座。

茶会对茶叶的品种、沏茶的用水和水温及茶具都颇有讲究。茶叶的选择要照顾到客人的嗜好和习惯,茶具要选用陶瓷器皿,不要用玻璃杯,也不要用热水瓶代替茶壶。欧洲人一般用红茶,日本人喜欢乌龙茶,美国人用茶袋,外国人参加的茶会还可以准备咖啡和冷饮。

(四)工作进餐

工作进餐是现代生活中一种经常采用的非正式宴请形式,是利用进餐的时间和形式,边吃边谈工作。按用餐时间可分为工作早餐、工作午餐和工作晚餐。此类活动不请配偶和与工作无关的人员参加。工作进餐一般不排座次,大家边吃边谈,不必过分拘束,形式较为灵活。如果是双方正式工作进餐,往往要排座次。为便于谈话,常用长桌。工作进餐可以由做东者付费。在国外,工作进餐经常实行"AA制",由参加者各自付费。

二、宴请方礼仪

宴会是一种非常重要的社交活动,对宾客来说是一种礼遇,务必根据宴会的规范和礼仪要求认真组织好。为使宴请活动取得圆满成功,宴会前要做好如下准备工作。

(一)宴请的目的、名义、对象、范围与形式

1. 宴请的目的

宴请的目的多种多样,既可以为某个人举行,也可以为某件事举行。如庆祝节日,纪念日,迎送外宾,为展览会开幕、闭幕等。举办宴会的目的一定要明确,师出无名会对宴会和活动的举办者带来不良的影响。

2. 宴请的名义、对象

确定宴会以谁的名义邀请和被邀请的对象。确定邀请者与被邀请者的主要依据是主宾双方身份对等。在外国人眼中,以谁的名义举办宴会关系着宴会的档次,身份低会使对方感到冷淡,身份过高亦无必要。对外举办宴会,如邀请主宾携夫人出席,主人应以夫妇的名义发出邀请。国内的宴会,邀约客人时,可以主办宴会的单位最高负责人的名义或主办单位的名义。

3. 宴请的范围

宴请的范围是指宴请哪些方面的人士出席,多少人赴宴,什么级别,主方需要多少人出席作陪,等等。确定宴请的范围,主要取决于宴请的性质、主宾的身份、国际的惯例、双方的关系以及主方习惯做法等。多边活动要考虑相互关系,对对立国、对立方人士发出邀

请尤其要慎重。

宴请的范围一经确定，即应草拟具体邀请名单，被邀请人的姓名、职务、称呼等一定要准确，并适时向客人发出邀请。

4．宴请的形式

以何种形式举办宴会，要视具体情况和本单位的习惯做法。一般正式的、规格高的、人数少的以宴会的形式为宜；人数较多则以冷餐会或酒会更为合适。我国的宴会基本上采用中餐宴会。

（二）宴会的时间、地点

1．宴请的时间

宴会的时间应对主、宾双方都合适，尤其要照顾来宾方面。按国际惯例，晚餐被认为是规格最高的。安排宴会的时间要注意避开重要的节假日、重要的活动日和双方或一方的禁忌日。如对西方人士，不要选13日，更不要选13日且星期五。伊斯兰教徒在斋月内白天禁食，宴请宜在日落后进行。宴请活动时间要与主宾单位商量，主宾同意后，确定时间，再约请其他宾客。

2．宴请的地点

宴请的地点要根据活动的性质、规模、宴请的形式、主人的意愿以及实际可能而定。越是隆重的活动，越要讲究环境和条件，因为它体现了对对方的礼遇。官方正式的宴会，应安排在政府、议会大厦或高级宾馆内。民间的宴请可以在酒店、宾馆，也可以安排在有独特风味的餐馆。

（三）邀请

各种宴请活动，一般均应向客人发请柬。这既是出于礼貌，也是对客人的提醒和备忘。请柬一般提前一周或两周发出，以便被邀请人早作安排。

请柬上要将宴会活动的目的、名义、邀请范围、时间、地点等写清楚，重大的活动还要注明着装的要求及其他附加条件。口头约妥的活动，仍应补送请柬，并在请柬右上方或左下方注上"备忘"字样。需要安排座位的宴请活动，为确切掌握出席情况，以便做好准备，还要求被邀请者答复是否出席，请柬上一般注明"请答复"字样。如只需要不出席者答复，则注明"如不能出席请答复"字样，并注明电话号码，以备联系。请柬发出后，也可以用电话询问对方是否出席。主办方要及时落实出席情况，以调整安排好席位。

在请柬的信封上，被邀请人的单位、姓名、职务要书写清楚准确。国际上习惯给夫妇两人发一张请柬，在国内需要凭请柬入场的场合要注意每人发一张。

（四）宴请的菜单

组织好宴会，菜单的确定至关重要。要根据宴会的规格和形式，在预算标准之内予以安排。选菜主要考虑主宾的口味、喜好和禁忌。如伊斯兰教徒用清真席、不喝酒，印度教徒不吃牛肉，等等。不要以主人的喜好为准，让客人"客随主便"。不要以为中国人喜欢的或是名贵的菜肴也都适合外国人，比如海参、动物内脏，许多欧洲人都不喜欢。确定菜单还要考虑菜肴的荤素搭配、营养搭配和酒水搭配,以适应客人的习惯和爱好。菜单确定后,即可印制。正式的宴会上,菜单至少每桌一份;讲究的可以每人一份,以便大家用餐时,心中有数,各取所需,菜单也可留作纪念。

(五) 席位安排

凡正式的宴会,均应事先为每个赴宴者安排好桌次和位次,并且事先通知到每个人,以便心中有数。也有的只安排部分主要宾客的席位,其他人只排桌次或自由就座。

不同形式的宴会,席位的排列各有不同。排列的依据,主要是国际惯例和本国的礼宾顺序,除此之外,还应考虑客人之间的政治关系、身份地位、语言沟通、专业兴趣等因素。但是不论怎么排列都应先把主宾夫妇和主人夫妇置于最为尊贵的位置。

桌次高低以距离主桌位置远近而定,右高左低。国外的习惯,男女穿插就座,以女主人为准,主宾在女主人右上方,主宾夫人在男主人右上方。我国的习惯按职务排列以便于谈话,如夫人出席,常常把女士排在一起。译员一般安排在主宾右侧。如遇特殊情况还可以灵活处理。

为了保证全体赴宴者临场不乱,都能迅速找到自己的席位,应在请柬上注明桌次。还可以在宴会现场悬挂桌次图,在每张餐桌上放置桌次牌、座次牌或姓名牌。宾客入场时,安排领台员引导客人入座。

(六) 宴会现场的布置

宴会成功与否,不仅仅取决于菜肴的质量,环境和气氛也是至关重要的。如果环境不佳、气氛不好,往往会直接降低宴会的档次,影响宾客的食欲,影响宾主之间的交流,宴会的效果就会大打折扣。

宴会现场的布置取决于活动的性质和形式。官方的正式宴会布置应该严肃、庄重、大方,可以少量点缀鲜花、绢花等,不要用红红绿绿的霓虹灯做装饰。宴会环境要安静、高雅、有文化气息,同时要整洁卫生。要注意宴会厅色彩的运用和灯光的调节。如果有席间音乐,乐声宜轻,以便身心得以调节和放松。

(七) 宴请的程序及服务

宴会的组织者要安排好工作人员,尽可能周到地做好宴会的各项准备工作,为来宾提供完善的服务。

宴会开始前,主人一般在门口迎接客人。如果规格较高,还要由少数主要官员陪同主人排列成迎宾线。其位置宜在客人进门存衣以后,入休息厅之前,双方相互握手后,由工作人员引入休息室或直接进入宴会厅。有些国家官方的隆重场合,客人到达时,设有专人负责唱名。

休息室内应有相应身份的人员照顾客人,并有服务人员送饮料。主宾到达后,由主人陪同进入休息室与其他客人见面。如客人没有到齐,迎宾线不撤,代表主人迎接客人。

主人陪同主宾进入宴会厅,全体客人就座,宴会即可开始。如果休息室较少,宴会规模大,也可以请主桌以外的客人先入座,主桌人员最后入座。

各国对于正式讲话安排的时间也不尽一致。一般正式宴会可在热菜之后,甜食之前,先由主人讲话,然后客人讲话。也有的一入席,双方即谈话。有时,宴会没有正式讲话。

吃完水果,主人与主宾起立,宴会即告结束。

国外日常宴请在以女主人为第一主人时,要以她的行动为准。入席时,女主人先坐下,并由女主人招呼客人开始进餐。餐毕,女主人起立,邀请女宾与之共同退出宴厅,男宾随后进入休息室。

宴会结束后,主宾告辞,主人送至门口,主宾离去后,原迎宾人员顺序排列,与其他客人握手告别。

三、赴宴礼仪

宴会是否成功,主人处于主导地位,主人要以客人的需要、习惯、兴趣安排一切。而应邀赴宴的客人的密切配合也是不能忽视的。

(一)应邀

接到宴会的邀请,不论能否赴约,都应尽快地作出答复,以便主人安排,不能应邀的要婉言谢绝。接受邀请后不要随意变动,应按时出席。如确有意外不能出席的,要提前解释并致意,尤其是主宾应及早向主人解释、道歉,必要时要亲自登门表示歉意。应邀出席一项活动之前,要确认活动举办时间、地点及是否邀请了配偶等,以免失礼。

(二)修饰仪容仪表

出席正式的宴会,要注意修饰个人的仪容仪表,做到整洁、优雅。尤其参加涉外宴会或西餐宴会,要穿正式的服装,男士穿深色西装套装,女士穿裙装或旗袍并化淡妆。如果不加任何修饰,仪容不洁,着装不雅,既会被人轻视,也会被认为不尊重主人,不重视此次宴请活动。宴会进行中,无论天气如何热,都不能当众解开衣扣,脱下衣服。如小型宴会,主人请客人宽衣时,男宾可脱下外衣,搭在椅背上。

(三)掌握出席时间

赴宴不得迟到,迟到是非常失礼的行为,但也不可去得过早,去早了主人未准备好,难免尴尬,也不得体。一般来说客人应略早抵达,提前到达的时间不超过10分钟。确实有事需要提前退席的,应先向主人说清楚。

案例 5-4

流 水 席

某企业年终在一家五星级饭店举办客户答谢宴。公司老总、办公室员工早早到达等候。距约定时间18点30分还有10分钟时,5桌客人只坐满三分之一,只得推迟开席20分钟,结果客人还是只来了一半,公司老总只能尴尬地宣布开席。结果答谢晚宴成了"流水席"。先来的客户快吃饱了,还有人陆续进场。两名结伴而来的女客户迟到50分钟,还神情笃定地落座,既没有跟主办方道歉,也没有和同桌人打招呼,自顾自地吃起来。来得最迟的客户一进门就开始嚷道:"真不好意思啊,都怪路上堵车,所以来晚了。我只能坐半小时,等会儿还有事呢。"负责举办这次答谢晚宴的办公室主任抱怨道:"为了办好此次答谢宴,我们部门提前一个月就开始给客户发邀请函,还多次电话确认,希望他们准时赴宴,没想到,最终结果会是这样。"

评析

接受宴请礼仪无论能否出席宴会都要尽早礼貌答复对方以便主人安排。一般来说,对注有"R. S. V. P."(请答复)字样的,无论出席与否,均应迅速答复。注有"Regrets only""不能出席请回复"字样的,则不能出席时才回复。答复对方的方式可以通过电话或回以便函。一旦接受邀请之后,除非极特殊原因,否则不要随意改动。如实在不能出席,应尽早向主人解释、道歉,或是亲自登门表示歉意。答复出席,而不按时出席是非常失礼的。

(资料来源:编者整理)

(四)抵达和献花

抵达宴请地点应主动向主人问好,如主人迎来握手,应及时上前响应,致意或表示祝贺。参加庆祝活动,可按当地的风俗习惯和相互关系,赠送鲜花或花篮。赴家庭宴会,也可酌情给女主人赠献花。

(五)入席

应邀出席宴请活动,应听从主人安排,即所谓客随主便。要先弄清自己的桌次和座次再入席。注意自己的座位卡,不要坐错了位置。入座时应等年长者、上级坐定后,方可入座。如有女士,应招呼女士坐定后,方可入座。在排定了座次的情况下,可在他人的引导下入座。如邻座是年长者或女士,应主动协助他们先坐下。

(六)进餐

当主人拿起餐巾时自己便也可以拿起餐巾。打开餐巾放在腿上,不要将餐巾别在领口里或挂在胸前。餐巾是用来防止菜汤滴在身上的,不要用餐巾来擦拭嘴角,也不要用来拭擦餐具。

进餐时要文明、从容。坐姿自然端正,不要太僵硬,也不要往后倒靠在椅背上。肘部不要架在餐桌上,以免妨碍邻座的客人,眼光要随势而动,不要紧盯着菜盘不动。要闭着嘴细嚼慢咽,不要发出声音,喝汤要轻吸,对热菜热汤不要用嘴去吹。骨头、鱼刺吐到筷子或叉子上,再放入骨盘。嘴里有食物时不要说话,剔牙时,用手或纸巾做遮挡。

(七)交谈

边吃边谈是宴会的重要形式,无论是做主人或陪客,都应与同桌人交谈,特别是左右邻座。邻座如不认识,可先自我介绍。要注意同主方的人交谈,不要只顾和自己熟悉的人谈话。话题要轻松、有趣,不谈不愉快的话题和对方敏感的问题,也不要对宴会和饭菜加以评论。

(八)祝酒

参加宴会,应了解对方的祝酒习惯,即为何人祝酒、何时祝酒等,以便做必要的准备。祝酒时注意不必交叉碰杯,在主人和主宾致辞、祝酒时应暂停进餐,停止交谈,注意倾听。遇到主人和主宾前来敬酒时,应起立举杯,碰杯时,要目视对方致意。宴会上互相敬酒,气氛活跃,但切忌喝酒过量,否则会失言失态。

(九)退席

离席时,应帮助同桌的长者或女士拉开座椅。不要忘了随身携带的物品以免给人丢三落四的感觉,微笑着向主人道谢告辞。

评估练习

1. 招待会一般有哪几种?各有什么特点?
2. 安排宴会应做哪些准备工作?
3. 赴宴时注意哪些礼仪?

第六章

酒店主要岗位接待礼仪

不规范的服务用语

在某地一家饭店餐厅的午餐时间,来自台湾地区的旅游团在此用餐,服务员发现一位70多岁的老先生面前是空饭碗时,就轻步走上前,柔声说道:"请问老先生,您还要饭吗?"那位先生摇了摇头。服务员又问道:"那先生您完了吗?"只见那位老先生冷冷一笑,说:"小姐,我今年70多岁了,自食其力,这辈子还没落到要饭吃的地步,怎么会要饭呢?我的身体还硬朗着呢,不会一下子完的。"由此可见,由于服务员用词不合语法,不合规范,不注意对方的年龄,尽管出于好心,却在无意中伤害了客人,这不能怪客人的敏感和多疑。

(资料来源:金正昆.涉外礼仪教程.北京:中国人民大学出版社,1999)

辩证性思考

1. 你认为该案例中的客人为什么不满意?
2. 请思考酒店服务中如何使用服务用语才是合乎规范的。

酒店产品的核心是为宾客提供最优质的服务,而酒店礼仪是酒店优质服务的内容和基础。根据酒店部门的特点及岗位服务要求,酒店从业者在做到礼貌待客、热情服务的同时,还需注意岗位的特殊性。前厅是对客服务开始和最终完成的场所,包括前厅区域和总服务台,这里是酒店的门面,前厅接待服务的水平会直接影响酒店的企业形象和经营业绩。客房部的主要任务是负责酒店所有客房的清洁和保养工作,并供应和配置各种用品,保证优质的服务,为住客创造一个清洁、舒适的住宿环境。餐饮部已经不再是传统观念中仅仅提供"吃"的单一场所,而是能够提供包括交际活动、休闲活动在内的综合性多功能配套场所。酒店从业者必须系统地了解和掌握酒店前厅、客房、餐厅等主要岗位的服务礼仪规范,并能够在实际工作中正确、熟练地应用,从而使客人能得到精神满足的同时塑造良好的企业形象。

第一节 前厅部服务礼仪

教学目标

1. 掌握礼宾部服务礼仪。

2. 掌握前台接待服务礼仪。
3. 掌握总机电话礼仪。

一、酒店前厅部

前厅部（front office）又称客务部，是酒店负责招徕并接待宾客（组织客源）、销售饭店客房商品、组织接待和协调对客服务、销售餐饮娱乐等服务产品、沟通与协调饭店各部门、为客人提供各种综合服务的对客服务部门。前厅部是每一位客人抵达、离开酒店的必经之地，是酒店对客服务的开始和最终完成的场所，也是客人形成对酒店的第一印象和最后印象之处。前厅部是整个酒店服务工作的核心，主要由礼宾服务、前台接待服务和总机接听服务等内容组成。

二、礼宾部服务礼仪

（一）迎送服务礼仪

（1）见到宾客光临，应面带微笑，主动表示热情欢迎，问候客人："您好，欢迎光临！"并致15°鞠躬礼。

（2）对常住客人应称呼他（她）的姓氏，以表达对客人的礼貌和重视。当宾客较集中到达时，要尽可能让每一位宾客都能看到热情的笑容和听到亲切的问候声。

（3）宾客乘车抵达时，应立即主动迎上，引导车辆停妥，接着一手拉开车门，一手挡住车门框的上沿，以免客人碰头。如果是信仰佛教或伊斯兰教的宾客，因教规习俗，不能为其护顶。

（4）如遇下雨天，要撑伞迎接，以免宾客被淋湿。若宾客带伞，应为宾客提供保管服务，将雨伞放在专设的伞架上。

（5）对老人、儿童、残疾客人，应先问候，征得同意后予以必要的扶助，以示关心、照顾。如果客人不愿接受特殊关照，则不必勉强。

（6）宾客下车后，要注意车座上是否有遗落的物品，如发现，要及时提醒宾客或帮助取出。

（7）宾客离店时，要把车子引导到宾客容易上车的位置，并为宾客拉车门请客上车。看清客人已坐好后，再轻关车门，微笑道别："谢谢光临，欢迎下次再来，再见！"并挥手致意，目送离去。

（8）主动、热情、认真地做好日常值勤工作。尽量当着客人的面主动引导或打电话为其联系出租车。礼貌地按规定接待来访者，做到热情接待，乐于助人，认真负责，不能置之不理。

案例 6-1

女 士 优 先

在一个秋高气爽的日子里，迎宾员小贺着一身剪裁得体的新制衣，第一次独立地走上了迎宾员的岗位。一辆白色高级轿车向饭店驶来,司机熟练而准确地将车停靠在饭店豪华大转门的雨棚下。小贺姿势标准,并目视客人,礼貌亲切地问候,动作麻利而规范、一气呵成。小贺看到后排坐着两位男士、前排副驾驶座上坐着一位身材较高的外国女宾,便一步上前,以优雅姿态和职业性动作,先为后排客人打开车门,做好护顶关好车门后,又迅速走向前门,准备以同样的礼仪迎接那位女宾下车,但那位女宾满脸不悦,使小贺茫然不知所措。通常后排座为上座,一般凡有身份者皆在此就座。优先为重要客人提供服务是饭店服务程序的常规,这位女宾为什么不悦?小贺错在哪里?

评析

西方国家遵循"女士优先"原则。在社交场合或公共场所,男子应经常为女士着想,照顾、帮助女士。例如,人们在上车时,总要让妇女先行;下车时,则要为妇女先打开车门;进出车门时,主动帮助她们开门、关门等。西方人有一种形象的说法:"除女士的小手提包外,男士可帮助女士做任何事情。"迎宾员小贺未能按照国际上通行的做法先打开女宾的车门,致使那位外国女宾不悦。

(资料来源:陈刚平,周晓梅.旅游社交礼仪.北京:旅游教育出版社,2000)

(二)行李服务礼仪

(1)宾客抵达时,应热情相迎,微笑问候,帮助提携行李。当有宾客坚持亲自提携物品时,应尊重宾客意愿,不要强行接过来。在推车装运行李时,要轻拿轻放,切忌随地乱丢、叠放或重压。

(2)陪同宾客到总服务台办理住宿手续时,应侍立在宾客身后1米处等候,以便随时接受宾客的吩咐。

(3)引领宾客时,要走在宾客左前方两三步处,随着客人的步子行进。遇拐弯处,要微笑向宾客示意。

(4)乘电梯时,行李员应主动为宾客按电梯按钮,以手挡住电梯门框请客人先进入电梯。在电梯内,行李员及行李的放置都应该靠边侧,以免妨碍宾客通行。到达楼层时,应礼让客人先步出电梯。如果有大件行李挡住出路,则先运出行李,然后用手挡住电梯门,再请客人出电梯。

(5)引领宾客进房时,先按门铃或敲门。

(6)进入客房,将行李物品按规程轻放在行李架上或按客人的吩咐将行李放好,箱子的正面朝上,把手朝上,便于宾客取用。与宾客核对行李,确认无差错后,可简单告别及时离开房间。

(7)离房前应向宾客微笑礼貌告别,目视宾客,后退一步,再转身退出房间,将门轻轻拉上。

(8)宾客离开酒店时,行李员进入客房前必须按门铃或敲门通报,得到客人允许后方可进入房间。

(9)宾客离店,应询问宾客行李物品并认真清点,及时稳妥地运送安放到车上。

(10)行李放好后,应向宾客热情告别:"欢迎再次光临,祝您旅途愉快!"并将车门关好,目送车辆离去。

三、前台接待服务礼仪

(一)接待服务礼仪

(1) 宾客离前台 3 米的时候,要予以目光的注视,宾客到来时,应面带微笑询问宾客的需要,主动向宾客提供帮助。如宾客要住宿,应礼貌地问客人有没有预订。

(2) 接待宾客较多时,要按照顺序依次办理,注意接一顾二招呼三。即手里接待一个,嘴里招呼一个,通过眼神、表情等向第三个传递信息,使宾客感受到尊重,不被冷落。

(3) 验看、核对宾客的证件与登记单时要注意礼貌,"请"字当头,"谢"字收尾,确认无误后,要迅速交还证件,并表示感谢。当知道宾客的姓氏后,应尽早称呼姓氏,让宾客感受到热情、亲切和尊重。

(4) 给宾客递送单据、证件时,应上身前倾,将单据、证件文字正对着客人双手递上;若客人签单,应把笔套打开,笔尖对着自己,先双手递单,再双手送笔。

(5) 敬请宾客登记签字时,轻声告诉宾客房型以及房价,把房卡交给宾客时,应有礼貌地介绍房间情况,并祝客人住店愉快。

(6) 如果客房已客满,要耐心解释。此外,如果宾客需要,还可为其推荐其他酒店。

(7) 宾客对酒店有意见到总台陈述时,要微笑接待,以真诚的态度表示欢迎,在客人说话时应凝神倾听,绝不能与客人争辩或反驳,要以真挚的歉意,妥善处理。

(8) 及时做好宾客资料的存档工作,以便在下次接待时能有针对性地提供服务。

(二)预订服务礼仪

(1) 接待宾客电话预订时,要及时按标准礼貌接听,主动询问宾客需求,帮助落实订房。

(2) 订房的内容必须认真记录,并向宾客复述一遍,以免差错。要热情接待,主动询问需求及细节,并及时予以答复。若有宾客要求的房间,要主动介绍设施、价格,并帮助客人填写订房单;若没有客人要求的房间,应表示歉意,并推荐其他房间;若因客满无法接受预订,应表示歉意。

(3) 受理预订时应做到报价准确、记录清楚、手续完善、处理快速、信息资料准确。接受预订后应信守订房承诺,切实做好宾客来店前的核对工作和接待安排,以免差错。

(三)问讯服务礼仪

(1) 宾客前来问询,应该面带微笑,注视宾客,主动迎接问好。

(2) 认真倾听宾客问询的内容,耐心回答问题,做到百问不厌、有问必答、用词恰当、简明扼要。

(3) 服务中不能推托、怠慢、不理睬客人或简单地回答"不行""不知道"。遇到自己不清楚的问题,应请客人稍候,请教相关部门或人员后再回答,忌用"也许""大概""可能"等模糊语言应付客人。

（4）带有敏感性政治问题或超出业务范围不便回答的问题，应表示歉意。

（5）宾客较多时，要做到忙而不乱、井然有序，应先问先答、急问快答，使不同的客人都能得到适当的接待和满意的答复。

（6）接受宾客的留言时，要记录好留言内容或请宾客填写留言条，认真负责，按时按要求将留言转交给接收人。

（7）在听电话时，看到宾客来临，要点头示意，请客人稍候，并尽快结束通话，以免让客人久等。放下听筒后，应向客人表示歉意。

（8）服务中要多使用"您""请""谢谢""对不起""再见"等文明用语。

（四）结账服务礼仪

（1）宾客来总台付款结账时，应微笑问候。为宾客提供高效、快捷而准确的服务。切忌漫不经心，造成客人久等的难堪局面。

（2）确认宾客的姓名房号及押金单号，当场核对住店日期和收款项目，以免客人产生被酒店多收费的猜疑。

（3）递送账单给宾客时，应将账单文字正对着客人，若客人签单，应把笔套打开，笔尖对着自己，先双手递单，再双手送笔。

（4）当宾客提出酒店无法满足的要求时，不要生硬拒绝，应委婉予以解释。

（5）如结账宾客较多时，要礼貌示意宾客排队等候，依次进行。以避免宾客一拥而上，造成收银处混乱引起结算的差错并造成不良影响。

（6）结账完毕，要向宾客礼貌致谢，并欢迎宾客再次光临。

（五）其他服务礼仪

（1）如果有宾客的邮件，特别是快件，应立即想办法送交客人，不得无故拖延。如果确定客人外出不在，应把邮件妥善放置，等客人回来时及时送交。收发邮件，一定要迅速准确。

（2）在承揽了宾客代购各种机票、车票、船票时，要尽力去办。

（3）在为客人代办事项时，应问清代办事项的品名、数量、规格尺寸、颜色、形状及时间要求，并向客人预收款项。

四、总机电话服务礼仪

（1）坚守岗位，集中精神，在接待服务中坚持使用礼貌用语，避免使用"喂""我不知道""我现在很忙""什么"等语句。

（2）接听电话动作要迅速，不让电话铃响超过三声，要主动问候对方"您好"，自报店名和岗位，热诚提供帮助。如果业务繁忙，在铃响三声后才接听，应向顾客致以歉意"对不起，让您久等了"。

（3）用电话沟通时，宜保持嘴唇与话筒约1寸距离，若靠得太近，声音效果不好。

（4）宾客电话预订时，要及时按标准礼貌接听，主动询问客人需求，帮助落实订房。订房的内容必须认真记录，并向客人复述一遍，以免差错。因各种原因无法接受预订时，应表示歉意。

（5）要面带微笑，使语言热忱亲切、甜美友善，语调不宜太高，语速不要太快，用词要简练得当。

（6）熟悉常用号码，按客人的要求迅速准确地转接电话。

（7）随时在电话旁准备好便条和笔，当客人留言时，要认真倾听和记录，留言要重复一遍以确认，并跟进、履行对宾客的承诺，做到热心、耐心和细心。

（8）为客人转接电话和查找资料时，不能让对方等候电话超过15秒。要求对方等候电话，应向其表示歉意："对不起，请您稍后。"如果一时未能查清，应及时向对方说："正在查找，请您稍等一会儿"。

（9）通话结束后，应热情道谢告别，待对方先挂断后，方可挂断电话。

案例6-2

接电话技巧

某公司的毛先生是杭州某县三星级酒店的商务客人。他每次到杭州，肯定会住这家三星级酒店，却每次都会提出一些意见与建议。可以说，毛先生是一位既忠实友好又苛刻挑剔的客人。

某天早晨8点，再次入住的毛先生打电话到总机，询问同公司的王总住在几号房。总机李小姐接到电话后，请毛先生"稍等"，然后在电脑上进行查询。查到王总住在901房间，而且未要求电话免打扰服务，便对毛先生说"我帮您转过去"，说完就把电话转到了901房间。此时901房间的王先生因昨晚旅途劳累还在休息，接到电话就抱怨下属毛先生不该这么早吵醒他，并为此很生气。

评析

可能采用的做法：

（1）李小姐应该考虑到通话的时间，早上8点是否会影响客人休息。

（2）应迅速分析客人询问房间号的动机，此时毛先生的本意也许并不是要立即与王总通话，而只是想知道王总的房间号码，便于事后联络。在不能确定客人动机的前提下，可以先回答客人的问话，同时征询客人意见："王总住在901房间，请问先生需要我马上帮您转过去吗？"必要时还可以委婉地提醒客人，现在的时间尚早，如果想通话是否一个小时后再打。这样做既满足了客人的需求，又让客人感受到了服务的主动性、超前性、周到性。

（资料来源：张建宏.饭店服务36计.北京：旅游教育出版社，2008）

五、大堂副经理服务礼仪

（1）接待客人要积极热忱，精力集中，以谦和、富有同情心的态度认真倾听，让客人把话讲完。

（2）对于客人投诉所反映的问题，要详细询问，并当面记录，以示郑重。

（3）能够设身处地为客人考虑，以积极负责的态度处理客人的问题和投诉。在不违反规章制度的前提下，尽可能满足客人的要求。

（4）当客人发脾气时，要保持冷静，待客人平静后再做婉言解释与道歉，要宽容、忍耐，绝对不能与客人发生争执。

（5）尽量维护客人的自尊，同时也要维护好酒店的形象和声誉，原则问题不能放弃立场，应机智灵活处理。

（6）对客人的任何意见和投诉，均应给予明确合理的交代，力争在客人离开酒店前解决，并向客人表示感谢。

评估练习

1. 礼宾部服务应注意的服务技巧是什么？
2. 整理总结总机电话服务礼仪，简述接打电话时的注意事项。

第二节　客房部服务礼仪

教学目标

1. 掌握客房规范的行为礼仪。
2. 掌握迎送客人服务礼仪。
3. 掌握客房送餐服务礼仪。
4. 了解洗衣服务礼仪。

一、酒店客房部

客房部作为宾馆营运中的一个重要部门，其主要的工作任务是为宾客提供一个舒适、安静、优雅、安全的住宿环境，并针对宾客的习惯和特点做好细致、便捷、周到、热诚的对客服务。《世界住宿业》报道过酒店收入的构成中，客房高踞榜首，占到48%以上。客房是酒店经济收入的主要来源，在酒店的经营中起着"钱袋子"的作用。离开了客房，酒店就失去了经济支柱，无法正常运营下去。

我们常说"宾至如归"，真正能让客人找到"归"的感觉的就是客房，客房就应该成为"旅客的家"。客人到达酒店，首要目的就是要找个房间住宿、休息，以消除旅途的疲劳，保持身心健康。客房的质量关系到酒店的形象，它和前厅一样，在整个酒店经营中起着举足轻重的作用。

二、客房规范的行为礼仪

（一）工作仪容仪表

服务员上班后，应换好工作服，戴上姓名牌，梳理好头发，女服务员应进行适当的化妆。

（二）遇客问好

遇见客人时应主动避让和打招呼，遇见同事和各级管理人员均需以礼相待，互相打招呼问好。

（三）不得先伸手和客人握手

除非客人先伸手，否则员工不得先伸手与客人握手，态度应端庄大方，手勿叉腰、插入口袋或指手画脚。

（四）抬头挺胸

站立时应抬头挺胸，不得弯腰驼背，以饱满的精神、微笑的面容与客人接触。

（五）沿墙边地带行走

在楼面应沿墙边地带行走。输送服务或等候工作时，如遇客人迎面而来，应放慢行走速度，在距离客人二三米时，自动停止行走，站立一边向客人微笑问好。

（六）注意物品

注意所行路线上的设备、器材有无损坏，地上有无纸屑和积水，路遇垃圾和积水应及时清除。

（七）与客方便

客房是客人外出时的家，要使客人感到处处舒适、清洁，不要在楼层大声喧哗，搬运物品要轻拿轻放，保持肃静。

（八）打扫卫生

为客人打扫卫生时应打开房门，但不能同时打开几间房的房门。客房必须打扫干净并为抵店客人备妥一切干净齐全的用品。房间内不能出现毛发、垃圾、床单褶皱、物品摆放不整齐、未抹尘等类似的事故。清扫房间应尽量避免干扰客人，最好是客人外出时打扫或客人特别吩咐才去做，但必须掌握时间，要在客人回来之前整理好。长住客人的房间按客人需要去打扫。

（九）不得随便清理客人的物品

整理客人住的房间时，切不可随意扔掉客人的书报、杂志，即使是花束、纸条、自带的香水空瓶等，未经客人的吩咐，切不得随便清理掉，因为它可能对客人有用。

（十）请客人签字要有礼貌

如遇到客人需要签字时，要把签字单放到小托盘上，双手递过去，并说"请您过目签字"，将自己的笔打开，为客人双手呈上去，客人签毕要表示感谢。

（十一）不要随便打开客房门

在没有问明和证实来客是该房间的下榻客人以前，不要将客房钥匙随便交给他人。在客人出示证件，并与客人查询簿或查询架上的登记内容核对以后，方能决定是否应该给客人客房钥匙。

（十二）不得议论客人

服务人员不得聚在一起议论客人。

（十三）客人迁出

客人迁出后整理房间，如客人有遗漏物品应立即交还或报告主管。注意检查房间的零星物品，如发现烟灰缸、小巧的装饰品缺少，不要直接查询客人，要立即报告主管。

（十四）认真填写值班记录

服务员要认真填写值班记录，凡未办完之事要交代清楚，不得因交班使服务中断或脱节，引起客人不满。

三、楼层接待服务礼仪

（1）在客人抵达前，要整理好房间，检查设备用品是否完好、充足，调节好房间的温度和湿度，为客人提供整洁、卫生、舒适、安全的客房。

（2）楼层服务员接到来客通知，要在电梯口迎接，主动问候客人："先生（小姐）您好，一路辛苦了，欢迎光临！"如果是常客，要称呼客人的姓氏。

（3）引导客人出电梯，主动帮助客人，征得同意后帮助提携行李。

（4）引领客人到客房，到达房间门口时先开门、开灯，侧身一旁，敬请客人进房，然后放置好客人的行李物品。

（5）客人进房后，根据人数和要求，灵活递送香巾和茶水，递送时必须使用托盘和毛巾夹，做到送物不离盘。

（6）根据客人实际情况，礼貌介绍房间设备及其使用方法，简要介绍饭店内的主要服务设施及其位置、主要服务项目及服务时间，帮助客人熟悉环境。对房内需要收费的饮料食品和其他物品，要婉转地说明。

（7）接待服务要以客人的需要为准，体现为客人着想的宗旨。若客人不想被打扰，需要安静的休息时，服务人员应随机应变，简化某些服务环节。

（8）在问清客人没有其他需求后，应向客人告别，立即离开。可说"请好好休息，有事尽管吩咐，请打电话到服务台"，并祝客人住宿愉快。退出房间后，轻手将门关上。

四、日常服务礼仪

宾客住店期间的日常服务范围广、项目多，劳动强度大、服务繁重琐碎，需要工作人员有良好的身体素质、较强的责任感和动手能力，工作要细致耐心。

（一）客房清洁服务礼仪

（1）客人一旦入住，客房即成为其私人空间，服务人员不能随意进出该房间。整理房间应尽量避免打扰客人的休息与工作，最好在客人外出时进行；动用客房内的任何一样东西，都应事先征得客人同意。

（2）有事需要进入客房时，必须讲究礼貌。先按门铃两下，未见动静，再用中指关节有节奏地轻敲房门，每次为三下，一般为两次，同时自报"Housekeeping"，在听到客人肯定的答复或确信房间内无人后方可进入。进入客房，不论客人是否在房间，都应将房门敞开。

（3）敲门时，对可能出现的各种情况应该灵活处理：敲门时，门已经打开或客人来开门，要有礼貌地向客人问好，并征得客人允许，方可进入客房服务。敲门时，房间内无人答应，进房后发现客人在房间或在卫生间，若客人穿戴整齐，要立即向客人问好，并征询客人意见，是否可以开始工作；若客人衣冠不整，应马上道歉，退出房间并把门关好。

（4）打扫客房时，不得擅自翻阅客人的文件物品，打扫完后物品应放在原处，不能随意扔掉客人的东西，如便笺、纸条等；不可在客人房间看电视、听音乐；不可用客人的卫生间洗澡；不可取食客人的食品；不得接听客人的电话。

（5）清扫时，如宾客在交谈，不要插话，更不能趋近旁听，不向客人打听私事；如客人挡道，应礼貌打招呼，请求协助。

（6）客房清洁过程中，遇到客人回来，服务员要礼貌地请客人出示房间钥匙或房卡，确定是该房间的客人，并询问客人是否可继续整理。如果客人需要整理，应尽快完成，以便客人休息。

（7）打扫完毕，不要在客房逗留。如客人在房间，离开时应轻声说："对不起，打扰了，谢谢！"然后礼貌地后退一步，再转身走出房间，轻轻关上门。

（8）清扫时，遇到宾客外出或回房间，都要点头微笑问候，切勿视而不见，不予理睬。在楼道中遇到客人，在离客人2米处开始微笑注视客人，放慢脚步，1米时向客人致以问候，楼道狭窄时要侧身礼让客人。

（9）工作时，不能与他人闲聊或大声说话，做到说话轻、走路轻、操作轻。在过道内行走，不要并行，不得超越同方向行走的客人。遇事不要奔跑，以免造成紧张气氛，如有急事需要超越客人应表示歉意。

（二）访客接待礼仪

（1）尽量记住住宿客人的姓名、特征等，并注意保守客人的秘密，不将客人的房号、携带物品及活动规律等告诉无关人员，不要给客人引见不认识的人员。

（2）访客来访时，应礼貌问好，询问拜访哪位客人，核对被访者姓名、房号是否一致。在征得客人同意后，请访客办理登记手续，才能指引访客到客人房间。未经客人允许，不要将来访者带入客人房间。

（3）访客不愿意办理来访登记手续，应礼貌耐心地解释，并注意说话技巧，打消来访者的顾虑，求得对方配合；如访客执意不登记，应根据来访者与被访者的身份、来访目的与时间,酌情处理。

(4) 若住客不愿见访客,要礼貌委婉说明住客不方便接待客人,不要将责任推给住客,同时不能让访客在楼层停留等待,应请访客到大堂问询处,为其提供留言服务。

(5) 住客不在,若访客带有客房钥匙要进房取物时,服务人员要礼貌了解访客对住客资料的掌握程度及与住客的关系;若访客带有住客签名的便条但无客房钥匙时,服务员应将便条拿到总台核对签名。确认无误后办理访客登记手续,然后陪访客到客房取物品。住客回店后,服务员应向住客说明。

(6) 客人外出,交代访客可以在房内等待,服务员应仔细询问来访者的姓名及特征,经过辨别确认后,请来访者办理访客登记。如访客要带物品外出,服务员应及时询问,并做好记录。

(7) 宾客接待访客时,要按客人的要求,备足茶杯、供应茶水。

(8) 服务员在岗时要保持相应警觉,对可疑访客应上前有礼貌地询问清楚,坚持原则、刚柔相济,杜绝不良人员制造事端。

(三) 其他服务礼仪

(1) 客人需要送洗衣物时,应认真核对件数、质料、送洗项目和时间,检查口袋里有无物件、纽扣有无脱落、衣物有无破损或严重污点等。

(2) 客人委托代订、代购和代修的事项要询问清楚,详细登记并重复确认,及时为客人服务。客人合理的随机服务要求,要快捷高效完成,不可无故拖延。

(3) 服务员不得先伸手与客人握手,不抱玩客人的孩子,不与客人过分亲热;与客人接触,应注意文明礼貌,有礼有节,不卑不亢。

案例 6-3

衣服上的黄渍

小王是一名四星级饭店的客房服务员。一天晚上 7 点,她接到房务中心紧急电话:"807 房间有客人要求洗衣服务。"忙碌的她迅速放下手头的事情,赶往房间。小王按照服务规范敲门后,房中无回应,于是她顺理成章地用楼层钥匙打开房门。经过查找,不错,椅子上确实有一件绿色的 T 恤,但房内灯光较暗且天色已晚,好像看不出有什么污渍;核对一下洗衣单,还是加急的,要求 4 小时内送回!小王丝毫不敢怠慢,火速将 T 恤拿到工作台,拨通洗衣房的电话,要求立刻前来收取洗衣。大约 5 分钟后,洗衣房小刘急急忙忙赶到,经过双方签字确认,衣服被送到洗衣房洗涤。3 个多小时后,小刘气喘吁吁地拿着洗好并包装精美的衣服送上楼来,递给小王,小王看了看时间,离要求的时间还差十几分钟,于是马上送入客人房间。工作终于顺利完成,两人会心地笑了。

"你们四星级饭店是怎么洗衣服的?好好的衣服怎么洗出来黄渍?叫我怎么穿?你们必须赔我衣服!"第二天一早,客人怒气冲冲地指着衣服肩部的一块黄渍向主管投诉。刚刚上班的小王傻眼了:怎么会这样?黄渍从哪来的?客房主管立即展开了调查:小王说收衣服时,光线比较暗,确实没有看清楚有无污渍;洗衣房小刘说,衣服洗涤之前,本身就有一块污渍,并且是处理不掉的污渍。客人却说,她的衣服在洗涤之前,不可能有污渍。污渍究竟是哪方造成的?由于缺乏有效的证据,客房主管陷入尴尬,只好和大堂经理共同与客人协商处理。可是,客人不依不饶,什么条件都不肯接受,只要求赔偿那件价值2000多元的衣服。

评析

洗衣服务是四星级饭店对客基本服务项目之一。本案例中,小王和小刘工作热情、积极肯干,时间观念也很强。但是,他们却忘记了饭店"四心"(爱心、热心、诚心、耐心)服务之外最重要的一心,即"细心"。从本案例来看,只要细心些,问题就不难发现。

客房部小王收取洗衣时,如果能够非常细致地查找洗衣是否存有污渍,就可以避免客人投诉:有污渍,及时向客人说明,可能会处理不掉,对于刁蛮客人不合理的投诉也能直面应对;没有污渍,小王心里自然有底,也便于查找出真正原因。

洗衣房小刘同样缺乏细心精神:如果和小王书面交接脏衣时细心检查,就能判断有无污渍,将小王的疏忽予以弥补;如果在洗衣之前多一个心眼,发现有难以处理的污渍,多给小王打一个沟通电话,也能避免投诉的发生。

(资料来源:张建宏.饭店服务36计.北京:旅游教育出版社,2008)

五、离店服务礼仪

(1)得知客人离店的日期后,服务员要热情关照客人,仔细检查客人委托代办的项目是否已经办妥,主动询问是否需要提供用餐、叫醒、出租车等服务,主动询问客人意见,认真记录,并衷心感谢,但不要强求或过多耽误客人时间。

(2)客人离房要送至电梯口,礼貌道别,并欢迎客人下次光临。对重要客人和老弱病残者要送至前厅,并给予特别照顾。

(3)客人离房后要迅速检查房间,查看有无遗忘遗留物品,房间内的各种配备用品有无损坏或缺失,各种需要收费的饮料食品和物品有无消耗。如果发现遗留物品应尽可能归还原主,如果客人已走,则按酒店的遗留物品处理规定保管和处理。如果发现物品缺失或损坏,应立即打电话与总台联系,机智灵活处理,不可伤害客人的感情和自尊心。

六、特殊情况服务礼仪

(1)宾客在住宿期间生病,服务员应主动询问是否需要到医院就诊,并给予热情关照,切不可自行给客人用药或代客买药。若客人患突发性疾病,应立即报告上司与大堂副理,联系急救站或附近医院,不可拖延时间。

(2)宾客住店期间,若发生酗酒现象,服务员应理智、机警地处理,尽量安置酗酒客人回房休息,并注意房内动静,必要时应采取措施。对醉酒吵闹的客人,要留意其动静,避免出现损坏客房设备、卧床吸烟而引起火灾、打扰其他住客或自伤等事件,必要时通知上司和保安部人员。对醉酒酣睡的客人,要同保安人员一起扶客人进房,同时报告上司,切不可单独搀扶客人进房或为客人解衣就寝,以防客人醒后产生不必要的误会。

(3)客人称钥匙遗忘在客房,要求服务员为其开房门时,应请客人出示住房卡,核对日期、房号、姓名等无误后,方可为其开门。若客人没有住房卡,应请客人到总台核对身份无误后,方可为其开门。

(4) 客人在客房内丢失财物,服务员应安慰并帮助客人回忆财物丢失的过程,同时向上司和保安部报告,协助有关人员进行调查,不能隐情不报或是自行其是。

评估练习

1. 客房行为礼仪包括什么?应注意什么?
2. 在日常服务礼仪中应注意什么?

第三节　餐饮部服务礼仪

教学目标

1. 掌握餐厅服务卫生礼仪。
2. 掌握迎宾领位服务礼仪。
3. 掌握中、西餐服务礼仪。

一、酒店餐饮部

酒店具有接待客人住宿、用餐以及娱乐的基本功能,餐饮部是酒店的重要组成部分,主要向客人提供食品饮料和相应的服务,既满足了客人最基本的生理需求,又可以从色、香、味、形、器上,使客人得到感官上的享受,让客人在优雅的环境中享受到热情周到服务的同时,还在精神上得到享受和满足。因此,良好的餐饮服务,不但会给客人增添旅途的乐趣,同时也会为酒店创造丰厚的经济效益。

酒店餐饮服务中的礼节,一般来说,是很讲究的,但总的来说,酒店餐厅服务人员应做到:"四勤"和"三轻"。

"四勤",即嘴勤、眼勤、手勤和腿勤。嘴勤,即见到客人来餐厅就餐,要主动上前打招呼。对于客人的提问,要做到有问必答。餐厅服务员还应主动向客人介绍酒店的特色招牌菜,同时以一定的文化素养为基础,根据客人的实际需要为客人提出合理的建议,减轻客人等菜时的无聊,刺激客人的食欲。眼勤,要求餐厅服务人员眼观六路耳听八方,像俗话讲的要"眼里有活儿"。根据客人的往来、进餐程度、举止行动,准确判断客人的要求,及时主动提供服务。手勤和腿勤,即餐厅服务人员要经常在自己负责的餐桌周围自然地走走看看,及时地端茶、擦桌、收盘、送菜等。"三轻"就是走路轻,说话轻,操作轻。

总之,餐厅服务人员在为客人服务全过程中应随时准备着,在客人用语言举止示意之前,就能心领神会地提供相应的服务,达到服务员与客人"心有灵犀一点通"的程度。

二、餐饮服务卫生礼仪

(一) 个人卫生

(1) 各餐厅员工每半年体检一次,持健康证上岗。

(2) 有传染性疾病者不得继续上岗。

(3) 员工勤洗澡、勤洗头、勤理发,勤换内衣,身上无异味。

(4) 岗位服装整洁干净,发型大方,头发清洁无头屑。

(5) 上岗前不饮酒,不吃异味食品。

(6) 工作期间不吸烟,不嚼口香糖。

(7) 不在服务区域梳头发、修剪指甲,不面对食品咳嗽或打喷嚏。

(8) 女服务员不论何种发型,垂下长度不得过肩,不戴戒指、手镯、耳环及不合要求的发夹上岗,不留长指甲和涂指甲油,不化浓妆,不喷气味过浓的香水。

(9) 男服务员不得留长发、不蓄大鬓角。

(10) 员工个人卫生要做到整洁、端庄。

(二) 操作卫生

(1) 各餐厅服务员要把好饭菜卫生质量关。

(2) 每餐工作前洗手消毒。

(3) 装盘、取菜、传送食品使用托盘、盖具。

(4) 不直接用手拿取食品。

(5) 取冷菜使用冷盘,热菜用热盘。

(6) 面包、甜品用托盘、夹子,冰块用冰铲。

(7) 保证食品卫生,防止二次污染。

(8) 服务过程中禁止挠头、咳嗽、打喷嚏。

(9) 餐厅内食品展示柜清洁美观,展示的食品新鲜。

(10) 服务操作过程中始终保持良好的卫生习惯。

三、迎宾领位人员服务礼仪

(一) 领位准备

(1) 正式开餐前整理个人卫生,洗脸洗手,女迎宾领位员化淡妆。

(2) 领位员着本岗旗袍或有民族风格的服装上岗,着装整洁,仪容仪表端庄、大方,心情舒畅,面带微笑,提前5分钟上岗,准备迎接客人。

(二) 领位服务

(1) 客人来到餐厅门口,主动热情迎接,接挂衣帽快速准确,问候、迎接语言亲切,态度和蔼。

(2) 询问客人人数,是否有订餐、订位等服务,语言规范。

(3) 迎宾顺序坚持按客人到达先后,同一批客人做到先主宾、后随员,先女宾、后男宾,符合礼仪顺序。

(4) 到高档豪华餐厅、宴会厅的宾客应先引到贵宾室,主动递送茶水、湿巾拭手,请客人稍后或交酒店经理、餐厅主管迎接。

(5) 客人进入餐厅,引导客人入座主动、规范,针对性强,交看台服务员,衔接协调良好。

(三) 告别客人服务

(1) 客人用餐结束来到餐厅门口,主动问候,征求意见。
(2) 递送衣帽快速、准确,服务周到。
(3) 主动告别客人,欢迎客人再次光临。

案例 6-4

破损的餐具

一位翻译带领 4 位德国客人走进了西安某三星级饭店的中餐厅。入座后,服务员开始让他们点菜。客人要了一些菜,还要了啤酒、矿泉水等饮料。突然,一位客人发出诧异的声音。原来他的啤酒杯有一道裂缝,啤酒顺着裂缝流到了桌子上。翻译急忙让服务员过来换杯。另一位客人用手指着眼前的小碟子让服务员看,原来小碟子上有一个缺口。翻译赶忙检查了一遍桌上的餐具,发现碗、碟、瓷勺、啤酒杯等物均有不同程度的损坏,上面都有裂痕、缺口和瑕疵。翻译站起身把服务员叫到一旁说:"这里的餐具怎么都有毛病?这可会影响外宾的情绪啊!""这批餐具早就该换了,最近太忙,还没来得及更换。您看其他桌上的餐具也有毛病。"服务员红着脸解释着。"这可不是理由啊!难道这么大的饭店几套像样的餐具都找不出来吗?"翻译有点火了。"您别着急,我马上给您换新的餐具。"服务员急忙改口。翻译和外宾交谈后又对服务员说道:"请你最好给我们换个地方,我的客人对这里的环境也不太满意。"经与餐厅经理商洽,最后将这几位客人安排在小宴会厅用餐,餐具也换上新的,并根据客人的要求摆上了刀叉。望着桌上精美的餐具,喝着可口的啤酒,这几位宾客终于露出了笑容。

评析

餐具的质量和清洁是餐前准备中应该重视的问题。餐具属于整个餐饮服务和餐饮产品的一部分,餐具的好坏直接关系到餐厅的服务水平。星级酒店对餐具的要求应该更高,绝不应该出现案例中的情况。为了避免因餐具的质量和清洁问题而引起客人不满,饭店的餐饮部门应注意:①与管事部加强联系,保证餐具的备份;②建立严格的检查制度,在客人用餐前检查餐具的质量、清洁情况,杜绝让有问题的餐具上桌;③对餐具的使用要分门别类。餐厅和餐饮活动的内容档次不同,餐具的等级和使用也不同;④对客人要求更换的有质量问题或清洁问题的餐具要尽量更换。

(资料来源:陈姮.旅游交际礼仪.2 版.大连:大连理工大学出版社,2009)

四、中餐服务礼仪

(一) 客人订餐

(1) 客人订餐、订座,服务员要接待主动,态度热情,面带微笑,语言亲切。

(2) 服务员询问客人用餐时间、订餐内容、座位要求准确,要复述客人姓名、房号、用餐人数与时间。

(3) 做好记录,提前安排好座位。

(4) 电话订餐或订座,电话铃响三声内接听,繁忙时请客人稍后,并表示歉意。

(5) 接听电话态度和蔼,语言清晰。

(6) 预订准确,安排适当,等候客人到来。

(二) 餐前服务

(1) 客人来到餐厅,领位员主动问好、微笑相迎。

(2) 对常客或回头客能称呼姓名。

(3) 迎宾领位人员将客人带到桌位后,看台服务人员要主动与客人打招呼,并对客人说:"您好,欢迎光临本餐厅。"同时,要察言观色,根据自己的判断,请客人按顺序入座,为客人拉椅让座,注意与客人的配合,在客人屈膝坐下时,将座椅推过去。

(4) 台桌上,桌布一定要整洁如新,铺放整齐,不能有褶皱;餐具的摆放,一定要分清楚是中餐还是西餐,各自按照各自的惯例摆放,但都要注意清洁卫生;发现有污迹的,应立即更换。

(5) 客人入座后,立即双手从客人右边递上菜单,不能将菜单往桌上一扔便一走了之。还要为客人斟茶上水,递上餐巾、香巾等。

(三) 点菜服务

(1) 客人点菜时,看台服务人员应手持点菜单和笔站在客人的左侧,等候客人点菜,不要催促客人点菜,要耐心等待,让客人有充分的时间考虑。注意站立位置,身体不能紧靠菜桌,手不能放在餐桌上。

(2) 对于本酒店的特色菜、招牌菜以及厨师的拿手菜,看台服务人员都要了然于胸,要清楚地知晓这些菜的配料、做法,还可就菜名的来历向客人作简单明了的说明。酒店餐厅里各种菜肴的风味、价格、原料等,看台服务人员都应熟悉。对于中国的"八大菜系",看台服务人员也应有大致的了解,如川菜重味、粤菜偏甜、苏菜精致、鲁菜以鲜见长、浙菜讲究实惠、闽菜讲究吊汤、徽菜以烹制山珍野味著称、湘菜油重色浓等;对各大菜系的招牌菜也应有了解,不要闹出"麻婆豆腐"是浙菜,而"梅菜扣肉"是川菜的笑话来。而对西餐点菜,则应注意各种菜与酒水的搭配,要熟悉西餐的饮食习惯。

(3) 看台服务人员还应有推销意识,在为客人做"参谋"时,除了向客人推荐本酒店的特色招牌菜,还应根据客人的口味、身份、年龄、宴请的形式(是自己一个人吃还是请朋友吃?请的是什么朋友等)以及菜系的特点来为客人建议。对于客人的疑问,要做到有问必答。

(4) 客人点完菜后,应询问客人是否还需要酒水饮料,并将点菜单内容向客人重述一遍,看客人是否还有别的要求。

(5) 若客人要点的菜,酒店已无法供应,应向客人说清楚,并向客人表示歉意;若客人列出菜单上没有的菜肴,应根据客人的描述,与厨房商量后尽量满足客人的要求,不可一口回绝。

对于做工比较麻烦费时的菜肴,应向客人说明白,征得客人的同意。

点菜单一式三份,收款台和传菜间各送一份,自己保留一份。

(四)上菜服务

(1) 各餐桌上菜时,一定要按照客人点菜的先后顺序,不可有先到后上、后到先上的情况出现。

(2) 客人点完菜后,一定要在20分钟内开始上菜,中餐在45分钟内将菜上齐。若临时需要增加做菜时间,应事先告诉客人大致的等候时间,客人同意后,再请厨房师傅做菜。

(3) 上菜一律使用干净的托盘。掌握上菜的节奏与时间,热菜食品加保温盖。托盘走路时应姿态轻稳,不要出现碰撞、打翻、溢出的现象。爆炒食品,示意客人用餐巾遮挡。

(4) 上菜时,用双手将菜端上桌,摆放整齐、规范,从客人左侧送上。每上一道菜都要报菜名,并简单介绍这道菜的做法及吃法。为防止唾液飞溅,介绍时要后退一步。

(5) 菜肴饮料上齐之后,告之客人,并祝客人用餐愉快。

(6) 如果客人正在用餐时,客人电话铃响但没有听到,要走近客人身边轻声告诉客人,不可在远处高声呼喊。

(五)盯台服务

(1) 客人用餐过程中,盯台服务人员服务要周到。要随时应答客人的招呼,不得坐在一旁或依墙靠角,也不得与他人聊天。

(2) 菜点上桌,示意客人用餐,并为客人倒第一杯酒。倒酒时,手不可触碰到酒杯的杯口。为客人倒酒时应遵循的顺序是:先宾后主,先女后男,先老后少。

(3) 若客人点的是贵重的名酒,应左手持瓶底,右手持酒的颈部,将有酒名厂牌的一面向客人展示。客人点头示意可以开瓶后方可开酒。倒酒时,注意不要酒滴洒在餐桌上。倒完酒后,将瓶盖盖好,示意客人饮酒。

(4) 若有需要客人用手食用的食品,应同时送上盛有茶水的净水盅,并适时为客人斟酒。

(5) 根据客人的需要,适应将空盘撤下,撤换脏骨盘,并注意后面的清洁。

(6) 客人有意抽烟时,应主动上前帮助客人点火。但一定要注意火苗的位置和大小,切不可烧及客人的鼻子、胡子。

(7) 一名盯台服务人员同时照顾几个桌位时,一定不要顾此失彼,对一桌特别照顾,对另一桌却又冷淡到极点,一定要一视同仁,照顾好每一个台面的客人。

(六)收款送客

(1) 若客人要去收款台结账,应客气地告诉客人收款台的具体位置,或引领客人前去。

(2) 客人用餐完毕后,示意结账时,盯台服务人员应将放在垫有小方巾托盘里的账单送到客人面前,请客人过目。同时,为了表示尊敬和礼貌,放在托盘内的账单要正面朝下,反面朝上。在客人确定无误后请客人签字付款。若客人要挂账的,签字手续一定要规范。客人付完账后,要对客人表示感谢。

(3) 客人起身时,盯台服务人员应主动为客人拉开座椅,并提醒客人不要将随身物品遗忘,并帮客人留意桌位附近是否有遗留物,若有,应及时送给客人。

(4) 将客人送至门口,并对客人说"再见,欢迎您再次光临"。

(5) 发现客人遗留物,应立即赶去追上客人,将东西交还客人;若客人已走远,则应交总服务台处理。

(七) 收餐摆台

(1) 待客人走后,迅速收拾桌面的餐具,清洁台面。按散餐的布台规格摆放上新的餐具,等待下一批客人的光临。

(2) 在收拾餐具的过程中,一定不要毛手毛脚,弄出很大的声响,要小心谨慎,不要影响周围客人的用餐。若不小心将餐具打破,应及时清理现场,并对用餐的客人表示歉意。

(3) 搞好餐桌周围的环境卫生,一般应在上午或下午没什么客人的时候做清洁,切不可在客人集中用餐的时间内进行。

(4) 若是团体餐或是重要的宴会,一定要注意上菜的顺序以及分清主宾,同时要顾全大局,让客人都感受到餐厅周到的服务。

(八) 收款服务

(1) 客人用餐完毕结账时,收款服务人员应将账单清楚地打印出来,请客人过目。账单上的菜名和各类菜的价格以及其他额外的服务都应清清楚楚、一目了然。

(2) 若客人对所付费用有疑问,应耐心地跟客人解释,把点菜单拿出来请客人过目,确保客人心服口服。

(3) 若客人使用信用卡付账,请客人核对后,将银行凭条交给客人签字。若客人使用现金支付,一定要当着客人的面点清现金,并将找零和收据一起交给客人。

(4) 若碰到结账的客人比较多,应礼貌地请客人依次等候,以免造成结算错误。

案例 6-5

美国人要吃啥

一对美国夫妇常驻山东某饭店,长期以来他们只吃西餐。一天,夫妇俩可能是为了换换口味,第一次踏进了饭店的中餐厅。入座后,服务员为他们端来了茶水、面巾和四碟小菜。客人很奇怪地问服务人员,为什么没点菜就摆上小菜。服务员微笑地告诉他们,这是吃中餐时的一种礼仪规格,为了表示餐厅对客人的欢迎,茶水和小菜都是免费的。他们听了服务员的解释非常高兴,表示要好好吃一顿正宗中国菜,并请服务员为他们点几个最有代表性的中国菜。服务员寻思着,中国有八大菜系,到了山东当然得品尝鲁菜。于是,他就对客人说,中国正式宴会上都有一道菜,就是鱼。不同的地方,吃不同的鱼。到了山东,一定要吃"黄河鲤鱼"。接着,服务员还对他们讲了"鲤鱼跳龙门"的典故。没想到客人听到后,连连摇头,表示他们不吃鲤鱼。有些纳闷地服务员接着向客人推荐了"九转大肠",这回,客人更是头摇得像拨浪鼓一样,他们告诉服务员,美国人一般不吃动物的内脏。连续两个菜都遭到了客人的否定,服务员弄不清美国客人到底要吃啥,一时间竟无语。

评析

不同的国家、地区和个人,都有自己独特的习俗、嗜好与忌讳,这些都是长期逐渐养成的,一时很难改变。若饭店员工在迎宾待客中,不了解或不掌握,就可能闹出笑话,发生误会,严重的还会引起客人疑心,甚至形成纠纷。为了杜绝上述现象,学习、了解、掌握不同宾客的习俗、嗜好与忌讳就显得尤为重要。

本案例中,服务员不了解美国人的饮食习惯以致无法提供相应的服务。在实际工作中还会遇到信仰佛教、伊斯兰教的素食客人等,如果不了解这些客人的饮食习惯和特点,就会在工作中出现被动、误解、冲突等现象。因此,熟悉不同客人的饮食习惯是点菜服务中的重要内容。服务员在为客人点菜服务前,一定要搞清楚客人的国籍、民族、饮食习惯和特点,并把这些作为点菜的依据。服务员要加强对不同饮食文化知识的积累,了解主要客源市场的饮食习惯、程序、方法,掌握其有关的饮食特点。在点菜中,如饮食习惯发生矛盾,服务员应根据客人的要求及时调整菜肴和酒水,不要与客人发生争执。

(资料来源:张建宏.饭店服务36计.北京:旅游教育出版社,2008)

五、西餐服务礼仪

(一)餐前准备

(1)正式开餐前,服务员应将餐厅卫生打扫清洁干净。

(2)将台面摆放整齐,横竖成行,餐具布置完好,整洁大方,环境舒适。

(二)客人订座

(1)客人订餐、订座,服务员应服务热情,彬彬有礼,语言运用熟练、规范。

(2)询问客人订餐、订座内容,要求用餐时间,并复述订餐内容,具体明确,记录清楚,事先做好安排。

(三)迎接客人

(1)领位员要熟知餐厅座位安排、经营风味、食品种类、服务程序与操作方法。

(2)客人来到餐厅门前,领位员微笑相迎,主动问好,常客、贵宾要称呼姓名。

(3)引导客人入座,遵守礼仪顺序。

(4)订餐、订座客人按事先安排引导,座位安排适当。

(5)客人入座,主动拉椅,交桌面服务员照顾。

(四)餐前服务

(1)客人入座后,桌面服务员主动问好,及时递送餐巾、香巾。

(2) 询问客人餐前用鸡尾酒、饮料或冰水,服务操作主动热情,斟酒、送饮料服务规范,没有滴洒现象。及时双手递送菜单,侍候客人准备点菜。

(五) 开单点菜

客人审视菜单并示意点菜时,服务员立即上前,询问客人需求,核实或记录点菜内容,注意客人所点菜肴与酒水匹配,善于主动推销,主动介绍产品风味、营养与做法。

(六) 上菜服务

(1) 客人点菜后,服务员应按面包、黄油、冷菜、汤类、主菜、旁碟、甜点水果、咖啡、红茶顺序上菜。

(2) 5 分钟上凉菜,20 分钟上热菜。菜点需要增加制作时间,告知客人大致等候时间。各餐桌按客人点菜先后次序上菜。

(3) 上菜一律用托盘,热菜加保温盖。托盘走稳,姿态端正。菜点上桌介绍产品名称,摆放整齐,为客人斟第一杯饮料,示意客人就餐。

(4) 上菜过程中,把好质量关,控制好上菜节奏、时间与顺序,无错上、漏上、过快、过慢现象发生。

(七) 盯台服务

(1) 客人用餐过程中,照顾好每一个台面的客人。客人每用完一道菜,撤下餐盘刀叉,清理好台面,摆好与下一道菜相匹配的盘碟刀叉。

(2) 符合西餐服务要求,每上一道菜,主动及时为客人分菜、派菜。分派操作熟练准确,斟酒及时。

(3) 上客人需要用手食用的菜点,同时上茶水洗手盅。

(4) 客人用餐过程中,随时注意台面整洁。及时撤换烟缸,烟缸内的烟头不超过 3 个。上甜品前,撤下台面餐具,服务及时周到。

(八) 结账清台

(1) 客人用餐结束示意结账时,服务员应将账单准备妥当,账目记录清楚,账单夹呈放客人面前,收款、挂账准确无误。

(2) 客人结账后,表示感谢。

(3) 客人离座,服务员要主动拉座椅,微笑送客,征求意见,欢迎再次光临。

(4) 客人离座后,清理台面快速轻稳,台布、口布、餐具按规定收好,重新铺台,摆放餐具,3 分钟内完成清台、摆台,准备迎接下一批客人。

课外资料 6-3

托盘的正确使用

一、托盘的种类

按制作材料分为三种:木托盘,金属托盘,胶木托盘。

按用途分三种：大托盘(直径36厘米)，中托盘(直径32厘米)，小托盘(直径20厘米)。

按形状分两种：长方形托盘，圆形托盘。

二、托盘的方式

托盘的方式有两种。一种是轻托，又叫胸前托，托盘内物品重量小于5千克时使用轻托；另一种是重托，又叫肩上托，托盘内物品重量大于5千克时使用重托。

三、托盘的操作程序

(一)理盘

清洁整理托盘。使用前选择好托盘，检查是否凸凹不平，在盘内装上洁净的小方巾，避免盘内物品滑动。

(二)装盘

重物、高物以及后使用的物品摆放在靠近身体的一侧(内高外低，内重外轻)。

(三)起托

将左脚向前一步，使站立呈弓步形，上身向前向左倾斜，用右手将托盘拉出左面三分之二，然后用左手托起托盘，同时左脚收回一步，使身体成站立姿势。

(四)行走

行走时头正肩平，上身直挺，双眼目视前方，不许看托盘。随着步伐，托盘在胸前自然摆动，过路口和交叉口时尽可能在右侧行走，侧让。

(五)落托

落托指服务员托着托盘为客人送菜、斟酒之后，将托盘落放在工作台上的动作。右脚向前一步，两腿呈弓步形，用右手相助，用力向前轻推，左手向后慢慢撤回，身体成站立姿势。

(资料来源：李莉.现代酒店礼仪规范.长沙：湖南科学技术出版社，2007)

评估练习

1. 餐厅服务员接待客人有哪些礼仪服务规范？
2. 中西餐服务礼仪各应注意什么？

第四节 酒吧服务礼仪

教学目标

1. 掌握酒吧服务礼仪。
2. 掌握调酒师工作礼仪。
3. 了解酒吧文化。

一、酒吧

酒吧(bar,pub,tavern)是指提供啤酒、葡萄酒、洋酒、鸡尾酒等酒精类饮料的消费场所。bar多指娱乐休闲类的酒吧，提供现场的乐队或歌手、专业舞蹈团队表演。高级的

bar 还有调酒师表演精彩的花式调酒。而 pub 和 tavern 多指英式的以酒为主的酒吧。酒吧有很多类型和风格,既有最低档的"潜水吧",也有为社会精英人士提供娱乐的优雅场所。酒吧最初源于美国西部大开发时期的西部酒馆,bar 一词到 16 世纪才有"卖饮料的柜台"这个义项,后又随着时代的发展演变为提供娱乐表演等服务的综合消费场所,约 20 世纪 90 年代传入我国。

酒店酒吧依托先天优势,大多建在酒店的高层,由于高星级酒店建筑本身就具有相当的高度,客人在酒店酒吧消费时可获得十分开阔的视野,能够俯瞰酒店四周甚至全城美景,以景观见长的"空中酒吧"尤为显眼。如上海金茂大厦 87 层的九重天酒吧,香格里拉的翡翠 36 酒吧,JW 万豪酒店 40 层的 JW'S 酒吧,皇家艾美位于 65 层、66 层风格迥异的 789 酒吧。这些酒吧的共同点就是能以鸟瞰的姿态把城市的璀璨夜景尽收眼底。九重天酒吧设计幽雅神秘,窄仄的楼梯连接着一个隐蔽的夹层酒吧。酒吧距离地面 330 多米,加上金茂特色的大落地窗户,眺望窗外,时而云雾缭绕,恍若隔世。

酒店酒吧里的服务,与餐厅有所不同。餐厅的功能是用餐,而酒吧则能满足人们不同的需求,有下面的话为证:"想放松一下吗?去酒吧吧!想认识新朋友吗?去酒吧吧!想签下这笔合同吗?也去酒吧吧!"

二、酒吧服务礼仪

(一)点酒

(1) 客人坐好后,酒吧服务人员从客人右侧双手送上清洁的酒单。然后准备好点酒单和笔,站在客人左侧,等候客人点酒。酒吧服务人员对各种各样的酒一定要很熟悉,无论客人问起哪一种,都能对答如流,并能根据各种各样酒的特性,向客人提出上乘的建议。

(2) 客人点酒时,要仔细听清,完整记录客人提出的各项具体要求。对于一些细节问题,就算客人没有提起,也应主动询问,并记录下来。还可向客人建议各种酒的最佳喝法。

(3) 客人点酒完毕,要向客人重述点酒单上内容,保证无误。

(4) 点酒单一式三份,吧台和收款台各一份,自己保留一份。

(二)上酒

(1) 酒吧服务人员上酒时,也要用托盘,保持走路时平稳,切不可摇摇晃晃让酒杯里的酒溅出。

(2) 上酒时,应先将杯垫及纸巾放在桌面上易拿之处。

(3) 上酒水饮料时,一律使用托盘从客人的右侧上,以方便客人使用。

(4) 拿酒杯时,要注意手指不触及杯口。一般拿杯子下半部或杯脚,以示礼貌、卫生。

(5) 将酒杯端上桌时,不宜拿得过高,应按由低到高的顺序稳稳地将酒杯送到客人面前。放下酒杯时,要轻轻地,不可一下将酒杯砸在桌面上,发出"咣咣"的响声。

(6) 上酒时注意顺序,先宾后主、先女后男、先老后少,不可一次将一位客人的酒都上齐了,而另一位客人面前却什么都没有。

(7) 上酒时,要招呼一声:"××先生(小姐),这是您要的××酒,请慢用。"提醒客人注意，以免碰翻酒水。

（8）若客人点的是整瓶的酒，斟酒前应左手持瓶底，右手持酒的颈部，将有酒名厂牌的一面向客人展示，客人认可后，再当面打开瓶塞。酒吧服务人员要熟悉各种酒适合用什么酒杯，不同的酒杯斟酒应斟到何种程度，一般来说，斟酒至酒杯的三分之一处即可。

（9）为客人斟酒时，要注意姿势，手不要颤抖，以免将酒洒出。

（三）其他服务

（1）斟完酒后，酒吧服务人员应退到一旁待命。绝不能偷听客人之间的谈话，应主动回避。

（2）在此过程中，若旁人另有需要，应立即上前询问。

（3）酒吧服务人员要随时准备着，一旦发现客人的酒已喝完，应上前为客人再次斟上，并同时将已喝完的空酒杯以及其他杂物撤下，并询问客人是否还需要其他服务。

（4）烟灰缸里的烟头不能超过3个，3个就要更换，并注意方法，不能把烟灰弄到外面。

（5）对已有醉意、情绪激动的客人，应提醒并劝住客人不要喝得过多。同时，要沉着、有耐心，在任何情况下都要以礼相待。

（6）有客人电话时，要走到客人身边轻声告诉客人，并引领客人前去，不可在远处高声呼喊，影响其他客人。

（7）为方便那些在酒吧作短暂停留的客人，酒吧还在吧台周围设置座位。对于这些客人同样应以礼相待，并注意客人的情绪，对客人进行劝慰。

（四）结账送客

（1）除非客人示意结账，切不可催促客人结账。酒吧是一个开放的场所，只要客人愿意，酒吧服务人员就不能将其"赶"走。

（2）客人示意结账时，用托盘将账单送到客人面前，请客人过目。此时，一定注意是由哪位客人付账，不要给错了对象。为表示对客人的尊重，应将账单的正面朝下，反面朝上。

（3）若客人用现金付款，应当着客人的面点清钱数，零钱和底单要还给客人。若客人用信用卡或支票付款，也要当面核对清楚，不要弄出误会。

（4）客人离去时，要搀扶着已有醉意的客人，并帮助其叫出租车，送其上车后，服务人员才可离去。

三、调酒师工作礼仪

调酒师主要负责饮品的调制和推销工作，在服务中应做到：

（1）客人到吧台前，主动微笑着问候："小姐（先生），晚上好！"

（2）在吧台面对客人调制各种饮品时，尊重客人的选择，按要求、标准严格操作。

（3）讲求卫生，文明操作，摇晃调酒壶的动作要适度。

（4）态度认真，不敷衍随便。

（5）坚持站立服务，不背向客人，拿酒瓶时，应侧身进行，以示对客人的尊重。

（6）对常来的客人要记住其爱好，热情地为他们提供喜爱的饮品。注意对熟客、女宾不要显得过分热情，以免引起其他客人的不满。本着"来者都是客"的精神，做到一视同仁，真诚服务。

（7）遇到孤单的客人，为不使他感到寂寞，可适当陪他聊天，但要顺着客人的意思讲，以示尊重，不可喧宾夺主。

（8）客人之间谈话时，不可侧耳旁听，更不能打断插话。客人低声谈话时，应主动回避。

（9）调酒服务中，不能将胳膊支撑在吧台上，也不可以双手交叉相抱或斜倚酒柜，更不能在吧台饮食，也不要与同事聊天，以免失礼。

（10）若客人离去，要热情道别，欢迎再次光临。

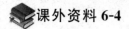

课外资料6-4

酒吧服务注意事项

（1）服务员要始终坚持微笑，要主动介绍酒水特点、口味、根据客人爱好提出建议。

（2）上酒水、饮料和小吃时一律使用托盘，不得直接用手拿取。

（3）开瓶前要先切掉金属薄片、用布巾按软木塞及瓶口。开红葡萄酒，切忌用力晃动以免沉淀物上浮。开有气的酒水，必须轻拿轻放，切忌瓶口对着客人。

（4）为单个客人服务，可适当陪客人说几句话，使其开心；为成双成对的客人服务，不要乱插话，也不要侧耳细听。

（5）服务酒水时必须掌握好温度。红酒以15℃～17℃为宜，白酒以10℃～12℃为宜，啤酒和香槟酒以6℃～8℃为宜。

（6）需要加冰块的酒水，必须按定量加冰。客人若要添加冰块，可随时添加。

（7）酒吧客人消遣时间较长。客人饮酒消遣慢，不应有催促客人的举动。

（8）若有客人醉酒，不能有轻蔑态度，更不可取笑；醉酒客人暂时离开，要保留桌面食物原样。

（9）在营业中要及时收集客人使用过的空杯，立即送清洗间清洗消毒，绝不能等一群客人一起喝完后再收杯。清洗消毒后的酒杯要马上取回酒吧以备用。在操作中，要有专人不停地运送、补充酒杯。

（10）调酒师要注意经常清理台面，将酒吧台上客人用过的空杯、吸管、杯垫收下来。一次性使用的吸管、杯垫扔到垃圾桶中，空杯送去清洗，台面要经常用湿毛巾抹，不能留有脏水痕迹。要回收的空瓶放回箱中，其他的空罐与垃圾要轻放进垃圾桶内，并及时送去垃圾间，以免时间长产生异味。客人用的烟灰缸要经常更换，换下后要清洗干净，严格来说烟灰缸里的烟头不能超过3个。

（11）营业中除调酒取物品外，调酒师要保持正立姿势，两腿分开站立，不准坐下或靠墙、靠台；要主动与客人交谈，以增进调酒员与客人间的友谊；要多留心观察装饰品是否用完，将近用完要及时地补充；酒杯是否干净够用，杯子没洗干净有污点应及时替换。

（资料来源：吕海龙.调酒与服务.北京：北京师范大学出版社，2012）

评估练习

1. 调酒师的服务流程是什么?
2. 掌握酒吧服务礼仪,在服务过程中应注意什么?

第五节　酒店安保部服务礼仪

教学目标

1. 掌握门卫保安员服务礼仪。
2. 掌握大堂保安员服务礼仪。
3. 掌握停车场保安员服务礼仪。
4. 掌握巡逻保安员服务礼仪。

一、酒店安保部

酒店安保部是酒店不可缺少的一个职能部门,担负着保障酒店、来店客人与本酒店服务人员财产和人身安全的职责,是酒店进行正常经营的前提和保证。客人进入酒店,看见酒店的第一名服务员就是我们的安全保卫人员。他们的言谈举止,既反映出酒店员工的素质,又直接反映酒店的对外形象。因此,安全保卫人员在工作中一定要服装整洁、神情庄重、态度和蔼,按原则办事,不能讲粗俗的话语,注意文明礼貌,做到文明执勤。

二、安全保卫服务礼仪

(一)门卫保安员服务礼仪

(1)门卫保安员主要负责酒店门前的安全,帮助迎宾员维持门前交通秩序,严格把好第一关,禁止客人将危险品带入酒店。

(2)门卫保安员要站有站相,不可弯腰驼背;行有行样,不可双手叉腰、踱方步。

(3)客人乘车来到酒店,门卫保安员应帮助客人将行李卸下,并引领客人将车停到停车场或其他安全的地方,确保门前畅通无阻,并保障车辆和行人的安全。

(4)若发现客人携带易燃、易爆物品进入酒店,应劝其交给保安部代为保管;若客人不肯听从劝告,则应报告上级领导或强制执行。

(5)对经常进出酒店的客人要有大致的印象,发现可疑人物要及时汇报,通知各部门密切注意。特别是有大型宴会或是有重要的客人下榻酒店时,更是要防止某些心怀不轨的人浑水摸鱼。

(6)对于精神病患者应阻止其进入酒店,并立即通知医院。

(7)对于衣冠不整者,门卫保安员有权不让其进入酒店。

(8)夜晚11点后,无论是进出的车辆还是人员都应仔细盘查,一旦发现可疑的地方,立即通知上级主管。

(9)酒店规定,本店员工是不允许由正门出入的。门卫保安员一旦发现本店员工由正门出入,要将其扣留,查询其工作部门及姓名,并送交有关部门教育,责其检讨,还可以对其处以罚款后批评教育。

(二)大堂保安员服务礼仪

大堂保安员不必在大堂内长期站立,可以在大堂内四处走动,发现有客人需要帮助时,应立即上前施以援助之手,所以大堂保安员的业务知识一定要广泛,涉及酒店的各个方面以及一些急救知识。对于客人的提问,要有问必答;即使答不出来,也要引领客人去能解决问题的地方。必要时,可带领客人前去。

(1)在客人办理住店或退房手续时,大堂安保员应协助看管行李,防止可疑人员接近。

(2)大堂保安员若发现有人在大堂内喧哗,要立即上前婉言劝说和制止,保持大堂内的高雅宁静。

(3)团体客人住店时,大堂保安员可安排其他客人到大堂的沙发安坐休息,等待办理手续的客人,礼貌提醒客人不在大堂里随处乱吐、乱蹲、乱躺,破坏大堂文明的环境。

(4)大堂保安员还应保护大堂的公共设施,提醒客人不要对公共设施进行敲击或损坏。

(三)停车场保安员服务礼仪

(1)停车场保安员一定要熟知酒店各种类型的车辆收费标准,并严格按照这个标准执行,礼貌报价,不可乱报价,更不可把钱装进自己的腰包。

(2)停车场保安员应保持停车场清洁,并做好统筹规划,不让停车场显得杂乱无章。

(3)门卫保安员引领客人前来停车场停车时,停车场保安员应向司机指明停车地点,验明车况是否完好,向客人讲清楚收费标准,客人认为没有问题后,请客人填写表单(表单上要注明客人的姓名、房间号、车号以及车况等),客人签字后,方可接收。

(4)接收客人车辆后,停车场保安员应交给客人单据以及磁卡或其他注明停车时间的卡,待客人将车开走时,作为结算的凭据。

(5)客人来开走车辆时,一定要检查客人的手续是否齐全,确定无误后,与客人将停车的费用结算清楚,当面点清。

(6)若发现有人在停车场闲逛,应礼貌地请其离开,不得让任何闲杂人员在停车场逗留。

(四)巡逻保安员服务礼仪

巡逻保安员按照酒店的规定,每天都应到自己划分的区域巡视几次,加强重点区域的巡视,仔细检查各处的消防设施,发现事故隐患要立即排除。

(1)巡视时,一般应两人一组,一前一后,步调一致,步伐整齐。不得勾肩搭背,不得左顾右盼,不得随意聊天,更不能嚼口香糖。

(2)遇到客人,应向客人点头致意,若认识客人则向客人问好。若是在走廊里,应停下来请客人先行。

(3) 接到客人报案,应第一时间赶到现场,组织疏散客人并保护好现场,防止事态扩大,及时向值班领导汇报。若公安部门介入案件侦查,安全保卫人员一定要协助公安部门。

(4) 若在巡视时,抓到可疑分子,一定不要对其动用武力,可以先对其进行审问,再移交公安部门。

(5) 遇到消防火警,不要慌张,一定要镇定,立即疏散人群,将客人转移到安全的地方,学会使用各种消防器具以及一些常用的自我营救的方法。

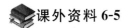

课外资料 6-5

火灾逃生要领

客房服务人员应了解火灾发生时的逃生要领,在火灾中能够及时给予宾客适当的指导和帮助,尽量减少火灾中的人员伤亡。

火灾发生时,立即离开客房,并关好房门、带好钥匙,如有可能,用橡皮筋将钥匙环绕在手腕上,以备疏散线路中断时退回到客房自救,并等待外面救援。离开客房时,随身携带一条湿毛巾,经过烟雾区时用湿毛巾捂住口鼻,以减少呼吸量;经过浓烟区时,要弯腰或爬行前进。如能自备小电筒更利于黑暗中逃生。要摸清前进方向,从与风向相反的远离着火点的方向疏散。高层饭店的宾客无法下楼层时,可往上跑。跑到楼顶后,应站在逆风一面,等待营救。

(资料来源:陈平.客房服务与管理.北京:机械工业出版社,2011)

评估练习

1. 停车场保安员的服务职责有哪些?
2. 大堂保安员遇到大堂内大声喧哗的客人应如何制止?

参 考 书 目

[1] 张文.酒店礼仪.2版.广州：华南理工大学出版社,2002
[2] 王春林.旅游接待礼仪.上海：上海人民出版社,2002
[3] 陈刚平,周晓梅.旅游社交礼仪.2版.北京：旅游教育出版社,2003
[4] 王艳霞,旅游交际礼仪.2版.济南：山东大学出版社,2010
[5] 金正昆.社交礼仪教程.2版.北京：中国人民大学出版社,2005
[6] 李洪勇,李聪聪.礼仪全攻略.北京：清华大学出版社,2010
[7] 金正昆.服务礼仪.北京：北京大学出版社,2005
[8] 史峰.商务礼仪.2版.北京：高等教育出版社,2012
[9] 朱友发,刘砺,孙炜芳.长沙：湖南师范大学出版社,2013
[10] 吴芳.现代礼仪.长沙：湖南师范大学出版社,2012
[11] 刘国柱.现代商务礼仪.北京：电子工业出版社,2005
[12] 金正昆.社交礼仪教程.4版.北京：中国人民大学出版社,2013
[13] 金正昆.涉外礼仪教程.4版.北京：中国人民大学出版社,2014
[14] 陈剑光,俞石宽.现代社交礼仪.北京：化学工业出版社,2011
[15] 张宏亮,雷晚蓉.社交礼仪.北京：北京师范大学出版社,2011
[16] 董乃群,刘庆军.社交礼仪实训教程.北京：清华大学出版,2011
[17] 吴静,莫创才.社交礼仪实用教程.北京：清华大学出版社,2011
[18] 王华,邓自新.现代社交礼仪.华南理工大学出版社,2009
[19] 徐白.公关礼仪教程.同济大学出版社,2013
[20] 叶蓉.社交礼仪.北京：化学工业出版社,2013
[21] 赵雪梅,刘项.语言艺术训练.北京：清华大学出版社,2012
[22] 金良灏.语言技巧与人际关系.延边：延边大学出版社,2011
[23] 王冬琨.酒店服务礼仪.北京：清华大学出版社,2012
[24] 伍岳炜.涉外礼仪与谈判技巧.广州：暨南大学出版社,2015
[25] 韦宏.社交礼仪与沟通艺术.南昌：江西人民出版社,2013
[26] 郭晓宁,刘萍.酒店服务礼仪.北京：人民邮电出版社,2014
[27] 徐速.酒店职业素质与礼仪.北京：经济科学出版社,2013

教学支持说明

扫描二维码在线填写
更快捷获取教学支持

尊敬的老师:

您好!为方便教学,我们为采用本书作为教材的老师提供教学辅助资源。鉴于部分资源仅提供给授课教师使用,请您填写如下信息,发电子邮件给我们,或直接手机扫描上方二维码在线填写提交给我们,我们将会及时提供给您教学资源或使用说明。

(本表电子版下载地址: http://www.tup.com.cn/subpress/3/jsfk.doc)

课程信息

书　　名			
作　　者		书号(ISBN)	
开设课程1		开设课程2	
学生类型	□本科　□研究生　□MBA/EMBA　□在职培训		
本书作为	□主要教材　□参考教材	学生人数	
对本教材建议			
有何出版计划			

您的信息

学　　校			
学　　院		系/专业	
姓　　名		职称/职务	
电　　话		电子邮件	
通信地址			

清华大学出版社客户服务:

E-mail: tupfuwu@163.com　　　　　　　　　网址: http://www.tup.com.cn/
电话: 010-62770175-4506/4903　　　　　　传真: 010-62775511
地址: 北京市海淀区双清路学研大厦 B 座 506 室　　邮编: 100084